近代日本の地域開発

地方政治史の視点から

中里裕司・山村一成

日本経済評論社

目次

凡　例

一、原則として、引用文中の旧字体は新字体に改めた。
二、引用文中の〔　〕は、引用者による補注を表す。
三、引用文中の……は、引用者による省略を表す。

中央一丁目
8
小湊バス
有吉通り

千葉県木更津市有吉通り

野田町駅跡・有吉《あり》《よし》町《ちょう》通り
明治四十四年（一九一一）野田・柏間に県営軽便鉄道が開通、そのころの野田町駅
あったところである。また、当時の千葉県知事・有吉忠一氏の功績をたたえ
駅前通りを有吉町と命名した。

千葉県野田市有吉町通り

序　章　地方政治における積極政策から地域開発へ

本書は、日清戦争前後から戦後に至る地方政治状況を、千葉県を例としつつ積極主義的な地方利益誘導と地域開発の視点からその歴史的な意味を考察し位置づけようとしたものである(1)。

そのための分析視角についてあらかじめ申し述べておきたい。

第一に、中央の政局・動向である。地方政治は中央の政治動向に大きく規定されていることは言うまでもない。広くその時代の国家意志に規定された官僚や政党の動向の中でどのように地方政治が展開されていったのかを考察しようとしている(2)。

第二に、国家や地方の財政状況である。国であれ、地方であれ、積極政策や地方開発政策の展開には財政的裏付けが必要である。近代日本のどの時代であっても地域における開発政策は国家財政や地方財政の状況に規定されている(3)。

第三に、こうした中央・地方の政治動向と財政状況のほかに、積極政策や地方開発策を推進するための条件はどのようなものであったのであろうか。県会議員を中心とする地方の政党員の動向、県知事のリーダーシップも重要な視点となろう。

近代日本の中央政治や財政については膨大な研究蓄積があり、筆者たちはそれに踏み込める力量があるとは言い難い。しかし、それらの研究蓄積を真摯に受け止め、私たちの分析視角を充実させることには意を用いたつもりである。

また、本書によって中央政治や財政状況に対して、千葉県や地方政治から多くの豊かな事例を示すことができたと思う。それによって中央の政治史に対しても豊かな歴史像を提示できたと考えている。

地域開発と一口に言っても、その意味する内容はさまざまである。千葉県で見ると、中学校の設置・配置をめぐる教育問題、鉄道・道路・港湾の整備、近代化・工業化への基盤整備、都市計画事業などその中心的課題は時代によって異なっている。そして、それは中央政治の動向と密接に関わりつつも地方独自の問題関心によって担われることが多かった。大正期以降、政党による地方利益誘導が後退を余儀なくされた後[4]、全県的な視点に立った地域開発計画が模索されるようになったのである。

明治・大正期において、地方名望家層の地方利益拡大の欲求を積極政策の名のもとに集約し、政党勢力拡大に利用したのは政友会であった。しかし、脆弱な国家財政・地方財政のもとでは地方名望家の地方利益拡大を満足させる積極政策を実現できる地方の財源はきわめてわずかなものであった。日清戦争後に千葉県に赴任してきた知事たちは、膨張し、多様化した地方利益拡大への期待を県内の地域対立を調整しつつ厳しい財政状況の中で積極政策を行った。こうした状況を中学校の設置・配置問題から考察したのが第一章である。この時期の県知事阿部浩の段階では、まだ、千葉県の近代化がどのような積極政策を行うことで達成されるのかという点では、まだ曖昧であった。この時期の中学校の増設が県全体の発展を見通しながらの政策であったとは言えないのである。すなわち、漠然と、帝国大学を頂点とした教育体系において、中等教育を充実させることが、国家のための官僚育成の中途の段階、そして地方の名望家の育成という点で、漠然と必要と考えられたレベルではないだろうか。それゆえに、弱体な県財政の中で、中学校の設置場所が動揺し、地域利益の導入をねらう県会議員の地域対立を増幅した。

こうした中で、中央とのつながりが深く、リーダーシップを発揮できる個性的な知事の政策展開が大きな意味を持ってくる。日露戦後に千葉県知事になった有吉忠一は、初めて全県的視野に立った積極政策、いわば地域開発を行った先駆者として語り継がれることとなる。有吉は、どのように地方の振興をはかるべきだという点について、県の産業育成という視点から積極政策を行っている点で、それまでの知事と一線を画する知事であったと考える。まだ、それは、帝都東京に隣接する県として、東京に米や蔬菜、薪炭や醤油などの農産品や農業加工食品を送る、社会資本の整備をはかるという性格のものである。第二章は日本陸軍まで巻き込んだ地域開発策の様相を考察する。有吉県政以後の明治後半から第一次世界大戦までの千葉県政について、有吉県政の継承とその帰結の視点から補論としていれておいた。

一方、両大戦間、とくに一九二〇年代以降、政党による地方利益の誘導が後退を余儀なくされていく時期の積極政策を分析したのが第三章である。積極政策を全面的に展開しようとしていた政友会の原敬内閣は、一九二〇年の戦後恐慌によって積極政策実現の財政的基盤を全く喪失してしまった。こうした中で地方財政も緊縮財政への移行を余儀なくされた。第三章はこうした積極政策が遂行できる条件がなくなっていった原内閣期から護憲三派内閣期における地方政治状況を描き出している。原敬内閣期に千葉県政を担った千葉県知事折原巳一郎まで、地域開発の視点では第二章の有吉忠一と同じ視点にあったと言えよう。

戦後恐慌から昭和初期の緊縮財政下でも地方の人々の地域開発への期待は大きかった。政党による利益誘導が可能ではなくなる中では、国家の政策と合致した形での地域開発案が県によって立案される必要があった。昭和恐慌下における時局匡救事業を千葉県の地域開発に応用した千葉県知事岡田文秀の施策を分析したのが第四章である。この岡田県政において初めて帝都の隣接県として、帝都を意識した戦後の臨海開発につながる開発計画がたてられた。

戦後の千葉県の発展は京葉工業地帯の開発による重化学工業化によるところが大きい。それによって千葉県は「工業県」としてのイメージを定着させた(5)が、京葉工業地帯の埋立・開発は、一九五〇年に川崎製鉄株式会社が進出したことから始まる。この敷地は、戦時中に日立航空機株式会社が軍需工業用地として埋め立てたものであった。戦時中のこれらの動きは国策の名のもとに推進されていたものであったが、そのような工業化への動きが戦前から動き出していたことを描き出そうとしたのが第五章である。

最後の第六章「展望にかえて」は、千葉県における戦後の地域開発の必然性を千葉県財政の構造から考察しようとしたものである。昭和二〇年代におけるドッジ・ラインやシャウプ税制は地方財政に大きな変革を迫った。千葉県もそれを受け止め、県財政の安定化をはかった。千葉県にとって地域開発とはなによりも税収の増加をはかる上からも必要だったのである。

以上述べてきたように、本書は千葉県の近代地方政治史をふり返りながら地方における地域開発や近代化政策について考察したものである。中央の政治史からは積極政策・地域開発と一口に言われるものでも地方には独自の課題や特殊な財政事情が存在し、それらの諸条件の中で千葉県でも積極政策・地域開発政策が行われた。そして、積極政策・地域開発政策を広くつつみこむ「近代化政策」は、近代日本を貫く大きな課題であったことは言うまでもない。本書第二章で取り上げた有吉忠一知事がその後宮崎県において千葉県で行った政策と同じようなことをやったように、各県でもさまざまな積極政策や地域開発政策が取り組まれたことと思う。それゆえ、千葉県における積極政策や地域開発政策を題材としながらも近代日本の課題の一つである地域開発に迫ろうとしたのが本書であると考えている。筆者たちは地方における積極政策から地域開発政策を考察する本書が、近代日本の地域開発政策を歴史的に位置づける一つのステップになると考えている。

注

（1）　高度成長期を中心とした公共投資が地域開発を果たした役割を跡づけたものに、藤井信幸『地域開発の来歴——太平洋ベルト地帯構想の成立』（日本経済評論社、二〇〇四年）がある。

（2）このような視点で初めて地方政治状況に迫ったのが有泉貞夫『明治政治史の基礎過程』（吉川弘文館、一九八〇年）。

（3）戦前期の地方財政状況については藤田武夫『日本地方財政発展史』（河出書房、一九四九年）。

（4）伊藤之雄『大正デモクラシーと政党政治』（山川出版社、一九八七年）、御厨貴『政策の統合と権力——日本政治の戦前と戦後——』（東京大学出版会、一九九六年）。

（5）京葉工業地帯の成立については研究成果も多い。東京大学社会科学研究所編『京葉工業地帯における工業化と都市化』（東京大学出版会、一九六五年）、千葉県臨海工業地帯調査委員会編『京葉臨海工業地帯』（千葉県開発局、一九六六年）、千葉県開発局編『京葉臨海工業地帯の歩み』全四編（千葉県開発局、一九六八年）、宮崎隆次「開発計画・工業化と地方政治」（北岡伸一・御厨貴『戦争・復興・発展』所収、東京大学出版会、二〇〇〇年）。

第一章　日清戦後の積極政策の展開

はじめに

日清戦争は日本の政治構造を一変させた。初期議会にみられた民党と藩閥との厳しい対抗関係は、議会開設以来のいくつかの段階を経て明治三〇年代初頭には解消された。自由党は「民力休養」論を放棄して「積極主義」を標榜し、体制政党政友会への道を歩みはじめた。一方、藩閥側は閣僚ポスト提供するなど民党の要求を受けいれつつ軍備拡充、殖産興業、教育充実、植民地経営を中軸とした日清戦後経営を実現した。(1)

こうした日清戦後は、府県を中心とする地方政治も変質した時期であった。各府県は府県制の実施、地方財政制度の整備、河川法や各種教育法令、産業法令の公布に伴う国政委任事務の増加によって、国家への従属を強めつつ、さまざまな政策を実施していった。一方、明治初期以来地方政治を担ってきた藩閥出身者を中心とする知事にかわり、明治国家の教育をうけた少壮官僚が地方官として地方政治に登場して地方政治の全域を担うようになり、これらの官僚は各府県における政府の地方政策の実現者であるとともに、欧米社会をモデルとした近代国家の形成をめざして、各府県において独自の課題である諸施策を積極的に実施していった。(2)

一方、府県政治を動かすもう一つの要素である府県会も、また変容を遂げていた。かつて有泉貞夫氏は山梨県を対象にして地方名望家層が自由民権運動の崩壊した後、地方利益への欲求を持つようになり、政府の地方統合政策に同意していき、さらに日清戦後には地方利益への欲求が膨張し、かつ多様化すると述べた(3)。他の府県においても、この有泉氏が指摘した地方利益を求める動きが、さまざまな形で噴出していた。

本章は、日清戦後から日露戦後にかけて、千葉県の最も大きな政治問題であった中学校の増設と廃止問題をとりあげる。これを通じて、第一に千葉県において阿部浩らの知事たちはなぜ積極政策としての中学校の増設をはかろうとしたのかを明らかにしたい。第二に、地元の利益の代弁者である県会議員は、この中学校の増設という政策に対して、従来の民力休養の立場からの中学校設置反対の主張を放棄して、中学校の増設支持へと転換をはかっていった。そればかりでなく県会議員は、地方利益誘導をはかるために千葉県が出した中学校の設置場所の変更などを提起するなど、さまざまな動きを見せていった。そして日露戦後、地方財政が緊縮をしていく中で、千葉県が中学校の改廃案を県会に出すと、県の改廃計画に対して、県会議員は党派を超えて地域ごとにまとまりながら抵抗し、さらに翌年に高等女学校の設置をめぐって知事不信任案を可決してしまう。本章はこうした千葉県における中学校の増設・改廃をめぐる過程を通じて、知事の積極政策とこれに対する地方議会の動向を検証するものである。

第一節　阿部知事による中学校増設

1　中等教育拡張の開始

まず、日清戦後の千葉県政治の特徴を財政構造から鳥瞰してみると、千葉県では民権期以降明治二九年度まで、財政規模は歳出決算額で四〇万円台だったが、翌三〇年度から上昇を始め、明治三一年度から予算の費目の形式が全面的に変更されるため、単純な比較ができないが、明治三一年度には臨時部と合わせると八三万円に、翌三二年度には一一九万円に達するようになるなど、日清戦後には予算規模が膨張していた。この膨張傾向は四四年度頃まで続き、二四〇万円に達した（表1-1参照）。しかし、このように膨張する千葉県の財政は、千葉県独自の膨張というより、全国の府県財政の動向と同一の軌跡をたどっている。(4)

この財政膨張の画期となる明治三一年度予算について、千葉県知事であった柏田盛文は一八九七（明治三〇）年一一月の通常県会の冒頭、「此明治三十一年度ノ本県予算ハ実ニ八拾万円余ニシテ前年度ニ比較スレバ弐拾万円余ノ増デゴザリマス……今日我国ガ対外的ノ関係ガ前日ト異ナツタト云フコトハ申サナクテモ分ツタコトデアリマスガ此戦勝ノ光栄ヲバ何処迄モ保ツテ行カウトスルニハ全国ノ発達ヲ要サナクテハナラヌコトデアル全国ノ発達ハ即チ地方ノ発達デゴザリマス」(5)と述べている。

柏田知事は日清戦争の勝利による「全国ノ発達」は「地方ノ発達」と述べ、戦後経営による府県の発達に対して、「決シテ遅レヲバ取ラナイヤウ」にしていくと述べている。それでは次にどんな費目が予算膨張の原因になっていたのかを見ると、千葉県では日清戦前に十木費、警察費、監獄費が歳出の中心であったが、戦後には土木費、教育費が急激に膨張している。

土木費については、明治三四年度以降経常部の県会議決額は停滞しているが、決算額が著しく膨張する年度があるという現象が起こっている（表1-2参照）。これは経常部の議決額においては、道路・橋梁費が治水費の二〜三倍を占め、土木費の中心になっていたのに対して、決算額では、治水費が増大しているためである。また明治三四年度から、千葉県は経常部の土木費議決額を上回る毎年一九万円以上の利根川改良工事費を臨時部から支出している。この利根川治水改良費については、河川に対する強力な統制監督と河川工事に対する国庫補助の確定を二つの柱にした

国府県歳入歳出表

(単位：円)

県

	歳出					
	教育費	土木費	勧業費	警察費	衛生費	歳出合計
明治						
1895 (28)	22,939	155,825	5,353	103,378	11,430	441,611
97 (30)	41,832	207,461	17,017	128,266	5,481	597,716
99 (32)	161,443	525,845	22,805	189,773	37,794	1,197,935
1901 (34)	231,014	585,952	51,784	210,906	29,786	1,296,668
03 (36)	266,126	737,635	62,076	384,636	36,354	1,495,875
05 (38)	234,228	432,975	82,754	243,934	47,364	1,198,120
07 (40)	281,300	778,045	92,886	276,385	46,699	1,673,803
09 (42)	354,060	508,504	168,745	279,611	40,975	1,745,539
11 (44)	384,565	976,822	183,433	348,979	40,584	2,375,661

国

	歳出					
	教育費	土木費	勧業費	警察費	衛生費	歳出合計
明治						
1865 (28)	1,704,725	7,448,422	497,532	5,073,186	1,056,678	24,802,643
97 (30)	2,994,642	15,194,341	947,122	5,777,177	923,133	40,047,227
99 (32)	6,545,071	16,547,493	1,384,011	7,363,916	2,781,417	48,478,005
1901 (34)	10,768,714	17,653,216	2,609,421	8,883,938	2,787,220	52,478,449
03 (36)	10,480,050	21,442,903	3,294,390	9,755,207	2,514,250	58,691,716
05 (38)	8,554,180	12,236,170	3,289,746	9,946,913	1,913,925	46,214,161
07 (40)	10,968,605	20,302,851	6,123,147	11,632,957	2,749,684	66,344,360
09 (42)	14,912,651	19,973,352	7,881,540	12,939,907	3,046,740	73,161,580
11 (44)	15,225,186	40,808,029	8,489,390	15,105,345	2,694,490	102,199,459

河川法の成立(6)により、利根川のような大河川の治水は内務大臣が指揮するようになり、各府県には負担金が課せられ、数カ年にわたって大規模な工事が実施されるようになった。そのため千葉県も内務省による利根川治水工事に対して、分担金を支出しなければならなくなり、しかもその額は日清戦前の千葉県の土木費総額を上回る額となり、千葉県の土木費総額膨張の原因となった。

また、前述したように明治三六年度、日露戦後の四〇年度、四四年度のように決算額が議決額を大幅に上回った年度では、治水費がその中心に

表1-1　千葉県・全

千葉

	歳　入					
	地租付加税	営業税	雑種税	戸数割	国庫補助金	歳入合計
明治						
1895 (28)	226,538	64,296	55,388	55,914	16,970	447,253
97 (30)	343,006	53,039	86,490	133,806	21,479	719,161
99 (32)	652,542	67,590	169,119	199,551	41,077	1,597,020
1901 (34)	687,878	80,609	230,597	189,658	43,842	1,423,732
03 (36)	727,557	78,139	174,749	189,774	46,213	1,624,891
05 (38)	518,253	93,800	146,086	208,020	48,889	1,236,723
07 (40)	942,385	100,497	156,524	266,267	69,999	1,818,725
09 (42)	910,927	106,222	182,834	296,363	79,689	2,021,279
11 (44)	1,200,925	112,984	198,408	398,660	189,627	2,646,550

全

	歳　入					
	地租付加税	営業税	雑種税	戸数割	国庫補助金	歳入合計
明治						
1895 (28)	9,523,783	3,031,366	1,995,302	3,474,069	1,717,900	27,735,312
67 (30)	13,327,760	1,895,888	3,555,203	5,318,838	4,440,524	46,039,194
99 (32)	20,718,817	2,291,587	4,619,667	7,940,101	5,504,091	56,271,279
1901 (34)	23,620,662	2,559,230	5,814,069	8,627,323	2,671,030	58,721,522
03 (36)	23,635,555	2,692,692	6,410,504	8,680,892	2,957,778	64,125,986
05 (38)	18,076,736	2,588,867	6,185,986	7,154,046	2,439,884	49,946,002
07 (40)	26,993,772	3,061,443	7,945,857	12,353,645	5,939,592	78,103,364
09 (42)	27,406,945	3,422,972	8,900,077	13,347,600	5,523,371	84,981,545
11 (44)	31,995,032	3,702,180	10,278,888	16,281,735	10,526,611	115,841,660

出典：千葉県は『千葉県統計書』明治40・44年度、全国は『明治大正財政詳覧』から作成。

なっているが、それはこれらの年度では、前年の三五年、四〇年、四三年に起こった大水害で、破壊された堤防を補修するために、大幅な追加予算が組まれたからであった。

以上の理由から千葉県では経常部の議決額においては道路改修費の割合が高かったが、決算額では治水費の割合が高いという歳出の特徴が現れた。すなわち、膨張した土木費は、千葉県自身の財政方針によって増額が決定されたというのではなく、洪水や国政の方針という外的要因によって歳出が膨張したことを意味している(7)。

日清戦後に千葉県の勧業費

千葉県の土木費

臨時部土木費			利根川改良工事負担決算	臨時部町村土木補助費			
県会議決額	同道路費	同治水残		決算額	県会議決額	同道路費	同治水興
—	—	—	—	13,937	13,930	—	—
—	—	—	—	26,025	26,106	—	—
90,457	69,130	21,326	—	73,165	71,359	69,457	1,901
134,286	56,143	34,320	194,305	135,854	144,873	132,639	8,821
118,950	85,438 〔125,932〕	33,512 〔45,491〕	194,305	31,080	20,459	11,857 〔18,733〕	8,601 〔12,347〕
63,475	54,845	8,629	194,305	560	429	429	0
53,567	44,842 〔44,720〕	8,725 〔12,797〕	248,330	28,605	22,580	11,749 〔8.575〕	5,428 〔18.238〕
138,412	55,679	15,183	104,700	30,382	51,238	27,042	9,628
36,805	13,694 〔113,275〕	3,890 〔11,334〕	154,700	39,419	32,975	29,928 〔26,909〕	3,047 〔6,621〕

41、43年度の『千葉県統計書』より作成。
り方が変ったため。
度より作成。

は、明治二八年度の五三五三円から三八年度の八万二七五四円へと一五倍にも増加した。それは明治初年以来見るべき勧業政策がなかった千葉県で、日清戦後に戦後経営の方針を受けてようやく勧業政策が行われるようになったためである。すなわち県歳出の具体的な費目を見ると、水産試験場費・蚕業検査費・地方測候所費などが中心的な費目であり、このほか明治三二年度から五カ年計画での遠洋漁業補助を目的とした水産業補助費一六〇〇円などが計上されていた。

また、日清戦後には勧業銀行や農工銀行が設立されたが、千葉県では一八九八（明治三一）年、安藤謙介知事時代に農工銀行が設立された。しかし、八月に安藤知事から阿部浩知事に代わると、阿部知事は自由党の千葉禎太郎を頭取に任命し、伊藤徳太郎、大塚常次郎ら自由党系が取締役に就任した。これにより、農工銀行は県民の農業や工業の資金投資をはかる本来の目的のほか、自由党系の政治資金を捻出する場として政争の具になっていった[8]。しかし、このような勧業費の支出はその額はまだ県歳出の七％以下にすぎず、千葉県の産業振興にとっての画期となる政策展開は、日露戦後の有吉忠一知事の政策を待たねばならなかった。

このような千葉県の歳出構造の中で、一八九六（明治二九）年に柏田知事の前任者として千葉県知事に赴任した阿部浩は、日清戦後にお

表1－2

年度	経常部土木費				
	決算額	県会議決額	同道路費	同治水費	決算額
1895（明治28）	141,888	121,428	84,182	37,106	—
97（30）	92,784	208,472	151,786	51,744	88,649
99（32）	349,121	127,625	88,393	21,602	103,555
1901（34）	146,842	152,108	106,191	29,549	105,672
03（36）	322,592	186,509	139,285〔193,902〕	42,346〔127,038〕	171,424
05（38）	175,640	179,062	145,777	29,048	62,470
07（40）	443,594	186,304	148,782〔151,999〕	34,030〔288,054〕	57,516
09（42）	243,309	236,929	204,756	26,331	130,112
11（44）	489,932	219,956	171,122〔306,153〕	6,163〔154,706〕	156,145

出典：1901年度までは『千葉県議会史　第2巻』より、1903年度以降は明治35、37、39、
注：1）1897（明治30）年度に臨時部に議決額がなく、決算額だけあるのは、費用の取
2）〔　〕は、各費目の決算額であり、『千葉県統計書』明治36年度、40年度、44年

ける最初の中等教育政策として千葉町にある尋常中学校の校舎新築費四万八〇〇〇円余を県会に提出した。阿部は県会で中等教育充実の必要性を次のように訴えた。

「顧ミマスレバ学術、工芸、制度、文物、諸強国ニ比シテハ日本ハ総テ勝レリト云フコトヲ得ルデアラウヤ否ヤト云フ問題デス、私ハ誠ニ残念ナガラ彼等ニ勝ツテ居ルトハ言ハレナイデアラウト思フ、（中略）此大切ナル現在及将来ニ於テコレニ備フルモノハ、学問ニアラズシテ他ニ何ニカアル、数育ニアラズシテ何ニカアル、実ニ教育ハ必要ノ時デアルト思ヒマス、故ニ完全ナル中学校新設ノ必要ハ亦多言ヲ要シマセヌコトデアル、ドウカ此千葉県庁下ニ完全ナル中学校ヲ設立致シマシテ、漸次ハ地ヲ選ンデ二三ノ分校ヲモ建設セネバナラヌト思ヒマス」(9)。

阿部は日清戦後経営において、条約改正を達成できても社会制度や学術などの分野で帝国主義列強に伍していくには、産業振興とともに教育の充実が不可避であるという認識に立ち、とりわけ中等教育の充実の必要性をあげ、将来中学校を増設する必要性は「多言ヲ要シナイ」と述べた。

これが千葉県の教育政策を転換させる画期となる政策となった。

一八七二年に学制が発布されると、初等教育が県内各地で開始された。千葉県では寺小屋、私塾を禁じたが、明治

一〇年代前半には統制が緩和され、この結果私立学校は急増したが、公立中学校は千葉町の尋常中学校だけであった。県当局は千葉町の尋常中学校につぐ尋常中学校を県下に数校設立する意向を持っていた。

しかし、県会はこうした千葉県の動向に激しく反対し、逆に尋常中学校の廃校論が起こった。[10] 明治一四年通常県会では中学校費全廃を可決している。そして県会は、尋常中学校の「生徒ハ概シテ富豪ノ子弟」であり、師範学校生徒のように卒業後社会のために有用になるわけでない。また、通学範囲も千葉郡、市原郡が中心であり、一部の郡のために県税を支出するのは不適当であるという理由から廃止を主張した。このほか、中学校費を廃し、町村教育補助費や師範学校費を増額させ、小学校教育の充実をはかるべきだという意見も出された。このように全廃を主張した県会議員は、税が富豪のような特定の階層のために使われたり、特定の地域のために使われることに反対をしている。民権派の反権力的・民力休養論的な意識がこうした動向の底流にあったのであろう。

そして明治二〇年代においても、尋常中学校の通学者が千葉や市原郡などの近隣の郡が中心で、富豪の子弟が多いことへの批判が根強く、[11] また尋常中学校の卒業者が入学者の一七・七％にすぎないことなど中等教育の実態が問題にされるなど、県会は教育拡充政策に熱心ではなかった。

阿部知事はこうした千葉県の教育の状況を打ち破るべく、その第一歩として尋常中学校校舎の改築を行ったのである。阿部知事が提出した尋常中学校の校舎増築費四万八〇〇〇円に対して、県会はそれまでの態度を変更してこれを承認した。これは民権期以来初めて県会が中等教育の拡充を承認したという点で画期的なことであった。それでは県会がなぜ中学校費の増額を承認したのか、その理由を常置委員を代表した自由党の君塚義雄は次のように述べた。すなわち中学校は湿地で衛生上も好ましくない。加えて教場が狭いために生徒を増加することや、校舎が狭いために宿舎も作れず、通学が困難な生徒の中には「東京府ノ私立若クハ公立ノ学校ニ入校シテ居ル者ガ殆ンド三十四五人」[12] もいることをあげた。また、「近府県ノ比例ノ上カラ見マスルト云フト、大分千葉県ハ中学校ノ生徒ガ少ナクナツテ居リマス」という状況も、学校が狭いことが原因であり、他に場所を選んで新築をすべきだと述べた。自由党の領袖であった君塚は千葉県の中学校教育が近県と比較して劣っていることを認識して、中学校の充実をはかるためには、校舎の新築を行う必要性を述べたのである。また安房郡選出の竹沢弥太郎は「私ハ房州ノ隅デ誠ニ遠イ所デ千葉ニ子弟ヲ出シマスニ最モ困リマスカラ、単リ房州ノミナラズ銚子ノ方ナドニモ分校ヲ設ケマシタナラバ大変満足ヲ与ヘルダラウ」(13)と分校設置を県当局に求めた。このように九六年一一月の通常県会では、中学校設置をめぐる県会の期待も大きくなって、こうした中で中学校校舎新築案は可決されたのである。この新築案の可決は、従来民力休養の立場から中学校費の削減を行ってきた県会が初めて中学校費の大幅増額を承認したことは、県会の中等教育に対する認識が変わったことを意味しているのである。

しかし阿部知事はこれを成立させると、分校設立をはかることなく、一八九七（明治三〇）年に富山県知事として転出し、後任には柏田盛文知事が着任した。柏田知事は阿部知事の方針を引き継ぎ、中等教育の充実を図るため、第二尋常中学校の設置案を九七年の通常県会に提出した。

柏田盛文知事は北条町（現館山市）に第二尋常中学校設置案を提出するにあたって、中等教育の拡充は時勢の推移から不可欠であり、勅令によって拡充せねばならない師範学校や、水産などの振興、治水などの整備とともに、中等教育の充実が千葉県行政の上で最も重要な課題となっていると述べた。

一方、日比書記官は第二尋常中学校建設の理由について、「中等教育ノ普及ヲ図ルト云フ上カラ致シマシテ、或ハ一校二校三校四校ト云フ位モ、追々ニ之ヲ増加シテ参ルト云フコトハ、是ハ時世ノ已ムヲ得ヌ場合ト、又是非共之ハ相当ノ設備ヲ附ケマシテ、ソレ丈ノ便宜ヲ与ヘルト云フコトハ、之ハ最モ今日ノ時世ニ適スル必要デアラウト云フ考デゴザイマス」(14)と述べて、中学校の新設が「最モ今日ノ時世ニ適スル必要」であるという認識を示したばかりでなく、しかも中学校を数校増設する計画が既定の方針であることも述べたのである。

このように阿部・柏田の両知事が中学校増設をはかったのは、中等教育の普及をはかるという国の教育政策に沿ったものだった。すなわち日清戦後に政府は、小学校令、中学校令、実業学校令、専門学校令、師範学校令などを制定して教育の整備をはかった[15]。とくに政府は中等教育の充実をはかり、一八九九（明治三二）年に中学校令の改正を行い中学校を府県に最低一校設置するとした。その結果、一八九八年には全国で一六八校だった全国の中学校は、一九〇三年には二六九校になり、生徒数も六万一〇〇〇人余から九万八〇〇〇人余に増加した[16]。このような中学校の増加により府県教育費は膨張した。ゆえに中等教育の充実をはかる方針は、千葉県だけでなく、一八九四（明治二七）年に宮城県で、九六（明治二九）年には埼玉県で中学校の分校設置案として県会に提出されるなど全国的な傾向だった[17]。

さらに千葉県においては「中等教育ノ発達ト共ニ、希望者多ク」と表現されているように、中学校設立を求める県下各地の動きがあったのである。

君津郡では一八九六（明治二九）年に県議の香々見儀助が中学校増設を建議し、石川貞次郎、阿部遜、杉谷弥之吉ら明治三〇年代に県議になる郡内有力者がこれを支持した[18]。また、匝瑳郡では佐原町議会が中学校誘致を決議し、郡会がこれを支持していた。

こうした地方名望家層の中学校設立欲求について香々見は、「廿七八年戦役の影響として社会文物の進歩に促され、中等教育の必要を感ずる事漸く深く[19]」なったためと述べた。すなわち、帝国大学卒業者を頂点とする官僚機構が整備されると、名望家は地域の指導者育成のために中等教育の必要性を痛感していたが、県下では千葉町の尋常中学校しかないため子弟を東京の中学校で学ばせなければならなかった者も多かった。日清戦争後、中学校設立はようやく地元の現実問題として認識されてきたのである。

こうした第二尋常中学校設立案に対して、県会は前年には尋常中学校校舎改築に賛成したにもかかわらず、この設置案を否決した。県内各地で中学校増設を求める動きがあるにもかかわらず、中学校増設運動の中心にいた県会議員がなぜ第二尋常中学校設立に反対したのであろうか。東条良平は、参事会を代表して第二尋常中学校費を全額削除する理由として、第一に設置場所の不適当、第二に時期の尚早をあげてつぎのように述べている。

「委員会ハ敢テ其中学教育ノ普及ト云フコトヲ、忽ガセニスル考デハナイ、ドウニカ飽クマデ、中等教育ノ普及ヲ図リタイト云フ考デゴザイマスルガ、県ニ対スル所ノ教育ト云フ考カラ持ツテ行キマスルト、安房ノ南端ト云フモノハ、甚ダ偏シテ居ル、南洋ノ土人カ、或ハ伊豆七島ノ土人ヲ教ユルニ就テハ、或ハ多少ノ効用ガアルカモ知レマセヌガ、千葉県ノ子弟ヲシテ、中学教育ヲ普カラシメントスルニハ、甚ダ不適当ノ地位デアル、之ガ第一ノ理由デゴザイマス、デ第二ノ理由ハ何デアルカト云フト、理事者モ誠ニ此案ヲ拵ヘルニ就テ、軽挙タルヲ免カレナイト云フノガ、第二ノ理由デゴザイマス[20]」。

東条は「中等教育ノ普及ハ、益々図リタイト云フ志想ニ至リテハ、敢テ当事者ト少モ意見ヲ殊ニスル」ものではないが、安房の北条町が千葉県の教育を行うには、南端にあり場所としてふさわしくないことを反対の第一の理由にあげ、第二の理由として尋常中学校校舎の改築が、前年に可決されたのにもかかわらず、着手されていない現状を指摘して、第一尋常中学校の基礎を固めてから、第二尋常中学校を新設すべきだと述べている。

また、印旛郡選出の松田直衛は、北条町に設置を決めた理由として県当局は土地など物品の寄付があるということを挙げているが、佐倉中学校も施設を寄付して県立へ移管したいと希望しているので、経費のかからぬ佐倉を先に県立にすべきであると述べている。やはり北条町設置に反対して、地元への中学校誘致を願っているのであろう。

これに対して日比書記官は、北条町の設置について、安房郡は千葉町から離れており、第一尋常中学校に通学することに、不便を感じているのに相違なく、就学する者の立場からすれば、中央に設置すればよいというわけではない。「少シ偏在ヲシテ居リマスルガ、相当ノ房州ト云フ所ハ、都会ノ為シタ所デ、サウシテ其気候モ、随分宜イ所デ、中学校トシテ―中学校ヲ置クト云フ位地ト致シマシテ、生徒ヲ養フ位地トシテ、先ヅ彼ノ辺ハ相当ノ所デアルト[21]」と、全県的な視点から北条町設置の意義を説明した。

こうした県当局の説明にもかかわらず、第二尋常中学校設置案は第三読会で、自由党の反対で否決されてしまった。県会の議論は民権期や初期議会期のような民力休養論的な立場からの反対ではなく、逆に教育における積極政策としての中学校増設の場所が北条町とされたことへの反対であり、裏には地元への中学校設置に期待する地域的な利害対立を内在させていたのである。前年に議決した第一尋常中学校校舎改築の工事未着手への不満は第二義的な理由付けであったと言えよう。

2 阿部知事による中学校増設計画

北条町に第二尋常中学校増設を求めた県の方針が否決された翌一八九八（明治三一）年に、千葉県は一挙に七校もの中学校増設を行った。同年に富山県知事から再び千葉県知事に就任した阿部浩知事は、中学校増設に意欲的に取り組み、自ら県下の中学校設立候補地を視察していく(22)。こうした阿部知事の中学校増設への動きは、各郡の中学校増設の動きを一挙に高め、各地で誘致の動きが高まった。そして一一月、県会に佐倉、佐原、銚子、木更津、大多喜、北条の六中学校（ただし、佐倉は私立から県立への移管、また県会の建議によって成東が加わり七校になる）の新設と簡易農学校の農学校への昇格案が提出された。阿部知事は積極政策としての中学校増設の理由を県会で次のように述べた。

「中等教育ノ拡張ハ、本官ガ今更ラ申シ上ゲマスルマデモナク、陸続各郡ヨリモ、建議ニ請願ニ、御注文ガ出テ居リマスカラ、必ズ諸君モ御同感デアラウト存ジマスル、簡単ニ申上ゲマスレバ、時勢ノ進運ニ伴ヒマシテ、目下ノ最モ急務タリト申スヨリ外ナイノデアリマスル、必ズ県下ノ与論デアラウト確信シテ疑ヒマセヌ、（中略）〔増設は――引用者、以下同〕本県ノ経済上、或ハ過大ノ誹ナキヲ保シ難シト存ジマスガ、中等教育ノ普及ヲ図リマスル上ニ於テハ、其ノ実況一考ヘ之レヲ他府県ニ参照致シマシテモ、此増設ノ誠ニ止ムベカラザルモノデアルト確信致シマス」[23]。

しかし、七校の増設は他県にも類がなく、これが成立すると大阪の六校、兵庫、福島、新潟の五校を凌ぐ全国屈指の公立中学校保有県になるわけである。しかも七校の増設は将来に一～四校増設するという前年までの県の方針を変更するものだった。このように中学校増設は阿部知事独自の政策であり、他県にない大規模で、しかも前年度までの方針を変更して実施されたのである。

日比書記官は「元ヨリ此学校ノ増設ト云フコトニ就キマシテハ、余程今日デハ必要ニ迫ラレテ居ルノデゴザイマス」[24]と増設の緊急性を指摘してその理由を、今日千葉中学校（一八九八年まで正式には「千葉尋常中学校」であるが、煩雑なので以下千葉中学校のように表記する）生徒が、九一二人、これに東京府に出て教育を受けている者や、各種学校の生徒を含めると一九一四人が中等教育を受けている。このたびの増設によって明治三三年度から、千葉中学校は二〇〇人、その他は五〇ずつ生徒が入学するとして、五年後には二五〇〇人の生徒となる。これに師範学校や農学校、成田中学校を含め二六〇〇名となるが、これは千葉県の戸数二〇万戸で考えると、一〇〇戸に対して一・二四であり、増設しても二〇〇～三〇〇戸の最も小さな町村から中学校に通学する生徒は、三・六人しかいないことになる。そして「又各郡目下ノ景況ハ余程中学ノ設立ヲ希望致シマシテ、各郡至ル所、先ヅ寄附金、若シクハ敷地等ヲ寄附シテ、設置ヲ望ム状況ニ立チ至ツテ居ル次第」という各地の中学校誘致に対する熱意をあげて、「詰リ中学ニ出ルコトガ出来ナイ、斯ウ云フ不便ヲ余程感ジテ居ル場合モアリマス」と一校では地理的要因から中等教育を受けられない現状を指摘して、「中等教育ノ普及ヲ図ルト云フ上ニ就キマシテハ、已ニ今日ノ急務ト信ジマシタ」と述べている。

こうした県当局の中学校増設の説明に対して長生郡選出の白井喜右衛門は、利根川・江戸川の洪水がしばしば起こる中で、堤防修築などが県債で行われている財政状況を指摘して、中学校の大幅増設に対して疑念を次のように述べている。

「今日ノ経済ト云フモノハ、年々歳々膨脹致シマシテ、今日カラ申セバ殆ンド停止スル所ヲ知ラナイト云フ有様ニナッテ居ル、殊ニ江戸、利根二川ノ如キ、早ク申セバ厄介物ヲ持テ居ル是レガ為メニ年々歳々臨時ノ費用ヲ要スルト云フコトハ、是レマデ往々ニシテアッタノデアル、デ已ニ明治二十三年以来民力ニ堪ヘヌト云フ考ヘカラシテ、臨時県債ヲ起シマシタ未ダ其ノ償還期限中ニアルモノガ沢山残ッテ居ル、三十一年度ハ非常ナ災害ノ為メニ、三十万円計リノ費用ヲ支出スル場合デ、其ノ中十万円ハ県債ヲ起スト云フ、今日千葉県ガ今仮令世ノ進運ニ伴ツテ、中等教育ノ必要ガアレバトテ、同時ニ此六七校ノ中学校ヲ増設スルト云フニ就イテハ、何カ他ニマダ余程深イ理事者ガ信用スル原因ガナケレバナラヌト、吾々ハ考ヘマス」(25)。

しかしながら、中学校の増設に対して、県会においてはこうした従来の財政的見地から反対を表明した意見はむしろ少なかった。一八九八年の通常県会における中学校増設をめぐる県会の争点は、中学校の設置場所をめぐる対立や、本校か分校かをめぐる対立、そして前年度に否決された安房郡北条町に中学校を増設するかという地域的利害に関わる問題であった。これらの問題が争点となったのは、県会の審議を通じて自由党県会議員が地方利益の獲得のために、設置場所や本校・分校の差し替えなどを行ったためである。以下、県会におけるこうした問題を検証してみたい。

3 中学校の大規模増設をめぐる県会の動向

はじめに山武郡の中学校の設置場所をめぐる対立について見てみよう。成東中学校増設がそれである。山武郡は一八九七(明治三〇)年の郡制改正によって統合されるまで東金町を中心とした郡南の山辺郡と成東町を中心とした郡北の武射郡に分かれていた。しかし統一後も旧山辺郡と旧武射郡との対立意識が続き、しかも旧山辺郡は進歩党が、旧武射郡は自由党が強かったために、郡内の地域対立は政党の対立によって増幅されてしまった。このため中学校設立をめぐって郡内両地域は成東町（武射派）か東金町（山辺派）かで激しい誘致競争をした。

東金町設置運動が本格化するのは、運動の中心人物である志賀吾郷の日記によると九八年一〇月五日からであった[26]。志賀らは町内の名望家層を対象に請願書を回覧し、さらに範囲を旧山辺郡内へと広げていった。一〇月二二日には東金町議会を開催して若宮郡長宛に「本町〔東金町〕ハ郡ノ中央ニ位置シ、県下屈指ノ都会ニシテ、実力各地ニ超然シ、尤モ其ノ建設ノ地ニ適当タルヲ認ム[27]」という理由を付した建議書を提出した。これを受けて郡長は二四日に郡会を招集したが、同日成東町でも中学校設立の建議書が決議されたために、東金か成東かをめぐって郡会は二分した。武射派は数において劣勢だったので流会戦術をとったが、山辺派は議員を動員して東金町設置の郡会決議を強引に可決した。

東金町はこうして郡内を制したが、これで成東町が候補として消滅したわけではない。郡内の劣勢に対して武射派は県議の土屋作太郎（成東町）を中心にして県会内の自由党系[28]の勢力を背景に成東設置をめざした。一一月一二日には県官が、一四日には東条良平県会議長らの参事会員が中学校候補地の実地検分を行った。これに対して志賀ら山辺派は「委員一同之〔参事会員〕ヲ八鶴〔東金の地名〕ニ見ントセシモ既ニ去ツテ居ラズ[29]」というように東条ら参事会員との接触に円滑さを欠いていた。と同時に、地元の設立委員と会談することもなく実地検分を完了したことは、東条ら参事会員が最初から東金町設地の意志がなく、自由党の勢力基盤である成東町設置の意志を固めていたからにほかならない。

この視察を境に事態は急速に成東設置へと傾斜する。志賀らは、一八日から一九日にかけて阿部知事を訪問したが、自由党系と提携した知事が東金設置に同意するわけもなく、成果はあがらなかった。そこで山辺派は東金出身の自由党系代議士の布施甚七が山辺、武射両派が設立運動を中止する仲介案を提示するように工作をすすめた。また、東金に郡立中学校を建設する建議案を作成して、あくまで成東への設立阻止をはかった。しかし、山辺派による成東町設置反対の執念も一二月三日の県会における成東町への中学校設立建議案の成立によってその意味を失なう。成東の土屋作太郎は「民力ノ程度校舎設置ノ数及其ノ位置等妥当ヲ得タルニ似タリト雖モ独リ本県匝瑳山武長生ノ中央枢要ノ地ニシテ且ツ交通ノ利便ニ富メル成東町ニ之レガ設置ヲ見ザルハ当県会ノ深ク遺憾トスル処[30]」という内容の県議案を出した。この建議提案に対して、山武派の子安正雄は、「郡ノ折合ノ上ニ於イテ、甚ダ位置ノ争イガ生ジタノデアル（中略）遂ニ県庁ハ議案トシテ、本会ニ提出サレヌ次第デアル[31]」と述べ、郡内の抗争ゆえに県も議案に入れることを避けたことを理由に建議の延期を訴えたが、自由党はこれを一蹴して成東町へ中学校を設置する建議案を可決した。しかもこの建議案を受けた知事は、直ちに成東中学設立案を追加議案として県会に提出する手回しの良さをみせた。これは、知事と自由党系にとって成東設置は既定の方針だったのであるが、山武郡会が東金町への設立を決議したために提出を控えていた当局が、建議案の提出を待って県会へ成東への追加議案を出したためであろう。

次に木更津中学校と大多喜中学校との本校、分校問題を検討してみよう。夷隅郡選出の藤平和三郎は「木更津ノ地タルヤ、紅灯軒ヲ照ラシ、弦歌細々タルノ地デ（中略）子弟ヲ教育スルニ於キマシテハ、吾輩ハ同情ヲ表スコトハ出来ナイ」ので分校にしたと言い、「大多喜ノ地タルヤ人情質朴デアル、将タ或ハ多少繁華ト云フコトニ付キマシテハ、欠ケル所アルヤモ知レマセヌケレドモ、四通八達ノ地デアル[32]」という理由を付け、県の木更津本校、大多喜分校案を、大多喜本校、木更津分校にする修正案を出した。

この案は大多喜を本校にするための「我田引水自分ノ田ニ水ヲ引クト云フ論ニスギナイ」議論であると、鈴木久次郎や杉谷弥之吉らの君津郡選出の進歩党系議員はこの修正案に激昂した。鈴木は「絃歌湧クガ如ク」の地に中学校を設置することが不適当であるとするなら千葉町も同様である。木更津だけを対象とするのはわけがわからぬことだと述べた。杉谷は、生徒数が君津郡の半数に満たない夷隅郡の大多喜を本校にして、君津郡の生徒を吸収することは県税分捕策であると述べた。そして「従来山岳党トカ、河川党トカ相軋ツテ居ルコトハ遺憾トシテ居ル、本年ハ此教育ニ対シテ河川派ガ山岳派ヲ潰スト云フヤウナ筆法ニナツテ居ル[33]」とも述べている。

杉谷は藤平の出した修正案を、自由党系による「県税分捕策」ではないかと述べて、その党利至上主義を批判したのである。また、県内の山岳党や河川党という共通な利益をもつ県議が地方利益貫徹のために結束し、一八九八（明治三一）年の県会では中学校設置問題で河川党が県北に増設を集中させた。その結果、次に述べるように山岳党は北条中学校が前年に次いで否決され、しかも木更津中学校が分校になるという状況になった。杉谷はこれはまるで河川党の山岳党潰しではないかと、県会内の南北地域対立を非難したのである。

一方、県当局は将来分校を本校に昇格する予定であり、準備上やむなく分校にしたのであるから、本校、分校に格別の軽重はないと述べて原案に固執せず、藤平の修正案に強く反対をしなかった。それは県当局と自由党系が独占していた参事会との間で木更津を分校にし、大多喜を本校にすることが確認されていたためであろう。ゆえに進歩党系と君津郡選出議員の反対にもかかわらず、藤平の提出した修正案は当局の反対もなく簡単に可決してしまったのである。

北条中学校の増設否決についても検証してみよう。前年の一八九七年の明治三〇年通常度県会において、柏田知事が提出した第二尋常中学校の設立案を県会は否決した。翌三一年通常県会に、県当局は北条中学校設置案を再び提出した。説明に立った日比書記官は、「決シテ県会ノ決議ヲ無視シタ訳デハ元ヨリナイ……〔しかし、本年度に〕県下七中学校ヲ置ク場合ニ於キマシテハ……此数校置クト云フ上ニ就キマシテハ、矢張リ北条ナドガ(34)」よいと、昨年県会は設立が否決されたが、本年度は昨年度と違い七校新設するので、昨年と条件が違う。県下に数校増設する上で安房郡内に中学校を新設しようとすれば、北条町が最も適当であると設置理由を述べた。

だが、自由党系の大沢庄之助は、昨年県会で否決した件を当局が提出するのは「県会ノ決議ヲ無視シタコトデアルト云フ考ヘヲ本員等ハ持ツテ居リマスノデ参事会ハ決シテ此北条其ノモノニ、好ンデ之レニ反対スルモノデハアリマセヌガ(35)」と県会の対面上、郡内のほかの地ならともかく北条町では認めないと反対理由を述べた。

安房郡富浦村出身の川名正吉郎は、昨年の県会が「或ル感情ノタメニ又日数ノ沢山アルニモ拘ハラズ、僅々両三日間、而カモ土曜、日曜ノ両日ニ殆ンド八十万円ノ多額ナル経常費ヲ議了シ」(36)た特別な県会であったことを指摘し、そうした感情によって否決された北条町への増設案に対して、昨年の議決を尊重するという理由のみで否決するのには反対だと述べた。進歩党系の菅沢重雄も、県当局が中学校間の距離、風俗、交通の便、生徒数において、北条町を郡内で最も適地だとしたことは妥当であり、参事会が昨年の決議を尊重したという理由だけで北条町増設を否決したのは単純にすぎると批判した。

だが、自由党系は県当局が県会を無視したという体面論をくり返し主張し、自由党系の反対で県会は北条中学校設立案を再び否決した。その上で、自由党系で安房郡選出の川名七郎（平群村出身）が、郡内の大山、吉尾への中学校設立の建議案を提出した。川名がこれらを候補地に推した理由は、これらの地域が安房郡の中央にあり、郡内各地から生徒が通うのに便が良いからということであった。だが、実際には大山、吉尾地域は加茂川の上流の山間の地であり、交通の便が良好とは言い難かった。それではなぜ川名が山間の地である大山、吉尾を推したか。その最大の理由は、川名と県議の永井益夫（吉尾村出身）がこれらの地域出身であったということである。

すなわち自由党系は川名ら安房郡の自派の県議の地方利益を最優先して北条町に反対し、大山、吉尾に中学校設置の建議をしたのである。だが自由党が支持したこの建議案に対して阿部知事をはじめ県当局もさすがに支持することはできず、一八九九年の通常県会に三度北条町へ設置する案を提出した。だが憲政党（旧自由党）はあくまで北条町設置に反対し、今度は富山町へ設置する運動を展開した。しかも、憲政党の能城梅之助は富山町に隣接した保田町出身であり、能城と対立関係にあり、北条に中学校増設を主張していた憲政本党（旧進歩党）の鳥海金隄は館野村（現館山市）出身であった。このように九九年の通常県会でも、憲政党は自派の県議の出身地に中学校誘致を進め、反対派の地盤である北条町への設置にはあくまで反対し続けたのである。

以上のように自由党が阿部知事の積極政策を支持したのは、阿部知事との提携関係があるという理由からだけではなく、積極政策によって自派の地方名望家が求める地方利益欲求の実現がはかれるためであった。そして自由党の積極政策は、自派県議の選挙地盤への利益誘導を承認するとともに、反対派の地方利益を否定するというリアルな政略によって、党勢の拡大へと結合させようとするものだった。そこでは民権期以来述べられてきた「民力休養」の議論である経費節減や減税といった主張は放棄され、財政支出の増大に伴う税負担の増加は耐えるべきだという主張へ変化した。ここに自由党は地方においても明治政府との基本的な対立点を失ない体制政党へと変質していった。この変質に伴い、党の性格も民権期以来の地方名望家の連合体とも言える体制から地方利益欲求の実現がはかれる強力な党指導者が率いる体制へと変化する。それが中央政界では土佐派の凋落と政友会の成立であり、県内で板倉中ら民権期以来の闘士たちの影響の低下であった。

一方、進歩党系は七校増設案が県会に提出されると、機関紙『新総房』で県当局を次のように非難した。

「中等教育の普及は何人も以て異議無き所、要は千葉県の教育、地方財政、及民情の如何を考へ、以て県民教育の本旨を達し、功を万全に期せさる可らず、苟も教育其物の貴重なるに藉りて理事者たるもの専ら事効を追ふに急に、議員たるもの唯地方の利害に切々雷同付和して徒に過大の計画を立て、一面には以て議員操縦の好餌と為し、他の一面には乗して以て、党派的勢力の利器と為し、増設又増設、却りて教育を軽視し、玩弄し、県治将来の利害休戚を度外視するに至らば、是豈寒心せさるを得む乎(37)」

また、県会では子安正雄が当局に対して「一足飛ビニ八ツモ九ツモ中学校ヲ置クト云フコトハ日本国中ニ本員ハナカラウト思フ、当局者ノ定見ノナキモ甚ダシイ(38)」と激しい非難を浴びせ、全廃案を主張した。

このように進歩党系は中学校増設案に反対した。だが、その反対は子安の発言にある「一足飛ビニ八ツモ九ツモ」設置することに対してであり、中学校増設自体に対しては「中等教育の普及は何人も以て異議無き所」というように賛成であった。換言すれば進歩党も基本的には自由党と同様中学校増設に賛成しているのであり、明治二〇年代までの中学校廃校論はすでに放棄されていたのである。ただ、財政上から進歩党中央が未だに「民力休養論」に基づき地租増徴をはじめとする増税反対を主張しているのと同様、進歩党千葉県支部も財政において「臨時県会ニ於テモ一五万円モ借財ガアル」状況では、なお十数万を必要とする中学校増設に反対する立場を示していたのである。県会でも白井喜右衛門は、前述したように県財政は年々膨張しとどまるところを知らない。しかも江戸川、利根川の水害のためにしばしば臨時費を出費するので、二、三年以来民力に堪えぬという理由で、税の不足分を県債の募集に頼っている。こうした状況で新規事業を起こすことに反対であると述べている。このように白井はまだ民権期の「民力休養論」に基づく緊縮財政論を主張したのである。つまり日清戦後の進歩党は民権運動以来の理想主義的な緊縮財政の維持という基本方針を放棄せず、現実の中学校増設のような地方利益をもたらす政策にも賛成していくような矛盾をかかえていたのである(39)。

こうした緊縮財政論と現実の地方利益欲求との矛盾のために、進歩党中央は民党として藩閥政府との対決姿勢を弱めるとともに、一方では藩閥政府の戦後経営と対立するという二面的な政治姿勢を持つことになった。そして日露戦後の緊縮財政のもとでこの矛盾が深化すると、進歩党→憲政本党→国民党中央では「積極主義」をめぐって改革派、非改革派の路線対立が起こり、大正政変でその主流は体制政党の立憲同志会へ流れこむのであった。一方、県内においては、地方利益の擁護をめぐる中学校改廃問題が起き、党内を二分する混乱が続いたのである。

第二節　日露戦後財政と中学校改廃論

1　石原知事の中学校改廃計画

阿部知事の時代に実施された中学校増設は数年を待たずに計画予想の杜撰さが露呈してしまった。すなわち、中学校を建設したものの「各中学校とも生徒募集の挙ありしが故に競ふて其の定員応募者を得んと欲し、校長及職員等は日夜東西に奔走して勧誘遊説を試み、中には某々の中学校遊説員は某々の地に於て端なく衝突したり(40)」という状況であり、千葉中学校以外はいずれも二～三割の定員割れをしていた。

そこで県教育会や県会では一九〇三（明治三六）年ごろから中学校改廃運動を起こした。中学校増設に反対していた県教育会は、「本県教育の趨勢は中学校の外、更に或種の実業学校を設立するの必要を認むるの今日なれば、中学校の二三を変じて之れに充つるあらば寧ろ適当の措置たらん(41)」というように濫設された中学校に代わって実業学校を建設する必要を一九〇三年から〇四年にかけてくり返し主張していた。

一方、県会でも一九〇三年の三六年通常県会で「来ル三十八年度ノ通常県会ヲ期シ充分審査攻究ヲ遂ゲ本県九個中学ノ中、本校分校ノ別ヲ論ゼズ、二三中学校ヲ廃止若クハ実業学校ニ変更セラレンコトヲ希望ス(42)」という建議案を満場一致で可決した。

これに対して、一九〇二（明治三五）年に阿部知事に代わって赴任した石原健三知事は、すでに明治三六年通常県会において、教育費は節減に努めても、毎年学年が進行するために学級数が増加し、中学校費はどうしても増加していくので、二～三の学校を除いて募集生徒数を削減して、学級数の増加のくい止めをはかると説明した。

しかし、改廃については、一九〇四年の三七年通常県会において、次のような答弁をしている。確かに「県下ノ中学校数ハ全国中五指デ数ヘル内ニ這入ツテ居ル、併シナガラ其生徒ノ数ヲ申シマスルト平均ヨリハ余程少クナ(43)」く、一校当りの生徒数が少ないが、学校の統廃合をすると、一校当りの規模を拡大するための費用がかかる。また、実業学校への変更は他県で実業学校の廃止をしている状況では困難であり、しかも中学校として適当な地を選定したので、実業学校としては不適当な地が多い。今日のように「中学校ヲ各所ニ置キ通学上ノ便利ニ於テハ殆ド遺憾ノナイ」状態でも生徒が集まらないのに、中学校の数を減少してしまえば、生徒数は減少してしまう。したがって、中学校の問題は「尚ホ慎重ノ講究ヲ要スルコトト信シ」、また日露戦中という非常の時局において、「経済上カラモサウ云フ急場ナ問題デハ無カラウト思ヒマス」という理由をあげて、改廃の建議を退けた。換言すれば、改廃は在学中の生徒の処遇や教育的配慮の上から慎重にすべきだ。また、地方利益にも関わる問題であり、県会の紛糾も予想される中で、実業学校への改変や規模の拡充も、財政的、技術的な困難を伴うと改廃に消極的な姿勢を見せていたのである。

しかし、一年後の一九〇五（明治三八）年には、石原知事の中学校存続方針は崩れていく。日露戦争が終結すると、同年の通常県会において、石原知事はこれまでの方針を撤回し、明治三九年度教育費について師範学校を改編して生徒を八〇名減員する案と県立中学校の改廃案を提出した。すなわち、銚子中学校と千葉中学松戸分校を廃止し、木更津中学校を分校に組織改編する。また佐倉中学校は特別会計にし、旧佐倉藩主堀田伯爵が配当金六〇〇〇円をもって中学校の支出にあてるというものであった。しかし、改廃の内容は県当局によって箝口令が敷かれたために県会開会直前になっても、不明であった。おおかたの予想では「佐倉其他の学校は組織を更改せらるゝも絶対に廃止せらるゝことは先づ以て之れ無かるべきか」(44)というように、改廃の対象は一校程度というものであったので、知事のこの決断は衝撃をもって受けとめられた。

日露戦前に、軽々しく学校の改廃をすべきではないという立場をとっていた石原知事が、なぜ一転して中学校改廃を計画したのであろうか。その理由を知事は、三八年通常県会において次のように説明した。

知事は非常特別税法の施行により三八年度県税収見込みは九〇万円程度で、三六年度に比べて約三二万円も減少しており、しかも戦後になっても「十数億ノ国債ヲ負ヒ」戦後経営に費用がかかることを考えると「国家財政ノ新機運ガ発展スルコトガ出来」ない。県財政も「戦時中ト甚ダシク変更スルト云フコトハ近数年間ニハ出来マイ」[45]という財政見通しを述べ、主要財源である地租割も「非常ニ増額ヲ求メルト云フ事ハ出来」ない状況である。したがって歳出の削減が必要になり、「比較的増加ヲ致シテ居ル教育費」を「先ツ節約ヲ施サナケレバナラヌ」[46]必要があったと説明した。そして、この明治三九年度の千葉県の教育費原案は二〇万一七〇二円で前年度予算原案に対して二万三五〇六円減少した。議決額で明治三五年度と比較すると（表1‐3）、師範学校費が五万五三九四円と、一万六八一六円減額され、中学校費も八万四六八〇円と、八九八七円減額されたのである。

一九〇五年九月に日露戦争は終結していたが、膨大な額の戦時公債の償還と戦後経営のための支出の増大のために、非常特別税は戦後も継続されることになった。この中で政府は府県や町村などの地方団体の付加税の制限や禁止を戦後においても継続するなど、国の財源確保のために、地方財政の大幅な圧縮をはかったのである。

千葉県においては、明治三九年度の歳入予算総額は一二一万五一七二円であった（表1‐3）。ちなみに、三五年度に七五万〇一四八円、国税である地租一円に対して六七銭七厘を徴収していた県税地租割は、三九年度には五五万三二七九円と知事の説明のとおり、約二六％も縮小されている。それだけではない、雑種税においても、料理屋税・飲食店税・車税・船税等の税目は、その付加率が大きく縮小されていた。

このように予算が縮小したのは千葉県だけでなかった。各府県における歳入を見ると（表1‐1）、府県税の中心となる地租付加税は、明治三八年度には一八〇七万六七三六円と三五年度の二五五五万四二〇九円に対して二九・三％も減少している。また、戸数割も七一五万四〇四六円と二三・二％減少している。一方歳出を見ると、三八年度は四六二一万四一六一円と三五年度の五六五七万八七九〇円に対して一八・三％減少していた。減少の大きかった費目は、教育費が八五五万四一八〇円と三五年度に対して二一・三％減少していたが、土木費はさらに一二三三万六一七〇円と三四・二％も減少している。日露戦後の府県財政は、国税確保のために制限された税収の減少による歳入不

表1－3　千葉県歳入歳出額の推移

千葉県歳入予算額の推移　（単位：円）

	明治35年度	明治39年度	明治41年度	明治42年度
経常部合計	1,389,447	1,102,836	1,561,552	1,654,829
地租割	750,148	553,279	877,423	911,341
営業税	79,002	90,311	96,097	98,787
雑種税	238,227	131,855	223,614	169,376
戸数割	192,850	176,030	194,940	264,965
国庫下渡金	36,541	40,074	42,373	44,646
雑収入	68,109	85,364	100,460	108,075
臨時部合計	11,802	112,336	287,655	61,238
繰越金	1,200	5,000	5,000	33,000
国庫補助金	8,747	7,281	28,173	28,188
県債	—	100,000	170,000	—
歳入総計	1,401,249	1,215,172	1,849,207	1,716,067

出典：『千葉県報』明治35年、『千葉県統計書』明治38・40・41年度より作成。
注：予算額は当初予算議決額である。

千葉県歳出予算額の推移　（単位：円）

	明治35年度	明治39年度	明治41年度	明治42年度
（経常部）				
警察費	210,229	222,961	247,466	257,107
俸給及諸給費	160,520	168,835	187,798	194,517
土木費	164,637	178,661	581,774	236,929
道路橋梁費	119,291	144,861	170,878	204,756
治水堤防費	40,484	30,214	406,399	26,331
教育費	190,383	193,195	206,635	234,560
師範学校費	72,210	55,394	55,396	55,201
中学校費	93,667	84,680	94,328	98,449
園芸専門学校費				13,444
商業学校費				6,660
勧業費	48,576	52,965	88,771	73,358
衛生及病院費	5,148	11,320	20,609	21,415
経常部合計	787,500	834,202	1,348,048	1,047,881
（臨時部）				
利根川改良工事負担	194,306	194,306	130,000	75,000
土木費	122,931	62,586	83,676	138,412
町村土木補助費	105,417	420	30,596	51,238
歳出総計	1,401,729	1,215,172	1,849,207	1,716,067

出典：『千葉県報』明治35年、『千葉県統計書』明治38・40・41年度より作成。
注：予算額は当初予算議決額である。

足に対して、教育費と土木費の削減で対応せざるを得なくなったのである。

しかし、千葉県の場合、明治三九年度の千葉県予算の歳出をみると（表1－3参照）、他の府県と異なり、三五年度より各費目は増額されており、前年の三八年度に対しても警察費は二一五五円、勧業費は一万〇三二五円と増額されており、その一方で教育費が二万八三九〇円、土木費が四〇一円といった具合に削減されていた。それではなぜ、千葉県では教育費だけが大きく削減されたのであろうか。

千葉県の場合、県の経常部の主要な歳出は、警察費が二二万二九六一円、土木費が一七万八六六一円、教育費が一九万三一九五円であった。この内、警察費は例年その経費の四分の三程度が俸給及諸給費という人件費であり、巡査は勅令によって「本年度（明治三八年）来年度来来年度此三ケ年巡査ノ増員ヲ」(47)しなければならず、しかも俸給額も増額しなければならなかった。土木費の場合は、経常部は道路橋梁費が一四万四八六一円であったが、「国県道ノ修理ニ於テ尚六十万円」かかりというように、枢要里道などの県道への昇格の要求が多いという状況下で道路維持のための費用が数十万円かかる見通しであった(48)。これに対して治水堤防費は三万〇二一四円にすぎなかったが、千葉県の場合は臨時部において、例年経常部土木費額に相当する利根川改良工事（第一期）負担費が一九万四三〇六円あり、これは終了したが、第二期で「尚ホ六ケ年間利根川改修ノ為メ年々十五万円余ノ国庫負担」(49)をする必要があった。このほか臨時部の土木費・町村土木補助費などを加えた臨時部の歳出が千葉県にとって大きな負担となっていた。このために千葉県では道路整備の必要性が認識されていたものの日露戦争以前から道路修繕費に十分な歳出を行うことができず、毎年出費が決められていた治水費が土木関係の中心を占めており、この結果日露戦後の歳出削減に対して、他県のように土木費を大幅に削減することはできなかったのである。

一方、教育費は中等教育の充実が主張され、中でも実業学校と高等女学校の建設とその整備は千葉県としても放置できる問題ではなかった。これらの建設費と維持費のために三万円が必要であったが、前述したような財政状況のために、濫設といわれた中学校の削減、または実業学校への更改によらねば三万円の建設費・維持費は確保できなくなっていた。

このように千葉県財政が日露戦後の国家財政に規定されて緊縮財政しか取れない状況では、阿部知事時代に総花的に建設され、濫設と非難された中学校は、最初に財政整理の対象とされざるをえなかったのである。だが改廃の対象になった地域は、地域の発展に関わる大問題として反対運動を展開し、中学校改廃は前年に石原知事が危惧したように大きな政治問題となった。

君津郡では木更津中学校の分校への格下げに反対した。格下げは郡にとって「一面利害問題たると同時に、一面栄辱の問題」(50)であるととらえた。ゆえに中学校開設にあたって大多喜中学校の分校になって以来の地域対立を指摘し、「彼を優遇し、此れを冷遇することの此の如くに甚だしき当局の真意遂ひに解すべからず」と述べた。さらに「文教は益々之れを隆ならしめざる可からず、已むなくんば利根堤防の分担を辞して之れを中学校維持費に充てんかな」というような、県予算の分配が県北に傾斜していることを非難するなど、分校格下げに激しく反発した。県政全般にわたる地域対立が表面化しかねない状態となっていた。

海上郡では銚子中学校の存続をめぐって各町村長が県知事に請願、陳情することを決議しただけでたく、内務大臣、文部大臣にまで陳情することを決議した。また、郡会も知事、県議に請願することを決めており、この存続運動が実らぬ時は、県税負担の半額拒否、町村長以下の抗議の辞職、郡民による東京への蓑笠運動による抗議請願が決められた(51)。

各地の県議はこうした出身母体である名望家層の活発な反対運動の圧力と、日露戦後の緊縮財政が不可避であるという現実の間で改廃の賛否についての選択を迫られたのである。

2　中学校改廃をめぐる県会の動向

次に県会の動向をこの当時の県会の与党であり、緊縮財政を主張していた憲政本党を中心に検討したい。憲政本党(以下＝本党)では、副議長、参事会員などを独占していたので、一般の県会議員より先に当局による改廃案を知ることになり、一一月二七日に参事会でこれを審議している。本党から出た六名の参事会員のうち改廃に賛成したのは、向後四郎右衛門（匝瑳）、白井喜右衛門（長生）の二名で、残りの安部逐（君津）、宮内新蔵（海上）、高橋五郎兵衛（東葛飾）、久貝源一（夷隅）はこれに反対した。[52]しかし、知事を含む県側参事会員三名が賛成したため、辛くも参事会は県原案が通過した。

前年の明治三七年通常県会において、本党は中立派などをあわせ二四名で佐倉中学校廃校を建議しており、宮内新蔵、高橋五郎兵衛も建議賛成者に名を連ねていた。反対者中、安部、宮内、高橋はいずれも、選出の郡内に改廃の対象となっている中学校を含んでおり、彼らは党の方針をとるか、地方の利益を取るかの選択にせまられたのであった。そして、これらの県議は、党内宿論である中学校改廃論を放棄して、地方利益の優先を取ったのであった。

参事会員という県会の党領袖が改廃反対にまわったため、本党内部は大いに混乱した。政友派の『千葉毎日新聞』は、改廃地方の議員は反対をし、関係ない地方議員は、「党の体面上是非とも改廃を党議となすべし」[53]と党内対立が起こったことを報じた。この対立は激しく、数で勝る改廃論者側が強硬に改廃を党議にすれば、党の内訌は免れないという事態になった。この中で、安部、宮内、高橋ら印旛、東葛飾、海上、君津選出の議員は、超党派の四郡連合議員団を形成し政友会と提携して改廃反対を行う動きをみせたため、本党はこれらの議員をなだめ、党論の分裂を回避するための調停工作を進めた。

工作は、一二月一日になって「明治三九年度教育費の復活要求」の建議書[54]という形で実を結んだ。これには、四郡連合議員を含む二六名の賛成者が名を連ねた。その要旨は、

一　「君津郡ハ県下屈指ノ大郡ニシテ入学志望者ノ多キ……従前ノ成績ヨリスルモ……本校トスルノ適当」

二　「銚子ハ県下屈指ノ都会ナルノミナラズ……銚子町本銚子町西銚子町ノ三町ノミニテモ人口三万」の将来中学校として有望な地である。

三　松戸分校は、県下に「実業学校ニ於テハ茂原農学校ノ一校」のみなので「商業若クハ農業等ノ学校ニ変更スル」

というものであった。改廃反対派の要求を入れて県原案を骨抜きにした形だけの改廃案によって、本党は内訌を防ぐ方針で県会に臨もうとしたのである。

政友会はこの建議案に激しく反発した。稲村辰次郎は、松戸分校を廃止して実業学校に変更したならば「目下此学校ニ居ル生徒ハ直ニ実業学校ニ這入ルヤ否ヤ之ハ頗ル疑問デアラウ」(55)と述べて反対をした。また泰野真治は、実業学校に変更した結果、「多数ノ生徒ヲ半途ニ退学セシムルト云フコトハ之ヲ忍ビマセヌノミナラズ教育不振ノ基デアル」(56)、君津郡が大郡であるという理由で存続させるならば、東葛飾郡もまた大郡ではないかと述べた。また、本党の島田弥久の建議にたいし、「県会デ廃スト云フコトヲ建議シタカラ……建議ト云フモノハ何処マデモ念頭ニ置カナケレバナラヌ」(57)、改廃をしなければ名分が立たないという理由で建議案を出したようであるが、戦後の大勢は中等教育も実業教育も発展させねばならず、決して中学校の数は多いとは思えないと、神直三郎は述べた。こうした政友会の反対にもかかわらず、本党の建議案は多数で可決をした。

しかし、本党をようやくまとめた建議案も、石原知事がこれを一蹴したために、県会は再び混迷した。各党は、解散を賭してあくまで県の改廃案を拒否するか、あるいは妥協するかで、連日宿舎において密談を重ねた。しかも、本党ではこの混乱の中で参事会員の交代をめぐって、密約どおり交代すべしという参事会補充員や一般県議と、継続したいという参事会員との間で内訌がもちあがった(58)。これは高橋参事会員の脱党を招き、本党党内はその鎮静化にも努めなければならなかった。

これらの諸事情のために、県会は三日間流会になり、一二月一三日ようやく審議が再開された。冒頭、政友会の稲村は教育費の審議を行う緊急動議を提出した。これを政友会と本党の四郡連合議員の一部を加えた「政友派」が支持した。本党の向後四郎右衛門は動議に反対を表明したが、党内からも動議賛成者が出たので、本党は数的に劣勢となった。このため白井喜右衛門はじめ本党側は議場から退場し、審議は「政友派」のみで行われた。

「政友派」は、稲村が中学校費八万四〇〇〇円余を前年度議決額の一〇万六〇〇〇円余にする修正動議を提出した。これは、佐倉、木更津、銚子、松戸中学を現状のまま存続させるという内容であった。知事や三橋委員は、議案として提出したのは経費の予算についてであり、「予算ニ計上シテアリマス学校以外ノ新タナル費目ニ対シマシテ増額ノ動議ヲ出シ増額ノ御決議ニナルト云フ事ハ決議スベキ以外ノ事柄」(59)と動議を突っぱねた。しかし「政友派」は採決に持ち込み、中学校費の修正増額を可決し、一方高等女学校の新設は否決を行い、県当局と全面対決した。

知事は、翌一四日県会に対して、中学校費を増額したのは県会の権限を越えたものであり、また、高等女学校費の削減は女子中等教育の発達上不適当という理由から、再議案を提出した。知事の強硬な姿勢に対して、政友、憲政本党の双方とも各種の工作を行った。すなわち、藤平議長らは再議が否決されて知事が原案を執行した場合、県会の体面は保てないとし、善後策を練った。一方、「政友派」は内務省に千葉県出身の吉原三郎地方局長を訪問して存続の陳情を行い(60)、また、勧業費などの予算案の大幅削減を主張して、知事に対抗しようとした。

一九日、再議案はようやく県会にかけられた。政友会の稲村が、県会は違法の決議をしたとされているが、違法の決議をしたとは考えない。また現在中学校は廃校になっていないので、知事が言うように権限を越えているとは考えない。女学校についても「一ツノ高等女学校ガアレバ沢山デアル」(61)と反対論を述べた。これに対して、当局は再議の正当性を主張し、採決が行われた。再議に対する反対は一八名であり、再議案は審議されることになった。

再議案に応じたのは本党側の県議であった。この中には、政友会と行動を共にしてきた安部、石井ら君津郡選出の県議が含まれていた。それでは、本党県議がなぜ再議に応じたのか。その理由を向後四郎右衛門は、再議に応じるのはすでに一二月一日に提出した建議案を審議すべきと考えているからであり、当局は臨時集会を召集して建議案に対する回答を出すべきだと述べた。一方、岩佐春治は知事の改廃理由を全面的に支持して[62]、再議案賛成を述べた。このように、本党は改廃について党内の統一ができないまま、第一党であるという理由から再議案を支持したのであり、与党としての体面から改廃反対派の君津郡選出の県議を再議に応じるように説得をし、辛くも与党としての地位を保ったのである。

以上みてきたように、一九〇五年の明治三八年通常県会が混乱したのは、本党が多数を占めている状況下で本党が永年の主張としてすすめていた中学校改廃案が出されたが、それが予想以上に大規模な形で提出されたために、該当郡選出県議が改廃反対にまわったためであった。これは「民力休養」を主張していた憲政本党の政策そのものが、地方利益欲求の前に大きく揺らいだことを示している。そしてこの動揺が偶然に発生したものでないのは、前述したように憲政本党が「民力休養」路線をとりながら地方利益欲求をも求めるという矛盾をもっていたためであった。それは翌年の高等女学校の設立についても、再び本党が党内抗争を起こすことからもわかる。

翌〇六年の明治三九年通常県会に、石原知事は前年に否決をされた高等女学校の増設を提出した。しかし、県会が開催されても当局はその設置場所を明示しないので、『千葉毎日新聞』や設置が予想される山武郡、匝瑳郡の郡民は、設置場所の明示をするように求めた。このために、一一月一七日に予定された県会は流会になり、二〇日まで連日流会が続いた。この間政友会は、山武郡東金町に女学校を設置する方針を固め、同派だけでなく憲政本党所属の山武選出議員を糾合する多数派工作をすすめた。

二一日県会が開催されると、冒頭、平山由次郎（山武郡南郷村出身）は教育費の審議をするように主張し高等女学校増設の建議書を提出した。これは、山武郡選出の稗田由巳、平山由次郎、久保田専蔵、岩佐春治の四県議が提出者になり、これに政友会議員が賛成者として加わった。その内容は、女学校の位置を山武郡東金町に設立するというものであり、東金町は「県下東沿海部（匝瑳、海上、山武、長生、夷隅ノ各郡及安房郡ノ一部）ノ中央ニ位シ総武房総ノ両鉄道ノ中軸ニ当リ北ハ印旛郡ノ一部ニ接シ頗ル交通ノ便ニ富」[63]んでいるからということであった。

こうして県会において、久保田、岩佐、稗田らが政友会を背景に東金町設置をすすめたのに対して、向後四郎右衛門を中心とした県議はこれに反対し、建議案の否決をめざした。憲政本党はここに、向後ら匝瑳派（多数派）と稗田らの山武派（少数派）に分裂した。このように一九〇五（明治三八）年、〇六年の両年にわたり、憲政本党は中学校改廃高等女学校増設という地方利益をめぐって深刻な党内対立をきたしたのである。換言すると、山武派の本党議員は憲政本党の機関紙である『新総房』から党に従わぬと非難されても、地方利益のために政友会と提携したのである。そしてこの事実は、彼らが党議に従うよりも、自己の政治的基盤である地方名望家の支持する地方利益欲求を重視していたと見るべきであろう。

しかし、事態は意外な方向に転換した。憲政本党の内訌によって政友派による女学校東金町建設の建議が通過すると、岩佐春治は教育費審議について動議を出した。政友会の泰野春治は「凡ソ費目ヲ議スルニ方リマシテハ其ノ箇所モ分ラズ唯ダ費目ヲ議スルト云フコトハ我々モ迷惑致ス次第デゴザイマス」[64]と述べ、県当局に対して設置場所の明示を求めた。これに対して鈴木内務部長は、位置を明示すると「希望セラル、処ノ地方ハ熱心ノ余リ種々ノ弊ヲ生ズル恐レガアル」[65]としてこれを拒否した。また、石原知事は学校建設をするか、否かは、全県的な問題である。しかし、「位置ヲ極メルト申シマスルコトハ或一部局ノ利害ニ関係スルダケデ県下全体カラ申シタナラバ夫程大シタ利害ノ問題デ無イ………此ノ位置ノ問題ガ非常ニ或一地方ニ於ケル熱度ヲ高メル問題デアリマシタ以上ハ之レハ県ノ平和ヲ計ルタメ若クハ県治ノ円満ヲ計ル上ニ付テ余程考ヘナケレバナラヌ」[66]と述べている。知事は位置を明示することは、地域の誘致運動を激化させるので望ましくないとの考えから場所の明示を拒否したのである。久保田らはなおも場所の明示を求めたが、県当局はこれを拒否し続けた。ここで政友会の門倉徹は県当局が場所を明示することを拒否した以上、県会は「最早ヤ門前払ニナツタノデアル何ウシテモ此ノ案ニ就イテ審議討議スルコトハ出来ナイノデアリマス」[67]

と述べて、第二読会以降の審議拒否を主張した。門倉ら政友会の強硬論に対して、本党からは白井が建議案を出して、当局が場所を明示しないから二読会を打ち切るというのは筋が通らないと、知事擁護論を展開した。しかし、白井の擁護論の支持は、匝瑳派の一五名にすぎず、高等女学校増設案は審議打ち切りになった。

午後は本党の匝瑳派が一九名で形勢劣勢のために欠席をしたので、県会は政友会と山武派二一名が出席をした。開会冒頭、石上新藤は石原知事不信任案を提出した。(68) 石上は提出理由として知事は明治三六年、三七年通常県会に中学校改廃論議が起こったときに、改廃は軽々しくするものではないと主張した。しかし、三八年県会には突然大規模な改廃論を提出し、本党を中心とした議員による建議案も無視して改廃を強行したと、中学校改廃問題における知事の方向性がないことを非難した。そして、知事を「一ノ定見ノ無イ人デアッテ無方針デアル」とし、その姿勢は県民を無視したものであると述べた。また、神直三郎は「知事ハ県政ニ付テ洵ニ不親切デアル議員ノ行動ニ注目シナイ議員ヲ軽蔑シテ居ル」と、知事の県会・県会議員軽視を指摘し、さらに千葉農工銀行頭取問題を取りあげ、同行の株主でもない宇佐美頭取の就任を知事は強行したと、その専断を非難した。(69)

県会は満場一致で知事不信任案を通過させ、ここに千葉県政史上、石原知事は最初の不信任をされた知事になったのである。県当局は鈴木部長が、不信任という県会議員の「諸君ガ権限外ノ事ヲ決議スルト云フコトハ甚ダ不穏当デハアリマセヌカ」(70) と県会に反省を求める発言をし、同日、知事は不信任は県会の権利を超越しているとして取消しの通達を出して、内務省に出頭して原内務大臣、吉原次官と事態の協議をした。(71) 一方、政友会も原内相に知事更迭の陳情を計画するなど、知事と政友会との対立は激化の一途をたどった。本党の匝瑳派は知事との間に事態の打開を協議した。本党の代議士である鈴木由次郎と安田勲は山武派、知事、匝瑳派間の調停にあたった。『東海新聞』によれば鈴木と安田は山武派に対して、東金町増設を条件に、四〇年度予算の審議では匝瑳派と同一行動を取ることを求めて、山武派の了承をとった。そして知事と鈴木らとの間に東金増設と予算案承認の密約が成立すると、(72) ここで本党はようやく一本化し、県会の主導権を回復した。

一二月六日、憲政本党二〇名の出席で県会は開会した。読会の省略、朗読の省略の動議が出され、わずか二〇分で全議案が議了した。大半の議案は可決したが、高等女学校費は白井嘉右衛門から一校分を削除する修正案が動議として出された。これが賛成多数で可決され、高等女学校の増設は否決され、見送られた。これは知事と本党との密約により、翌一九〇七年の明治四〇年通常県会で設置場所を東金町にして提出することが決していたもので、四〇年通常県会にこのような形で県当局から提出されたのである。

以上のように日露戦後になると憲政本党の県議も地方利益欲求を実現させるための運動を展開した。本党の多数派は従来の党方針と同様、中学校改廃を支持したが、その支持に加わった山武郡の県議が翌年の県会では高等女学校設立をめぐって政友会と行動を共にしたように、県議は自己の地方利益欲求を党方針より優先させるようになったのである。それゆえに三九年県会の知事と山武派県議の密約のように地方利益欲求が約束されると、直ちに党内に復帰するのであった。

憲政本党でこうした問題が起こるのは、日清戦争以後財政膨張には反対しながら、一方で地方利益を追求するという矛盾した政治姿勢をとっていたからである。しかもこのような政策的矛盾は日露戦後の緊縮財政において地方利益が削減されるとむしろ激化した。すなわち中学校改廃に関係ない郡選出の議員は緊縮財政支持の立場から改廃を主張するが、改廃中学校を持つ郡選出の議員にとって緊縮財政支持の立場に立つことは、中学校存続を主張する地元の名望家層の支持を失なうことであった。このことは千葉県の憲政本党議員にとって、日露戦後に地方利益を擁護しなければ政治基盤を失なうことを意味したのである。しかも、改廃問題など緊縮財政下における地方利益をめぐる問題は、既得の利益を擁護するというネガティブな形で現れるため、より深刻な問題になるのである。

かくして県会では政友会、憲政本党は県当局との基本的な争点を失ない、ともに中等教育問題を地方利益の象徴と認識するようになった。そして次章で詳述するように四〇年通常県会には安房郡へ高等女学校、多古へ農学校、木更津、松戸、銚子、佐倉中学校の県費支弁等の建議案が提出されると、女学校と農学校の新設建議は党派を問わず賛成者がでた。また、四一年通常県会には大正時代に県政のお荷物になった高等園芸学校の設立が提出されたが、これはわずか四名の反対者が出たのみであった。

おわりに

千葉県では日清戦後に中学校増設を核とする中等教育の急速な充実がはかられた。それは阿部浩という知事の積極政策の一環として実施されたが、この中等教育の充実は県会においても方向転換の意味を持った。すなわち、民権期の反権力的立場から脱皮しきれていない自由党は中学校を特定の階層や特定地域を対象にするものと認識し、中等教育の拡充を否定的に見ていたが、一八九六（明治二九）年ごろから地方利益の象徴として中学校増設を支持した。それは租税が一部の富裕層のために使用されることに異議を唱え、「民力休養」を唱えていた地方名望家層が中学校増設を地方利益欲求の対象と考え、その誘致を開始したことを背景にしていた。しかし、県会の自由党は自己の階層基盤である地方名望家の方向転換に伴って方向転換を行っただけではなかった。自由党は中学校増設を地方利益誘導の手段として、これをテコとして党勢の拡大をはかるとともに、反対党の地方利益の実現の阻止をはかるという党略に利用した。地方利益追求の噴出が県の政治基盤を変えていったのである。

しかし日露戦後の財政状況によって、阿部の推進した中学増設は財政的に破綻してしまった。日露戦後においては積極政策の実施は財政的に困難だったのである。こうした状況から石原知事は中学校整理を実施するが、これには政友会と憲政本党内の一部県議から反対者が出た。とくに本党は地方利益欲求の実現をめぐって揺れ動いた。さらに翌年には、高等女学校の設立場所をめぐる問題で、再び本党は分裂し、このうち山武派は政友会と提携した。このように日露戦後においては本党も政友会と同様、地方利益欲求の実現をはかったのであった。本党のこうした地方利益欲求の対応は、日露戦後に本党（後に国民党）中央に発生した改革派の論理と同様であり、やがて立憲同志会の結成へと移行する中央の運動を支えていたと考えられる。また、千葉県において政友会と本党との同質化が、いちはやく日露戦後に起こったことは、両者の階層基盤が山梨県などと異なり同一基盤に立脚していたためであったと考えられる。なお、「積極主義」をめぐる県の動向については、本来教育問題のほか、土木問題をも含めて、総合的に検討する必要がある。これについては、次章の有吉忠一知事の県政で分析したい。

注

（1）初期議会から日清戦後における民党と藩閥政府との関係の変遷は坂野潤治『明治憲法体制の確立』（東京大学出版会、一九七一年）を、また日清戦後経営については中村政則「日本資本主義確立期の国家権力」（歴史学研究別冊『歴史における国家権力と人民闘争』）を参照。

（2）少壮官僚による欧米をモデルとした地方政策の実現例としては、本書第二章「日露戦後山県系官僚の積極政策」を参照されたい。

（3）有泉貞夫『明治政治史の基礎過程』（吉川弘文館、一九八〇年）「第二章　民権運動崩壊後」「第三章　初期議会」「第四章　日清日露間」を参照。有泉氏の指摘と同様の動向は他の府県においても起こった。しかしながら地方利益の欲求は、当然のことながらそれぞれの府県の地理的な条件によって、さまざまな形を取って出現している。

（4）藤田武夫氏は内治整備の緊急性に対して、国家予が欠乏していたために各種の特別法令を公布して地方団体に国政委任事を行わせたとされた。藤田武夫『日本地方財政発達史』（河出書房、一九四九年）七四頁。また、同書によれば、府県財政は明治一四年度以降、ほぼ二〇〇〇万円台を維持していたが、日清戦後の二九年度には、一気に四〇〇〇万円台に跳ね上がり、日露戦後の明治四三年度まで伸長を続けた。その後は第一次世界大戦中の大正五年度まで停滞した。

（5）『明治三〇年十一月通常千葉県会議事録』第一号、一頁。なお、県会議事録は年度により、表記が異なるので、以下『明治三〇年通常千葉県会議事録』のように統一して表記する。

（6）『日本近代法発達史　6』（勁草書房、一九五九年）一三七〜一四六頁。内務大臣が公共の利害に深く関わると認定した河川は、国の管理下におかれ、国の機関によって工事の施行や維持修繕の責任を負わせるというものであった。他方、河川に関する費用は府県の負担とすることを原則とし、直轄河川は一部または全部を国家負担とした。府県の執行する改良工事についても、府県の地租総額の一〇分の一を超えた場合には、国庫補助を行うというものであった。これによって、行政面でも財政面においても、国家による河川管理が強まった。「河川法、道路法」『日本近代法発達史　6』、藤田、前掲書、七四〜七九頁、『日本農業発達史四巻』（中央公論社、一九五四年）一四四〜一五八頁で明治四三年の洪水の結果、臨時治水調査会が設立されて根本的な治水対策が付議されたとされた。

（7）日清戦後の土木費における治水費の急激な膨張は、これを支持する県北の「河川派」と、これに冷淡な県南の「山岳派」との間に、予算配分をめぐる地域対立を起こしてしまった。その結果、政党が特定地域の県会議員を地域利益を餌にして党派を越えて結束させ、県会の多数派を形成したり、逆に特定地域の県議が地方利益を求めて党議に従わず独自の行動を行うなどの現象が起き、県会混乱の原因となった。また、利根川北岸地域を千葉県から茨城県に移管しようとする県域変更問題の背景には、地元を除く県会議員にとって、利根川南岸の治水費負担だけでなく、北岸をも負担することに対する強い抵抗があり、移管を建議している（『千葉県の歴史　資料編近現代1』六一〜六九頁）。

（8）『千葉県の歴史　通史編近現代1』（千葉県、二〇〇二年）三二七〜三二八頁。

（9）『明治二九年通常千葉県会議事録』第一〇号、三六〇〜一頁。

（10）千葉県における明治前半の中学校増設については『千葉県教育百年史　第一巻』「第二章第三節　中等教育のはじまり」を参照。また、明治一〇年代の中学校廃校について、三浦茂一氏は民権派議員が独自の教育構想を持っていたと述べている。三浦茂一「明治一〇年代における千葉中学校と千葉県会」（『房総地方史の研究』雄山閣出版、一九七三年）。なお、県会議員の中には民権運動において学習結社の経営している者もいて、政府や府県当局の教育統制に反対していた。千葉県においても主要な民権結社から県会議員がでている。これについては神尾武則「千葉県の民権結社とその動向」（『明治国家の展開と民衆生活』弘文堂、一九七五年）参照。また、中学校全廃の決議は山梨、埼玉、宮城の各県でも起こっていたと有泉氏は述べている。有泉貞夫「明治国家と民衆統合」（『岩波講座日本歴史　近代4』）二四八頁。

(11)『千葉県教育百年史』「第三章第三節　中等教育の動き」参照。

(12)『明治二九年通常千葉県会議事録』第一〇号、三六二頁。

(13) 同前、第一〇号、三七九頁。

(14)『明治三〇年通常千葉県会議事録』第一二号、三二四頁。

(15) 教育関係法規の整備過程については、「教育法」（『講座日本近代法発達史1』勁草書房、一九五八年）。

(16)『明治大正国勢総覧』六七八頁。

(17) 有泉前掲「明治国家と民衆統合」二四九頁。

(18) 県立木更津高等学校『創立七〇周年記念誌』九九～一〇一頁。

(19) 同前、九九頁。

(20)『明治三〇年通常千葉県会議事録』第一二号、三一九頁。

(21) 同前、一二号、三二五頁。

(22) 木更津高等学校一〇〇周年誌『遠く富岳を西にして』、東金高等学校『東金高校の歴史』（一九七四年）などを参照。

(23)『明治三一年通常千葉県会議事録』六四～六五頁。

(24) 同前、三四五～三四七頁。

(25) 同前、三四四～三四五頁。

(26) 志賀吾郷の日記「吹塵録巻三」の中学設立に関する部分は、県立東金高等学校校史に掲載されている。東金高等学校『東金高校の歴史』一二～三二頁。

(27) 建議書も前掲『東金高校の歴史』一四～五頁に所収。

(28) 中央では一八九八年六月に自由党と進歩党が合同し憲政党ができ、一〇月末～一一月に憲政党（旧自由党系）と憲政本党（旧進歩党系）に分裂するが、本節では自由党・自由党系と、進歩党・進歩党系という表記をする。

(29) 前掲『東金高校の歴史』二八頁。

(30)『明治三一年通常千葉県会議事録』一三頁。

(31) 同前、一六頁。
(32) 同前、五八七~八八頁。
(33) 同前、六一一頁。
(34) 同前、三四二頁。
(35) 同前、三四〇頁。
(36) 同前、五九九頁。
(37) 「千葉県会に望む」(『新総房』明治三一年一一月二六日)。
(38) 『明治三一年通常千葉県会議事録』六〇四頁。
(39) 子安正雄は県会で増設反対を主張していたが、東金町への設立に対しては志賀吾郷らと共同行動をとっていた。また、関和知は『新総房』社主であったが、東金町設置のために志賀らの運動を支援する矛盾した行動をとっている。
(40) 「本県中学校教育の現況」(『千葉教育会雑誌』一一二号)。
(41) 「本県中学校と実業学校」(同前、一一五号)。
(42) 『明治三六年通常千葉県会議事録』第一二号、三頁。
(43) 『明治三七年通常千葉県会議事録』第九号、三八頁。
(44) 「不言不語　秘中の秘」(『千葉毎日新聞』明治三八年一一月七日)。
(45) 『明治三八年通常千葉県会議事録』第一六号、一四頁。
(46) 同前、第一六号、二三頁。
(47) 同前、第一六号、二二頁。
(48) 同前、第一六号、一八頁。
(49) 同前、第一六号、一七頁。
(50) 「君津郡民の激昂」(『千葉毎日新聞』同年一一月一六日)。
(51) 「海上郡民と蓑笠運動」(同前、同年一一月一七日)。
(52) 「中学校問題と参事会」(同前、同年一一月二八日)。

(53) 憲政本党の党内混乱については一一月二九日に「中学校問題と進歩党」一二月一日に「進派の混乱」などの記事がみえる。
(54) 『明治三八年通常千葉県会議事録』第六号、一一～一三頁。
(55) 同前、第六号、一六頁。
(56) 同前、第六号、一七頁。
(57) 同前、第六号、二〇～二一頁。
(58) 以下の県会における記述は『千葉毎日新聞』の「千葉県会」欄に拠った。
(59) 『明治三八年通常千葉県会議事録』第一六号、四一頁。
(60) 「通常千葉県会（十七）」と「吉原地方局長の配慮」ともに（『千葉毎日新聞』明治三八年一二月一六日）
(61) 『明治三八年通常千葉県会議事録』第二一号、四〇頁。
(62) 同前、四九頁。
(63) 『明治三九年通常千葉県会議事録』第四号、三頁。
(64) 同前、第四号、一二頁。
(65) 同前、第四号、一一頁。
(66) 同前、第四号、一三～一四頁。
(67) 同前、第四号、一八頁。
(68) 同前、第四号、二四～二六頁。
(69) 同前、第四号、三〇～三四頁。
(70) 同前、第四号、三六頁。
(71) 原は日記中で石原に対して「常に余の政策に反抗して前内閣〔山県系の桂太郎内閣〕派と通じ治績も亦挙らざるに因り、非職にせん」（『原敬日記』明治四一年三月二七日）と書いたが、これは前年の中学校改廃と女学校設立について千葉県政友会と対立し、対処の仕方を指していると推測される。
(72) 「形勢急転」（『東海新聞』一九〇六年一二月六日）。

第二章　日露戦後山県系官僚の積極政策――有吉忠一知事の千葉県における施策を例に――

はじめに

日露戦後から第一次世界大戦期の政治状況については、テツオ・ナジタ氏や三谷太一郎氏による藩閥・官僚体制の解体と政友会による政党政治の発展過程であるという研究や非政友勢力について分析している櫻井良樹氏の研究(1)などがある。中でも坂野潤治氏は、政友会と提携・対立した藩閥勢力が長州閥（陸軍）と薩摩閥（海軍）とに分裂したことを指摘する一方、憲政本党内においても改革派と非改革派とが藩閥勢力との提携か非政友大合同かをめぐって対立していたことを指摘されたが、さらに氏は日露戦後の硬直化した財政構造のもとで、新規予算をめぐる諸政治勢力の対立こそが二個師団増設や海軍建艦費をめぐる問題に発展した(2)とされた。

一方、地方政治においては三谷太一郎氏が郡制廃止や鉄道広軌化問題を通じて、政友会は地方名望家の要求する地方利益を積極政策によって実現し、党勢を拡張していったことを指摘している。こうした動向は政友会にとどまらなかった。前章において千葉県の中学校の廃校をめぐって、廃止中学校を選挙区内にもつ憲政本党の県会議員は党の方針に反して廃校反対の政友派へ同調したことを指摘(3)したが、日露戦後には政友会にとどまらず、憲政本党（後に国民党）地方組織においても地方利益の欲求は強まっていったのである。

しかし日露戦後の地方政治をとりまく状況下においては、積極政策による地方利益をはかることは困難であった。日露開戦時の国家予算の四倍以上にも達する戦時公債の償還のほか、軍備拡大、「植民地経営」、教育の拡大、鉄道建設・港湾の整備、産業の振興などの戦後経営による歳出が増大している。これに対して政府は、非常特別税継続、酒消費税や営業税の増税など税源の確保をはかる一方、府県・町村などの地方団体に対し賦課制限を行った。その結果、府県・町村などの地方団体は、国政委任事務の増加や産業育成・社会資本の整備など、戦後経営や積極政策によって増加する支出と、それらの事業を実施するための財源不足という困難な財政状況に直面していたのである。

このように地方政治をとりまく積極政策への欲求とこれを実現させる財政的な裏付けがないという状況のもとで、実際に府県政治を運営したのは山県系を中心とした内務官僚たちであった。従来これらの内務官僚は政友会に代表される地方利益誘導に対して、地方政治は国家政策が各地域において忠実に実施されるべきであるという立場から、批判・反対していたといわれてきた。しかし、日露戦後という時期に、内務官僚たちが各府県において実際にどのような政策を実施したのかを検証した研究は多くない。

本章は日露戦後に千葉に在任し、対照的な政策をとった石原健三と有吉忠一という二人の山県系知事の政策を検証することで、日露戦後の緊縮財政下で国政委任事務の実施や地域の振興といった課題に対して、知事たちがいかなる政策を実施しようとしたのか明らかにすることを課題としている。

すなわち、千葉県では日露戦後に石原健三知事が財政難のために緊縮政策をとり、地租割など県税の削減を継続し、歳出においては乱立した中学校を廃校（実際には県費支弁の停止）にする決定を行った。一方、後任の有吉忠一知事は、対照的に県税を増徴し、石原知事時代に廃校を決めた中学校の一部を再び県費支弁とし、商業学校や園芸専門学校の設立を行った。さらに有吉は県債を発行して県営軽便鉄道の敷設を計画するなど政友会ばりの積極政策をとっているのである。本章では二人の知事のこのような政策の検証を通じて、日露戦後経営に代表される国家政策を地方の実情に応じた政策として実施した山県系内務官僚の動向に対して、とくに焦点をあててみようとするものである。

第一節　中学校改廃と県立園芸専門学校の設立

1　有吉知事の赴任と政策の基調

一九〇八（明治四一）年三月、かねてから千葉県内の政友会員が原内務大臣へ更迭を請願していた石原知事にかわって、有吉忠一が内務省より千葉県へ赴任してきた。石原知事は一九〇五（明治三八）年の通常県会で中学校の改廃をめぐって県会を紛糾させ、翌年の通常県会において政友派から出された知事不信任案が可決されるという状況のもとで、原内務大臣から「常に余の政策に反抗して前内閣派と通じ治績も亦挙らざるに因り」[4]、高知県知事へ転出させられたのであった。この原の日記からもわかるように石原は山県系の官僚であったが、後任の有吉も実は「目白の椿山荘に借家するやうになり、為に親しく老公〔山県有朋――引用者〕の教へを受けるの光栄を有する」[5]というように、山県直系の官僚であった。さらに山県の継嗣伊三郎が寺内正毅韓国統監府統監のもとで副統監になると、伊三郎は数ある山県系官僚の中で千葉県知事であった有吉を総務長官に招聘している[6]。このことは山県父子の有吉へよせる信頼がいかに厚かったかをうかがい知る証左である。

有吉は一九一〇（明治四三）年六月まで二年三カ月在任したが、具体的にどのような政策を行ったのか、次に具体的に検証してみよう。有吉は一九〇八（明治四一）年一一月の通常県会において明治四二年度の主要な施策を次のようにあげている[7]。

①茂原〜庁南間の人車鉄道の敷設、②浚渫船の購入、③中学校について木更津中学校の県費支弁・佐倉中学校の県費補助・銚子への実業学校の新設・松戸に園芸専門学校の新設、④水産講習所の独立、⑤水産奨励費として石油発動機船の補助、韓海漁業の県費補助、⑥県誌編纂、⑦養蚕講習所の設置、の七施策である。また、明治四三年度予算を審議する明治四二年通常県会においては、県下の道路を改修する道路改修一〇カ年計画を出している。

このほかに有吉が行った主要な治績について、有吉は後年にまとめた『有吉回想録』で次のように述べている。[8] 多発する犯罪について、社会の教化善導運動を実施するために尚風会を創設した。一九〇七（明治四〇）年の大水害の復旧作業の過程において、水防組織の欠如が問題となったので、ウィーンのドナウ川の水防予防組合を参考にして、水防組合を創設した。ドイツの実業教育をモデルとして、松戸に県立園芸専門学校・銚子に商業学校を設立して、実業教育の整備を行った。農産物の輸送を行っているドイツの軽便鉄道をモデルとして、県営鉄道を敷設した。これは鉄道連隊が機材の提供と敷設作業を行った。整備が進まぬ県道の改修を行うために、道路改修の長期計画をたてた。江戸川周辺の湿田地域に機械排水機の設置をしたり、米の俵装を地干から掛干にすることを奨励した。また、養蚕・養鶏の改良のための品評会を開催したり、匝瑳郡八日市場に蚕業講習所を設立した。水産業では石油発動機を奨励し、この購入のために漁業奨励基金を設け、購入費の貸付を行ったり、水産講習所を設立して鰹節製造の改良・牡蛎養殖の改良を行ったと回想している。

また『有吉回想録』によれば、有吉知事は一九一一（明治四四）年三月から一九一五（大正四）年八月まで在任した宮崎県においても、宮崎〜妻間、飫肥〜油津間に軽便鉄道を敷設した。[9] 県財政が貧弱なため大蔵省から一三〇万円の低利の資金を融資してもらい、港湾を整備し、県内の交通・物資の移動の確保をはかった。また、豊富な水量を利用して水力発電を計画したり、開墾を積極的に行い、製茶や製糸業などの奨励も行うなど、諸産業の振興や社会資本の整備に努めた。このほか「町村治要綱」の作成やフランスにならった公設質屋の開設、史誌の編纂など社会方面にも幅広く政策を打ち出している。このように、有吉知事は県財政の規模が貧弱で「沖縄に次ぐ尻から二番目」の田舎といわれた宮崎県においても積極政策を展開し、このために「宮崎県中興の祖」と呼ばれた。

もとより、これらの施策の多くは、必ずしも有吉が千葉県や宮崎県で独自に行ったものではなかった。日露戦後の地方経営として、各府県は産業講習所・試験場・検査所の設立、共進会、博覧会開催などの産業振興や農学校、商業学校などの実業教育や小・中学校や女学校の拡充、耕地整理や土地改良、河川改修などの土木事業、伝染病予防や病院の設立などの衛生・医療の充実などを行っている[10]。しかし、その施策の多くは各府県が緊縮財政を余儀なくされる中で、部分的な実施や政策面の単なるスローガンに終わっており、有吉のように多方面にわたりさまざまな政策を打ち出す知事は乏しかったのである。

石原・有吉とも帝国大学を卒業した山県系官僚でありながら、なぜこのような対照的な政策をとったのか。これを考える鍵は有吉の地方政策の根幹にある次のような見解にあった。すなわち、内務省参事官として千葉に着任する以前の自分は「多くの知事が徒らに枝葉末節の論義(ママ)に囚はれ、県治の大綱を握つて居らぬ[11]」と述べ、地方長官である知事は、地方における国家とくに内務省の政策の忠実な実行者でなければならないと考えていた。千葉県に着任する以前の有吉の認識は、石原などにみられる従来型の内務官僚の意識そのものであった。しかし千葉県知事として着任すると、地方長官として「治安維持は固より県民の福祉増進を」はからねばならないと考えるようになり、千葉県や宮崎県では緊縮財政のもとでも、戦後経営の地方的実現をはかるためにドイツをモデルとした積極的な産業振興政策をとったのである。

こうした積極政策を打ち出した有吉の県政は、政友会の進める積極政策への対抗や日露戦後経営の実現という課題を緊縮財政のもとで進めなければならない日露戦後の山県系内務官僚の新しい一つの姿であった。本章はこの有吉知事が千葉県で行った施策の内で、とくに地域対立から前知事不信任決議のもととなった中学校の改廃問題、その解決の一環として設立された県立園芸専門学校をめぐる問題と、緊縮財政のもとであえてすすめられた県営鉄道問題を扱うことで、千葉県における有吉知事の積極政策の実態を具体的に明らかにすることを課題としている。

2 中学校の増設と改廃問題

教育問題のうち中等教育問題は、とくに有吉知事が「前任者のやつたことについて悩まされた事」と回想録に記した問題であった。

前章において検討したように、一八九八（明治三一）年の通常県会に、千葉県では佐原、佐倉、銚子、木更津、北条、大多喜の六中学校を新設する原案が提出された[12]。これは県会の審議により、成東が加えられ、佐原・銚子・大多喜が三中学校として、木更津・成東が分校として認められ（ただし北条への中学校新設は前年に引き続いて否決）、私立佐倉中学校が九九年二月に県立に移管された。一八九九年の県会で安房中学校（北条町）の新設が認められ、さらに翌一九〇〇年の通常県会で、成東・木更津が本校に格上げ、また松戸町に千葉中学校の分校が新設（一九〇一年四月に告示）されることになった。この結果、千葉県の中学校はすでにあった千葉中学を含め、中学校八校と分校一校となったが、これは大阪の八校、静岡の七校を凌いで、府県の公立中学校数では全国屈指の県となった。

この中学校の設立にあたっては、県会の審議の過程で、県の原案にあった北条中学校は二年間にわたって県会で否決され、本校であった木更津と分校であった大多喜との交代が行われた。また、郡会で決議された東金への設置が成東に変えられたり、自由党系を中心とした政党の地方利益誘導が行われた[13]。

こうして県当局によって中学校は一〇里内外に一校ずつという基準でつくられたが、千葉県の教育関係者は、この増設を「初等教育の普及発達を犠牲」にしたかかる「無謀過大な設計」には絶対反対であると主張し[14]、教育の専門家の立場から強い懸念を表明していた。

はたして県教育会が指摘したように、九校もの中学校が設置されたことで、各中学校は進学してくる生徒の確保が困難となった。千葉中学校以外の各校は入学希望者が定数に近かったり、場合によっては定数を下回るという状態となっていた。

こうした事情を受けて、明治三六年通常県会では、来年度の通常県会を期して、九中学校中「本校分校ノ別ヲ論ゼズ二三中学校ヲ廃シ若クハ実業学校ニ変更セラレンコトヲ希望ス」(15)という建議案が満場一致で可決された。

これに対して、一九〇二（明治三五）年に阿部知事に代わって赴任した石原健三知事は、改廃については、一九〇四年の三七年通常県会において、確かに「県下ノ中学校数ハ全国中五指デ数ヘル内ニ這入ツテ居ル、併シナガラ其生徒ノ数ヲ申シマスルト平均ヨリハ余程少クナ」(16)く、一校当りの生徒数が少ないが、学校の統廃合をすると、一校当りの規模を拡大するための費用がかかるなどの理由をあげて、中学校の問題は「尚ホ慎重ノ講究ヲ要スルコトト信シ」、また「経済上カラモサウ云フ急場ナ問題デハ無カラウト思ヒマス」と、改廃の建議を退けた。

しかし、日露戦争が終結すると、一九〇五（明治三八）年の通常県会において、石原知事はこれまでの方針を撤回し、銚子中学校と千葉中学松戸分校を廃止し、木更津中学校を分校に、佐倉中学校は特別会計にし、旧佐倉藩主堀田伯爵が配当金六〇〇〇円をもって中学校の支出にあてるという改廃案を出した。

この中学校改廃の理由について、知事は県会で、非常特別税法の施行により県税収見込みは減少し、しかも戦後になっても「十数億ノ国債ヲ負ヒ」戦後経営に費用がかかる中で、「戦時中ト甚ダシク変更スルト云フコトハ近数年間ニハ出来マイ」(17)という財政見通しを述べた。そして、主要財源である地租割が「非常ニ増額ヲ求メルト云フ事ハ出来」ない状況である。したがって歳出の削減が必要になり、「比較的増加ヲ致シテ居ル教育費」を「先ツ節約ヲ施サナケレバナラヌ」(18)必要があったと説明した。

しかも、千葉県の場合、表1-3のように、県の経常部の主要な歳出(19)である土木費において、枢要里道などの県道への昇格の要求が多いため経常部の道路橋梁費が数十万円かかる見通しであった[20]。さらに臨時部において、例年経常部土木費額に相当する利根川改良工事（第一期）負担費が一九万四三〇六円あり、これが終了すると、第二期で「尚ホ六ケ年間利根川改修ノ為メ年々十五万円余ノ国庫負担[21]」をする必要があった。このほか臨時部の土木費・町村土木補助費などを加えた臨時部の歳出も千葉県にとって大きな負担となっていた。

かくして千葉県では日露戦争中および戦後の緊縮財政をとる際に、他県のように道路補修費などの土木費を大幅に削減することはできなかった。したがって、石原知事は県会において数年来たびたび改廃の建議が出されていた中学校の廃校による教育費の削減をすることで、歳出を抑えるほかはないと判断したのである。

県会では、与党憲政本党が占める県参事会において、県の原案が反対にあった。また改廃中学校のある印旛・東葛飾・君津・海上郡選出の憲政本党議員も、「前年通リ各中学校ヲ存続シテ益々中等教育ノ発達ヲ図リタイ」との立場から野党政友会と提携して、教育費を前年度議決額と同額にする修正案に賛成し、県会で可決してしまった。石原知事は戦後財政を緊縮するという立場から、この決議について再議を求め、憲政本党も改廃地域出身議員の懐柔をはかり、ようやく原案を可決した。

この混乱の記憶も新しい翌一九〇六年の通常県会において、石原知事は前年に県会で否決された高等女学校の増設案を再度県会に提出した。しかも、知事は県会が開会されても県会に対して女学校の設置場所を明らかにしなかったため、県会の知事不信は頂点にし、県会は連日流会となった。

政友会は山武郡への女学校設置をはかり、憲政本党内の山武設置を主張する議員を自派に取り込み、県会における主導権を握った。そして反発した憲政本党が県会欠席戦術をとると、一気に知事不信任案を提出、満場一致で可決してしまった。このように中学校改廃問題は県政界を揺るがす問題となり、県政界は大混乱となった[22]のである。

3　松戸園芸専門学校の設立

一九〇五（明治三八）年の通常県会で改廃が決まった各中学校は、その後さまざまな形をとって存続していた。銚子中学校は銚子など町村が資金を出す組合立中学校となっていた。一方松戸分校は廃校となり、県立時代の施設を利用した私立松戸中学校ができた。分校が決定した木更津中学校は、君津郡が郡費より支出をすることで本校として残っていた。また佐倉中学校は堀田伯爵家が教育費を負担する特別会計の学校として県立で存続していた。

これらの中学校改廃問題に対して、一九〇八（明治四一）年三月に着任した有吉知事は、一一月に開会された明治四一年通常県会において、「銚子ニ商業学校ヲ設置シ松戸ニ園芸専門学校ヲ設置」することを提案した。すなわち、石原知事時代に廃校が決まった銚子・松戸と分校となる木更津、特別会計となる佐倉の四中学校のうち、佐倉と木更津を県費負担をする県立中学校として復活させ、廃校になった銚子には商業学校を、松戸には園芸専門学校を新設させようとするものであった。

このうち園芸専門学校と商業学校について、県当局は四一年通常県会において設置理由を次のように説明している。園芸専門学校は中学校卒業者を対象として、「蔬菜、果樹、其他園芸ニ必要ナル学科ヲ実地的ニ教授」するもので、これを千葉県に設置しようとする理由の第一は、千葉県が全国有数の蔬菜の産地であることと、東京という大都会に隣接しているために果樹、蔬菜の需要がいくらでもあるということ。第二はその育成や改良にあたり、「実際的人物ヲ養成シテ往クコトハ本県ノ殖産ノ上ニ於テ最モ必要ノコト[23]」であるということであった。

また、商業学校については、県下には五万人もの商業従事者がおり、百数十の法人が営業税を支払っているので、商業学校の定員を満たす需要は十分ある。また各府県にはたいてい商業学校が一～二校あるが、各県とも生徒数は十分あるので生徒を得ることは困難ではないということであった。

そして有吉知事は、県の実力から見て千葉県は教育費をさらに支出すべきであると次のように述べている。

千葉県の人口は全国九位、戸数は一〇位、地租額は七位、所得税額は一二位、生産に関するものは全国一〇位内外で「其実力ハ先ツ全国中デ幕ノ内」[24]であるが、千葉県の教育費は二八位にすぎず、一人当りの教育費負担額にいたっては四五位である。しかも日露戦後の教育費について、他県は増加をしているが、千葉県のみ減少している。「本県ノ教育費ハ其実力ニ比較シマシテ他府県ニ比較シテ甚シク其権衡ヲ得ナイ」という認識から「教育ノ事業ヲ致シマスル上ニ於テ他府県ノ状態ニ比ベテ本県ニ於テモ費用ヲ惜ムベキトキデナイト自分ハ確信シマシタ」[25]と述べている。

このように有吉知事が中学校費を中心とした教育費の増大を考えた背景は、知事として千葉県に着任後行った各中学校の視察で、次のような感想を持ったからであった。すなわち、前知事により中学校の廃止は決定されていたが、「校舎は県有のまゝにして使用だけは許す」という状態だったので、「校舎は荒れ放題」であり、「良い先生は逃げて行くし、生徒も緊張味を欠いて居る」というものであった。そこで有吉知事は改廃された四校の維持を検討したが、その時「独逸の職業教育の事が頭に浮」かび、職業教育を推進するために「銚子に県立商業、松戸に園芸専門学校を設け[26]」ることにしたというのである。

このように中学校の状況を改善する必要があったにせよ、日露戦後の緊縮財政の状況下において、有吉知事はなぜ石原知事と正反対な結論を出したのか。

その背景には千葉県の特殊な財政事情があった。一九〇七（明治四〇）年に関東地方は一八九六年以来の大洪水にみまわれた。千葉県でも利根川、江戸川、印旛沼などが浸水し、県内の被害反別は一万二〇〇〇町歩に達し、被害金額も一五八万円に達した。県は被災者の救済のほか、決壊した各河川の堤防補修などの災害復旧事業を行う必要があり、四〇年度には追加補正予算が組まれた。経常部・臨時部土木費、町村土木補助費、利根川改良工事費の合計は約三八万二〇〇〇円に、経常部土木費の決算額は四四万三五九五円、このうち治水堤防費は二八万八〇五四円に達した。

第一章の表1－3のように四一年度当初予算議決額では土木費が五八万一七七四円、治水堤防費は四〇万〇三九九円が計上された。このほかにも利根川改良工事費負担金一三万円、臨時部の土木費の八万三六七五円、町村土木補助費の三万〇五九六円を加えた土木関係費総額は八二万六〇四五円となり、歳出総額の四四・七％にも達した。

このため四一年度予算では地租割に代表される県税の増徴を余儀なくされている。表2－1に示したように地租割は、四〇年度には地租額一円に対して五七銭八厘であったが、四一年度には八〇銭に引き上げられ、この結果、県の地租割予算額は四〇年度には六四万一二九六円であったが、四一年度には八七万七四二三円に増加している。そして県税総額でみると、四〇年度の一〇七万八一二一円に対して一四一万八四五三円と三一・六％も増加している。

しかし堤防の補修はほぼ四一年度で完了し、四二年度の土木費は二三万六九二九円に減額、治水堤防費に至っては二万六三三一円となった。かくして四二年度の県予算編成は前年に大幅に増徴した地租割などの県税額をそのまま継続していくか、または軽減するかを迫られたのである。このような中で有吉知事は増徴した地租割をそのまま継続し、堤防の補修完了によって余った土木費を新たな施策に当てようとしたのであった。

すでにみてきたように日露戦争の非常特別税制が戦後も継続される中で、政府は地方団体に対して、付加税の賦課禁止や制限を行っていた。しかし、各種講習所・試験場・講習会・共進会などの産業振興、実業学校の新設や中・女学校の増設のほか小学校の義務教育の延長、土地改良・耕地整理などの勧農事業、各種衛生・医療事業の推進など、地方団体の戦後経営事業や国の委託事業が増大する中で、政府は地方団体への財政制限をゆるめ、財政の供給をはかる必要性を認識するようになっていた[27]。こうして一九〇八（明治四一）年に租税整理法が審議され、地租割課税標準は国税一円に対して五〇銭が六〇銭に、営業税付加税も一円につき二〇銭から二五銭に引き上げられるなど規制が緩和された。

こうした戦後経営にとって財政的な裏付けが乏しいという認識は、帝国議会においても示されていた。千葉県出身

表2-1　千葉県の県税賦課率

（単位：厘）

	明治35年度	明治37年度	明治38年度	明治39年度	明治40年度	明治41年度	明治42年度	明治43年度
地租割	677	386	430	500	578	800	820	800
戸数割	900	640	780	800	820	880	1,190	1,260

出典：『千葉県統計書』明治39・42年度より作成。
注：地租割は地租１円に対する割合、戸数割は１戸に対する賦課額である。

の吉植庄一郎は一九〇七（明治四〇）年二月の衆議院の予算総会で、日露戦後経営で実際に使われる予算は一億二〇〇〇万円にすぎず、日清戦後経営の一億四〇〇〇万円を下回っていると指摘し、「今回の経営案なるものは、ちいさなものであつて、日清戦争当時に比すれば三分の一にも達せざる拡張案である」[28]と、国の戦後経営においても予算が付与されていないことを指摘している。

こうした政府の地方税徴収制限の緩和という背景があったので有吉知事は、四二年度の地租割（表2-1参照）を前年度の一円につき八〇銭から八二銭に、戸数割も一戸に対して八八銭から一円一九銭にまで引き上げる決断をした。有吉知事は財政面における積極政策への転換をはかったのである。

有吉知事は明治四一年度県会において、四二年度予算の規模は、一九〇七（明治四〇）年に起こった利根川・江戸川の水害復旧のための堤防修繕費用三九万円が計上された四一年度の当初予算に追加予算を加えた総額よりも十余万円の減額にすぎず、四二年度予算は「規定ノ事業ヲ改善シ進歩セシムル」ことと「新タニ時勢ノ進運ニ伴ツテ本県トシテ計画スベキ事業ノ必要」[29]から実質的に財政規模の増大をはかったと説明している。

このように千葉県では、大幅に府県の標準を上回る付加税を県民に賦課したが、この賦課に対して有吉知事は「其の時県民の負担力には相当の余裕があるといふ確信を得」[30]ていたと回想している。

こうした財政の膨張による県の園芸専門学校・実業学校の新設、中学校費の県費支弁について、県会で政友会系議員は全面的に支持し、憲政本党系は一部が反対したが、多くは支持している。また同派の機関紙的新聞『新総房』も、一九〇八年一二月一六日の記事で支持している。

この結果中学校費は前年度より四一二一円増加して、九万八四四九円になった（表1-3参照）。そして、設置された園芸専門学校費一万三四四四円、商業学校費六六六〇円が加わったため、教育費は前年度より二万七九二五円増加して二三万四五六〇円に増加した。中学校費は三五年度予算額の水準に回復し、教育費総額も日露戦前の水準を大きく突破した。

一方、これ以外の主要な歳出を見ると、土木費は二三万六九二九円になり、警察費は二五万七一〇七円であった。また、有吉知事が進めた勧業政策によって勧業費は七万三三五八円になった。

このように四二年度予算を見ると、教育費・警察費のほか、実質的には土木費も予算額が上昇しており、知事が四二年度の予算説明で行った柱となる政策が、歳出面でも確認できるのである。

さらにこうした政策が千葉県においてどのように継承されていったのかを検討してみたい。教育費中の中学校費は四三年度まで増加し、また園芸専門学校費と商業学校費は学年進行による教職員や施設などの増加もあって四四年度以降も上昇している。この結果教育費は四五年度には二九万四三五二円になった。しかし、一九一〇（明治四三）年には一九〇七（明治四〇）年をしのぐ大水害が関東地方をおそい、千葉県でも利根川や江戸川の堤防が決壊した。

堤防修繕などのために二カ年継続の災害復旧費として三一万九〇四三円が計上され、四四年度には一七万一三六五円、四五年度には一四万七六七八円が支出された。このために四四年度の土木費決算額は議決額を二六万九九七七円も上回る四八万九九三三円（表1-2も参照）となった。また、四五年度予算もこの災害復旧費用が大きな負担となり、これと国への負担金などの歳出を引いた予算額は前年度議決額を二万円減少した一八二万八五五〇円となった。(31)

こうして四五年度において再び千葉県の財政は緊縮することを余儀なくされたのであるが、さらに一九一二（大正元）年には国政においても、二個師団増設めぐる財政問題が原因で第二次西園寺内閣が倒れた。こうした財政状況の中で内務・農商務・文部の三大臣より地方長官に地方費節減の内訓がだされ、各府県は緊縮財政を余儀なくされた。千葉県でも大正二年度の予算編成にあたって告森良知事は、急ぐ必要のない事業を繰り延べ、すべての事業費を現状維持とするという方針を打ち出し(32)、前年度議決額より一七万九一七七円少ない一八六万六〇〇〇円を計上した。大正三、四年度の予算編成においても、同様の緊縮予算が編成された。

教育費は明治四五年度に二九万四〇〇〇円台になったものの、これ以降は削減され、大正四年度には二八万六八七一円になった。こうした状況において、有吉知事によって設立された園芸専門学校は、すでに一九一〇（明治四三）年一二月一七日に「園芸上ノ智識ヲ養成シテモ直接県ノ生産力ヲ増スコトハ出来ナイ(33)」という理由で、文部省移管の意見書が千葉県会から政府に提出された。一九一二（大正元）年一一月には二年度予算の説明において、告森知事は予算編成に先立って上京して「大臣、次官、局長等ニ夫々皆陳述シタ(34)」と、県としても国への移管に向けて動いていることを明らかにした。

その後一九一五（大正四）年通常県会でも、県内出身者と県外出身者との人数の比較や国立移管の見通しについての質問が出された。また、廃校についての意見も出された。これに対して県は、全国唯一の学校であり、また、県外の園芸義育や園芸事業に多大の貢献をしているので、廃校については賛同しかねると述べたが、国への移管については、県内出身者が在校者の六分の一という状況であるので、県としても努力していくと述べた(35)。

このように県立園芸専門学校は、明治末年からの府県財政の緊縮のもとで、国への移管や廃校などの意見が県会においてくり返し提出され、県もまた文部省への移管にむけて動くという状況となった。地域の園芸農業の振興のために園芸専門学校を設置するという有吉知事の積極政策は、日露戦後の地方財政が大正初年に深刻さを増す中で、継続が困難になり、ついには告森知事によって国への移管という方針転換を余儀なくされるのであった。

第二節　県営鉄道の建設問題

1　県営鉄道木更津線の建設計画

一九〇九（明治四二）年一〇月、有吉知事は一カ月後の一一月に通常県会が開かれるにもかかわらず、あえて臨時県会を開き、千葉（蘇我）～木更津間に県営鉄道（木更津線といわれる）を敷設する議案を県会に提出した。県より提案されたこの案は、千葉（蘇我）～木更津間の二一マイルを県営の軽便鉄道として敷設するというもので、その敷設に要する総額は三二万六〇〇〇円かかるというものであった。この出された議案の内容がどのようなものであったのかその概要を見てみたい。[36]

まず、この鉄道は県営鉄道として計画されたが、これは国有鉄道などが採用している一般軌道による鉄道ではなく、軌間（レール幅）が狭い軽便鉄道であった。この建設は、「千葉町に駐屯している陸軍の鉄道連隊が敷設する」というものであり、また県営とはいいながら、完成した後の鉄道の経営についても、千葉県が経営にあたるのではなく、「毎年度契約ヲ以テ一切ノ物件ヲ鉄道院ニ貸付スル」という変則的なものであった。[37]

当時の千葉県は、旧総武鉄道が、両国～千葉～佐倉～成東～銚子間を、また旧成田鉄道が佐倉～成田～佐原間、成田～我孫子間を結ぶ（図2-1参照）など北総地域には鉄道が敷設されていたが、房総半島部、とりわけ東京湾岸の内房地域では鉄道の敷設が遅れていた。東京湾岸の木更津や北条（館山）といった町は、海運で直接東京や横浜に物資を運んでいたが、県都の千葉に出向くには馬車による道路輸送に頼らなければならず、東京に出るよりも時間がかかった。

こうした状況であったので、明治後半から大正にかけて房総環状線の建設が、半島部の人々の悲願になっていた。

図２－１　千葉県の鉄道網（1910年）

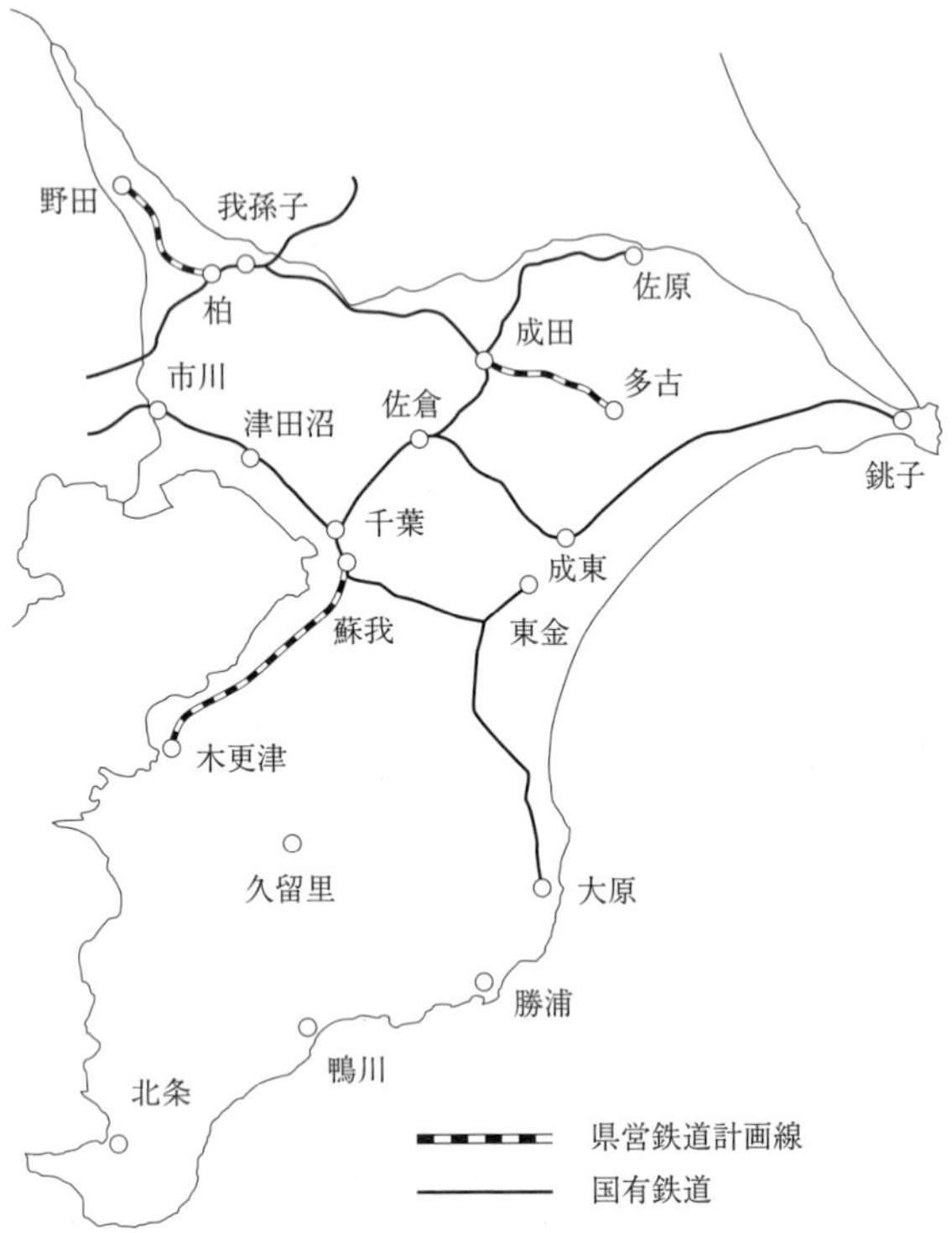

一九〇八（明治四一）年九月には逓信大臣後藤新平あてに、木更津町商工会長梶善助以下、北は浜野村から南は安房郡の町村長まで五五名が、「我県北総ノ平野ハ既ニ鉄路ノ敷設縦横」に対して「南蘇我町ニ至リテ止ム」とその実状を述べ、「総房交通不便ノ救済及ビ産業開発上速ニ敷設セラレンコトヲ希望[38]」すると、蘇我町から北条町までの敷設の請願を行った。

また『有吉回想録』にも、「木更津は県下南総の要衝で経済の中心地点であるのに未だ鉄道の便なく人々一日も速かに其開設を熱望[39]」しており、鉄道敷設がいつ実現するかと、県民も焦慮していたと記されている。

木更津線については、鉄道国有化が行われる以前に、総武鉄道が敷設免許をとっていたため、国有化後は国有鉄道敷設法に予定線としてあげられていたが、日露戦後財政は緊縮予算をとっており、鉄道院の新線建設予算は十分に確保されていなかった。また、地方の予定線の速やかな敷設を主張する第一次西園寺内閣の原内相と、鉄道広軌化を推進しようとした第二次桂内閣の後藤新平逓信大臣の鉄道敷設に関する基本的な対立があったために[40]、これら予定線の建設予算はなかなか計上されなかったのである。

そしてこの路線は国有鉄道予定線となっていたために、「国以外ノモノガ茲ニ鉄道ヲ敷設スルト云フコト」ができなかった。しかも、国が実際に敷設を行うことについては、前述したように「全《ママ》タ未定ノ問題デアリマス」という状態であり、「県モ好ンデ」鉄道を建設するわけではなかったが、「千葉木更津間ノ交通機関ヲ発展サセルニ付テハ斯ノ如キ方法〔県の建設〕ヲ執ルヨリ他ニ途ガ(41)」ないと有吉知事は述べている。

こうした地元の熱意と有吉知事の計画により、千葉（蘇我）～木更津間の鉄道は一九一二（大正元）年にいたって鉄道院によって開通されるが、木更津町ではこの鉄道敷設の原動力になった有吉知事の功績を記念して「木更津の町からステーション迄の道路も有吉通路と命名(42)」したと記されている。この通りの名称は現在も内房線の西側に沿って、旧木更津町中心街と駅とを結ぶ通り「有吉通り」として残っている。

しかし地元住民がいかに希望したからといって、日露戦後の緊縮財政下において鉄道が簡単に敷設されるわけではない。建設にかかる費用は、線路の敷設、鉄橋などの架橋、駅など純粋な建設費のほか、路線予定地の土地買収費なども必要であった。したがって、鉄道建設には県の経常部土木費予算の総額にも匹敵する膨大な資金が必要であった。しかし、地方の財源が逼迫しており、しかも千葉県においては、前節で見たように、翌一一月の定例県会に提出が予定されていた明治四二年度予算では、教育費などを中心に歳出拡大が予定されていた。また、前節で述べたように歳入では四一年度に地租割が、四二年度には戸数割がそれぞれ大幅に増徴されており、さらなる増税で、経費をまかなうことは困難であるということから、一般歳出から県営鉄道建設費を支出できる条件はなかったのである。したがって、千葉県では建設費の内、二七万円を県債で、五万円を寄付で負担するという計画をたて、県営鉄道を一般会計から切り離し、特別会計とせざるをえなかったのである。

そして県債については、明治四七年度より四五カ年の償還期間とし、償還にあたっては「軽便鉄道ノ貸付料其ノ他一切ノ収入ヲ以テ之ニ充テ」[43]るというように、鉄道収益金で県債を償還することで、一般会計への負担の回避をはかった。ただし、不足のある場合は県の一般歳入をもって補填するという条件があったため、毎年の収益金が県債償還額以上にならなければ一般会計歳出にくい込み、財政上の支出が必要になったのである。ゆえにこれを避けるために県営鉄道の建設費はできるだけ低廉にする必要があった。

そこで建設にあたって有吉知事は、第一にこの鉄道を敷設費用が一般軌道の鉄道と比較して廉価であった軽便鉄道にした。第二には「陸軍所属ノ軽便鉄道ノ材料即チ軌条、枕木、汽罐車、車輛等ヲ借リマシテ此レヲ鉄道連隊ノ演習トシテ敷設シテ貰ヒ、其出来上ツタモノヲ県ガ借用シ」[44]というように、この鉄道の敷設にあたっては、千葉町に設置された鉄道連隊がこれを建設するという先例のない方法を考案したのである。この結果、レールや枕木などの資材が無料となり、また敷設工事の人件費も鉄道連隊の将兵が演習として工事にあたるために無料となった。これにより二一マイルの距離にかかる建設費が、「僅カ三十二万円ノ資本ヲ以テ成就スルト云フコトハ、蓋シ稀ニ見ル所」[45]と有吉知事が述べているように低廉な建設が行われ、一マイル当り建設予定費は一万五二三八円であった。これは竜ケ崎鉄道の建設費二万七〇〇〇円の半分近い額[46]であった。

また、「八幡アリ五井アリ姉崎アリ楢葉アリ木更津ト云都会モアル」この区間は、「本県ニ於テモ殷盛ノ土地」であり、すでに鉄道が開通している地方と遜色なく、営業収入は「県債費ヲ償フテ十分余リアル」[47]と述べている。そして具体的には開通後の収入を旅客運賃と貨物収益をあわせて一年間に六万五〇〇〇円と見込んでいる。これは一日一マイル当りに直すと八円五九銭に相当する。

一方支出については、職員の給与など三万三〇〇〇円を予想し、毎年三万円余りの黒字が出て、十分に県債を償還できると見込んでいた。しかし、有吉知事は内房地域の経済発展の度合いからだけで、営業収支が黒字になると見込んでいたのではなかった。すでに前述したように、鉄道院が経営にあたり、この職員の人件費は県が負担しなければならなかったが、運行にあたっては鉄道連隊の車輌が貸与され、さらに「機罐車ヲ動カス所ノ機関士、車ヲ処理スル所ノ車掌其他保線ノ任務ニ至ルマデ」[48]、鉄道技術を要する部分は鉄道連隊の将兵があたることになっていた。これらの将兵の給与の支払いは陸軍が負担するので、千葉県はこの人件費を負担する必要がなかったのである。

このように有吉知事の計画は、県の一般会計における財政負担を回避するために、敷設工事にとどまらず、運行に際して車輪などの資材や、さらには運転手までもが鉄道連隊の兵士を使うという、経費を極端に押さえたほかに類例のない独創的な政策だったのである。

ところで有吉知事は、県会では「鉄道技術ヲ要スル事柄ニ付テハ総テ鉄道連隊ニ於テ演習トシテ之ヲ担任スル内相談[49]」ができていると述べているにとどまっているが、いかなる交渉によって鉄道連隊の資材や将兵を利用できるようになったかを、『有吉回想録』ではより具体的に記している。

有吉知事は鉄道連隊の武内連隊長に「連隊の倉庫には日露戦争の際独逸より購入して然も一度も使はずに貯蔵されて居る百哩以上の『レール』と百台の機関車がある、これを何時までも放置して置けば錆びてつかへなくなる、一つこれを民政のために使用することゝし、運転は兵士をして当らしめるならば訓練の一助ともなり、修繕費は利用者が負担することゝとすれば連隊に迷惑はかゝらぬ[50]」と申し入れた。この申入れに対して武内連隊長は「大いに共鳴せられ援助を与へ」られることを約束され、鉄道連隊の機材や兵士の利用が可能となったということである。

しかし、日露戦後に新設された鉄道連隊の資材や将兵を、軍事目的以外に使うことは、知事や一連隊長が了解してできることではない。『有吉回想録』によれば、鉄道連隊の兵士を県営鉄道工事に従事することが決定すると、これを認める勅令が出され[51]、初めてこれが可能となったことが記されているのである。

また鉄道院に対しては、すでに県会に提案する以前に、県営鉄道は鉄道連隊により建設され、これを鉄道院が営業するという内容がはかられており、鉄道院はこの「煩雑ナル事務」を「特別ナル処置」をもって承認していた。

こうしたことから、この内相談は内務省や陸軍省・鉄道院などの中央における内々の承認のもとで進められていたと推定すべきであり、有吉が山県系の人脈を駆使して陸軍省と内務省など要路への働きかけを行ったことを当然予想することができる。

以上見てきたように、日露戦後の緊縮財政のもとで、土木費を上回るような大規模な支出を必要とする県営鉄道の建設は、一般会計から支出することができず、県債に依存し、なおかつ償還にあたっては収益金の範囲で返済することが必要であった。こうした条件を満足させるためには、建設費や完成後の営業支出を削減することが必要であったが、千葉県では鉄道連隊の将兵を使い、経費を極限まで圧縮したのである。しかも、このような陸軍の将兵を恒常的に地方団体が利用することはきわめて稀であったが、こうしたほかに類例のない独創的な計画を講じてまで鉄道建設を進めたのは、鉄道建設が地域振興のために不可避であるという強烈な認識を有吉知事が持っていたからであった。

こうして議案が提出された一〇月八日に千葉（蘇我）〜木更津間の軽便鉄道敷設案は県会で満場一致で可決された。

以上のように木更津線の軽便鉄道敷設計画をみてきたが、本来であれば、これは四三年度予算で執行する事業の一環として、一カ月後に開催される定例県会に提出されればよかった。なぜ、特別に臨時県会を開いてこの議案の可決をはからなければならなかったのか、県会ではこの説明部分について県当局が秘密会にした(52)ため、知事がどのような説明をしたのかを議事録から追うことはできない。

しかし、有吉知事があえて臨時県会を開催したのは、県会の決議を添えて県の計画である県営鉄道案を、鉄道院の四三年度予算案が確定する以前に提出しようとしたためと推測される。

すなわち、『有吉回想録』によれば一二月一〇日ごろ、有吉は逓信大臣兼鉄道院総裁の後藤新平に木更津線の鉄道敷設の請願を行っている。有吉知事は「国有鉄道が開通すればこの上もないこと、併し政府がいつ着手するか不明て、荏苒日を経る様なことでは、遺憾であるから、止むなく県の方でやりたい、要するに出来さへすればよいのであるから何分御考慮を」[53]と後藤総裁に説明し、四三年度の予算計上を求めていた。一方千葉県が県営で建設を行い、出来上がった施設を鉄道院に貸与し、さらにそこで業務にあたる鉄道院職員の人件費を収益金で負担するという条件は、日露戦後の緊縮財政のもとで新線建設の予算が獲得できない状況下にあった鉄道院にとって、認可しやすい条件であった。

しかし、この請願について、有吉知事は鉄道院とは内々に協議し、県会で可決した県営鉄道の建設を鉄道院に請願すればよいにもかかわらず、あえて「国有鉄道が開通」すればと、国有による敷設を求めており、国有がされないので「止むなく」県営としたと、国有による敷設の要請を行い、これが認められなければ県営にするという、国有と県営という二重の請願を行ったのである。

有吉知事が国有と県営という二重の請願をなぜあえて行ったか史料からは読みとれないが、この請願に対して後藤総裁は、「千葉、木更津間は国有鉄道の予定線となつて居るので、暫く待つてくれ」という返事をした。そして一二月二〇日ごろに改めて「官設でやることに決めたから来年度の予算に経費を計上する」[54]という返事を有吉に出している。有吉にとっては県営による建設という鉄道院にとって有利な条件を示して許可を獲得しようとしたのであるが、後藤総裁によって、鉄道院による敷設という千葉県にとってもっとも望ましい形での決定がなされたため、有吉知事による千葉（蘇我）～木更津間の県営鉄道計画は中止になったのである。

2　県営鉄道多古線・野田線の建設

有吉知事の県営鉄道建設構想はここでとどまらなかった。この翌年の一九一〇（明治四三）年六月に有吉知事は再び県営鉄道敷設のための臨時県会を招集した。今回の路線は、印旛郡の成田町～匝瑳郡の多古町間と、東葛飾郡の柏町～野田町間であった。

回想録によれば有吉知事は、木更津線の建設が鉄道院によって予算化された直後から、「他の方面に之を転用しようと考へ」、地域振興という視点から県営鉄道敷設の候補地を探していた。この県営鉄道計画は「当町民ハ成田多古間敷設ノ議ヲ耳ニシテ勇躍シテ地方振興之機運ニ向ヘルヲ祝シテ止マス[55]」と多古町の「軽便鉄道速成請願書」にあるように、多古町など地元は県の建設計画を「耳ニシテ」から建設の請願を開始したのであった。この計画は木更津線の建設のように長年にわたる地元住民の要望を背景にしたものではなく、有吉知事の主導で進められたのである。

候補路線については、すでに一九〇九（明治四二）年に鉄道敷設法が改正され、「大原カラ勝浦鴨川ヲ経テ房州へ出デソノ海岸ヲ廻ツテ木更津ニ連絡[56]」することが決まったために、鉄道院が建設を予定しない内陸地域が候補路線となった。その候補路線は、この二線のほかに大原～大多喜間、木更津～久留里間であった。

これらの鉄道は、図2-1からわかるように起点となる駅は国有鉄道に接続できたが、終点はどこにもつながっていなかった。こうした線は完成後路線の収益率が低いことが予想されるため、県は県償の償還額を少なくするために「成ルベク第一ニ其固定資本ト云フモノヲ少ナク」した。そして利用者が限定されるので、当該地域の「利益ヲ蒙ル住民ハ多少ノ負担ヲ之ニ向ツテスルト云フコトハ当然」のこととし、「敷設スルニ必要ナル経費ヲ県ガ県債トシテ募集シタナラバ相当ニ低利ナル利息ヲ以テ其県債ニ応ズル決心ガアル[57]」ことを候補地の条件とした。そして、野田が第一に、多古が第二に応募し、この結果多古線と野田線が敷設されることになった。たとえば、多古町では一九一〇（明治四三）年五月二七日に県に対して、五十嵐武治郎、宇井熊吉が連名で「本県起業成田多古間軽便鉄道敷設相成候節ハ該工事中へ前書ノ金額〔五〇〇〇円〕寄付致度[58]」と寄付の申し出を行った。さらに軽便鉄道の用地買い上げについても、多古町の寄付負担金は一万三二七七円であり、これに工事費の寄付負担金五〇二〇円を加えると多古町の負担は一万八二九七円にのぼったが、これらの負担は町内の大字ごとに寄付額が割り振られていた。

それではなぜ、千葉県は膨大な資金を必要とする県営鉄道の建設を再び計画したのであろうか。有吉知事は、「自分は農村開発のために鉄道利用の重要性を痛感する」と回想録に記しており、鉄道敷設を挺子とした産物の輸送などにより農業振興をはかろうとしていたのである。

有吉がこうした考えをもった背景には、千葉に着任する直前の欧州視察の際に「ビートルート」の畑地に「軽便鉄道が通じ、人力を省いて簡易に安価に運搬出来る様設備が完備して居る」(59)のをみて感銘を受けたからであり、このことを有吉は県会において、「田舎ノ交通ニ付キマシテハ左ホド大ナル運搬力ヲ要シマセヌカラ」、欧州では地方の交通の「殆ント全部此軽便式ニ」(60)依っていると述べている。

ただ日本では山が急峻でトンネルを掘り、急流に橋を架ける必要があったので、軽便鉄道が普及しなかったが、千葉県は欧州諸国の平野に類似しており、地勢的に「実ニ軽便鉄道ノ敷設ニ最モ適シテ居ル」と述べている。しかも、千葉県は「各地ニ此地方的ノ中心ガ散布」しているため、これを互いに結びつけたり、地方の産物を「大都会ニ之ヲ輸送スル必要ガアリ」、これが「其地方ノ産業開発ノ上ニ於テ最モ大切ナル問題」であると、地域の農産物などを輸送するために軽便鉄道は有効であると説いている。

このように地域の農産物などを輸送することを意識していたので、有吉知事は計画された野田線の建設理由についても、野田町は「醤油の生産地であるが、原料、燃料、樽の材料、職工用糧食、製品等の輸送に付ては僅かに江戸川の舟運に依拠して居る状態で、非常に不便を訴へて居つたから、茲に東盤〔常磐〕線の柏駅と野田町との間の鉄道開通が切望されて」(61)いたと、野田の特産である醤油輸送のために、建設を計画したのであった。

また、多古線についても、多古〜横芝間の運送賃が米一俵＝五銭五厘、多古〜成田間が一五銭以上かかるのに対して、軽便鉄道では一銭六厘にすぎない(62)ことをあげ、農産物や雑貨などの運送に軽便鉄道が適していることを指摘している。

以上のように、有吉知事は、県の農産物・商工業品輸送による産業振興を第一義に考えて、「未ダ大都会ト連絡ヲスル機関ヲ有ツテ居ラヌ地方ニシテ而モ其生産物ノ多イ地方」[63]に敷設をしようとしていたのであり、鉄道敷設の構想は、阿部浩知事が行った全県下への総花的な中学校敷設などと異なり、前節の園芸専門学校や実業学校の設置にしても、この県営鉄道の建設にしても、政策の根幹には農業・商工業の振興という一貫した理念があり、これを支える要の政策としての位置づけをされている。しかも、実業教育や軽便鉄道にしても、前述しているように有吉の具体的な政策のモデルは常にドイツに求められており、有吉の政策は当時の山県系官僚の典型的な発想の形をとっているのである。

したがって六月県会において中村尚武が、かつて知事は「交通ト云フモノハ連絡ヲ保ツテ始メテ其交通機関ノ効用ヲ完フスル」と話されたが、「比鉄道ヲ多古成田間ニ止メテ居リマスルト単ニ多古及ビ成田間ノ利益ニ止ツテ第一ニ総武線ト連絡ヲ欠クバカリデハナク収支ノ計算利益上ヨリ致シテモ若シモ之ヲ福岡町（八日市場）若クハ横芝町マデ延長シタナラバ独リ貨物ニ於テ増スバカリデハナク旅客等ニ於テモ大ニ増加ヲ来タス」[64]のに、なぜこれを行わないのかと質問したのに対して、有吉知事は、福岡町まで開通させると国有鉄道の福岡〜成東〜佐倉〜成田間よりも短距離になるが、「鉄道院ニハ非常ニ御厄介ニナラナケレバナラナイ」のに、「鉄道院ト競争ヲスルガ如キ形ニナル事柄ハ総テ之ヲ避ケル必要ガアル」と答えるとともに、「本県ノ鉄道ヲ敷設スル目的ハ地方開発ニアルノデアツテ必ズシモ収利ヲ目的トシタモノデハ」ないと、鉄道敷設の目的を「開発ノ目的ガ達シ得ラレルナラバ宜シイ」[65]と産業振興による地域開発にあることを明言しているのである。

それではなぜ、有吉知事は農産物などの物産輸送手段として道路輸送ではなく軽便鉄道にこだわったのであろうか。すでに日露戦後に鉄道が発達し、遠隔地から東京市場への高速大量輸送が増加している状況では、荷車や馬車による農産物輸送では、千葉県が東京と近距離であるという優位性が失われていたからである。しかも千葉県は道路の「土質が柔軟で砂利が無く、腐植土が多いため、一旦降雨があると泥濘脛を没するといふ有様で、県道は左程でもないが、郡道、町村道に至っては、到底下駄では歩けない[66]」という状態であった。このため有吉知事は、こうした道路の不備ために運搬の時間や費用がかかり、道路輸送に頼っていたのでは農家の収益があがらないとの認識をもっていたのである。

千葉県では明治一〇年代の船越県令の時期よりたびたび重点的な道路整備を行ってきていたが[67]、軟弱な土質のために道路の整備・補修は進まなかった。有吉知事は明治四三年度から一〇カ年にわたって一六六万一一八二円を継続支出する「道路改修一〇カ年計画」をたて、県道の重点的な整備をはかった。しかし、大正期に入ると府県財政の緊縮のために、この計画はたびたび繰り延べされていった[68]。一方、県会においても房総半島部の議員が中心になり、道路整備の充実を求めていた。彼らは北総の利根川等を中心とした河川の治水費の削減を求め、「山岳派」とよばれることもあった。彼らは利根川以北の千葉県の土地を茨城県に移管する県会決議を行ったが[69]、それは土木費を圧迫する治水費の削減をはかり、道路費の確保を目的としていたのである。

したがって韓国統監府に転出した有吉知事に代わって鉄道事業を引き継いだ告森知事も、一九一〇（明治四三）年八月に総理大臣に宛てた「軽便鉄道敷設ノ儀ニ付意見書[70]」においても、千葉県の地勢は広く、貨物が集散する町が散在するために、県道は三〇〇里、枢要里道は四五〇里にも達し、しかも前述したように「本県ノ土質ハ極メテ劣悪であり、道路を補修してもじきに悪くなってしまうことを指摘し、さらに道路の「主要素材ダル砂利ノ産スル所少ナキヲ以テ」、道路維持が困難であり、その補修費が「年々拾余万円ニ上リ居候得共充分ナル改良ノ実績ヲ挙クルヲ得ス」と道路整備が困難なありさまを述べている。そして告森は「軽便鉄道敷設ノ上ハ叙上ノ遺憾ヲ除キ得ル」と述べているが、軽便鉄道の建設はこの道路補修費を抑えるという意味を持っていたのである。ゆえに一九一〇年六月の臨時県会においても「此鉄道ノ開通ニ依ツテ通路ノ修繕費ト云フモノガドレ位ヒ節約ガ出来ル」かを検討した結果、「道路ノ修繕費ガ節約サレテ居ルト云フコトガ明ラカニ分リマス[71]」と県当局の答弁が行われているのである。

それでは県営鉄道の概要について次に検討してみる。多古線は印旛郡成田町から御料牧場のある遠山村、山武郡千代田村をへて、香取郡多古町に至る一三マイルで、多古線は軌間が二フィートであった。その建設経費（表2-2参照）は土工費六万五三七九円、軌道費一万七六〇〇円、停車場費二万七四〇〇円、車輌費二万四〇〇〇円などで、総工費は一九万一五三〇円であった。一マイル当りの費用は一万四七三三円であったが、茨城県の竜ケ崎鉄道の建設費用の一マイル当り二万七〇〇〇円と比較しても、多古線がいかに低廉で建設されるのかがわかる。

表2-2　県営鉄道敷設予算

（単位：円）

	多古線	野田線
測量監督及び諸費	14,651	12,933
用地費	3,300	4,800
土工費	65,379	12,201
軌道費	17,600	113,350
停車場費	27,400	23,162
合計	191,530	217,470
1マイルあたり費用	14,733	23,638

出典：『成田鉄道（元千葉県営鉄道）』鉄道省文書より作成。

その低廉な理由は、多古線もまた木更津線と同様の計画で、「敷地ハ先ヅ大体ニ於テ全部寄付ヲ受ケル積リデアリマス、レール枕木、汽罐車、車輌等ハ皆鉄道連隊カラ只借受ケルノデアリマス、サウシテ其敷設ノ工事ハ鉄道連隊ノ兵ガ来テ兵力ヲ以テ其幾部分ヲ施行セラレルノデアリマス、サウシテ後ノ運転ニ付テハ又鉄道連隊ノ兵ガ之ヲ運転スル任ニ当ル」[72]ためであった。

議事録によれば、建設を鉄道連隊の援助を得ないで全部県費で支弁すると、三三万九八〇〇円余りかかると述べており、鉄道連隊の援助によってかかる経費は五六パーセント程度ですんだのである。

しかも前述したように地元の多古町では一九一〇（明治四三）年五月に県に対して、五〇〇〇円の寄付の申し出を行い、沿線用地の寄付をする決議がなされ、多古町の寄付の負担は一万八二九七円にのぼった。こうした地元の町村の寄付金を前提として県は、建設費中の用地費をわずかに三三〇〇円（表2-2）しか計上していなかったのである。

一方、野田線は東葛飾郡千代田村柏から、豊四季村、八木村、新川村などを経由して野田町に至る約九マイル一六フィートであった。この路線は多古線の軌間が二フィートであったのに対して、三フィート一六インチで鉄道院が採用している標準的軌条であった。この建設費用（表2－2参照）は土工費一万二二〇一円、橋梁一万三〇〇〇円、軌道費一一万三三五〇円、停車場費二万三一六二円、車輌費二万二五〇〇円であり、多古線よりも距離が短いにもかかわらず、総工費は二一万七四七〇円と高かった。その主要な理由は多古線の軌道費が一万七六〇〇円に対して野田線は一一万円に達していたからであった。この結果、一マイル当りの費用は二万三六三八円となった。

このように軌道費が大きく異なった理由は、野田線については、「陸軍ノ鉄道材料ヲ使ハ」ず、県において資材を購入して敷設する計画であったからである。それではなぜ、野田線では県が資材を購入して建設を進めることになったのか。

その理由について、六月県会において「野田柏間ノ方ハ借リルコトハ出来ナイノデアリマスカ」、さらにまた「県当局ノ御方カラ陸軍ノ方へ借入レル交渉ガアツタノ」[73]かという質問が行われたが、有吉知事はこの回答を秘密会としてしまったので詳細は不明である。しかし、『有吉回想録』によれば、当初有吉は「鉄道連隊の材料を此の方面に用ゆる事に決心して」この「工事費予算を県会に提出する段取」りをした。しかし、野田町の有力者より軽便鉄道では「経済上不利であるから普通の軌条にして貨物車が本線より其儘通過できるやうにしてもらひ度」との申し出があり、「之れに要する県債〔約二〇万円〕は全部野田町にて引受け」[74]ることを条件に、標準軌条による建設を行うことにしたためであった。

この野田線の開通により、野田町では従来舟運に頼っていた醤油を常磐線を利用して短時間に東京に出荷できるようになった。このために、野田町では有吉の施策を多とし、町の「ステーション前の街を有吉町と命名」[75]したのであり、また宮崎県知事となっていた有吉も、一九一二（大正元）年九月に千葉県に来県した際に、県営鉄道の多古線・野田線を視察[76]している。離任後も有吉が千葉県の県営鉄道に特別に強い関心を寄せていたことがうかがえる。

以上のように県営鉄道は、多古線・野田線とも、建設にあたっては県債を発行し、地元がこれを引き受けて建設を行い、この県債の償還は鉄道収益金を充てるという方法で進められた。これによって千葉県は県営鉄道を特別会計として一般会計から引き離して、財源が制限されていた県財政の制約を受けることなく建設を進めることができたのである。県会において県営鉄道多古線・野田線の敷設は満場一致で可決された。

そして有吉が朝鮮に転出した後も県営鉄道は後任の告森知事によって、木更津～久留里間が一九一一（明治四四）年六月に出願され、さらに多古線の三里塚～八街までの線は一九一三（大正二）年に出願されている。また、一九一二（大正元）年一二月には久留里～勝浦間、小見川までの多古線の延長など、各地域から県営鉄道敷設の要請が出されていった。

しかし、開業を始めた県営鉄道の収益は当初の目論見ほど上がらなかった。その結果、大正期には、野田線以外の各線は経営の赤字状態が続き、県は一般歳出から県債の償還や鉄道経営費用を支出しなければならなかった。このため県会では県営鉄道を鉄道省や民間へ移管することや廃線にすることなどを求める動きがしばしば行われるようになる。これに対して県当局は地元の産業振興や住民の利便性をあげ、なんとかして県営鉄道を維持しようとするが、財政の緊縮化が進む中で、結局、移管・民間への払下げが行われていったのである。

おわりに

本稿は日露戦後に千葉県に在任した有吉忠一知事が行った中学校・実業学校・園芸専門学校問題と県営鉄道問題を、前任者の石原健三知事の政策と比較しながら検証してみた。すなわち、緊縮財政のもとで、入学者の少ない中学校の廃校という行政整理を推進しようとした石原知事に対して、有吉知事は増税や県債の発行などを行って農業・商工業など地域振興をはかるという積極政策(77)をとった。

千葉県に着任する前に、知事は「県治の大綱」ともいうべき、国家政策の実現者でなければならぬと考えていた有吉は、地方長官として赴任するや、緊縮財政のもとで積極政策を展開したのである。すでに政友会だけでなく憲政本党の地方組織も地方利益や積極政策を支持して、中学校の廃校に反対し、園芸専門学校・実業学校新設や県営鉄道の建設に賛成しているという日露戦後の地方政治の状況下[78]では、有吉の行った緊縮財政と積極政策という原理的には矛盾する政策の実現こそ、県民の求めた姿であったのである。

ゆえに国の緊縮政策に忠実であった石原は県会において不信任案を可決され、一方積極的な実業振興をはかろうとした有吉は各町に自己の名を残すほどに県民の支持を受けたのであった。山県系官僚でありながらドイツの実業振興策をモデルにした有吉の地方政策は、日清・日露戦後に政友会や原内務大臣などによる積極政策に対抗する政策基軸を持ち得ず、国家政策を地方において忠実に実現するというだけで、もはや地域の要望に答えられなくなってきていた山県系内務官僚の政策にはない新しさがあった。有吉知事のように山県系内務官僚の中から、日露戦後経営の地方的な実現（＝地方振興・国政委任事務の実施）のために、政友会に代表される積極政策を自己の政策基調とする新たな官僚が出てきたことこそは、内務官僚の中で藩閥の論理を越えた専門官僚の自立が行われてきたことを意味しているのである。

注

（1）テツオ・ナジタ『原敬——政治技術の巨匠——』（読売新聞社、一九七四年）、三谷太一郎『日本政党政治の形成』（東京大学出版会、一九六七年）、櫻井良樹『大正政治史の出発』（山川出版社、一九九七年）。
（2）坂野潤治『大正政変』（ミネルヴァ書房、一九八二年）。
（3）本書第一章「日清戦後の積極政策の展開」参照（初出は、小笠原長和編『東国の社会と文化』梓出版社、一九八五年）。
（4）原奎一郎編『原敬日記』第二巻（福村出版社、一九六五年）三〇〇頁。

（5）伊藤正筆記・久子写『有吉忠一経歴抄』一九頁（有古志一家文書、横浜開港資料館寄託資料、同史料は経歴の後に各県知事時代の回想録が記されている。したがって以下『有吉回想録』と記す）。なお有吉は一般には山県系内務官僚とは言われていないが、寺内、山県伊三郎のもとで韓国統監府への転出、大隈内閣の大浦内務大臣のもとでの神奈川県知事への転出など、山県系の人脈のもとで栄転しており、山県系官僚とした。
（6）前掲『有吉回想録』一九頁。
（7）『明治四十一年十一月通常千葉県会議事速記録』第一号、六〜一〇頁（以下、同県会の議事録は『明治四一年通常千葉県会議事録』のように記す）。
（8）前掲『有吉回想録』一〜一六頁。
（9）同前、二三〜五一頁。
（10）藤田武夫『日本地方財政発展史』（河出書房、一九四九年）一三七頁、。
（11）前掲『有吉回想録』一頁。
（12）本書第一章参照。
（13）同前、第一章一節の3「中学校の大規模増設をめぐる県会の動向」参照。
（14）凌雲生「尋常中学校の濫設」（『千葉教育会雑誌』八一号、一八九九年）。
（15）『明治三六年通常千葉県会議事録』第一二号、三頁。
（16）『明治三七年通常千葉県会議事録』第九号、三八頁。
（17）『明治三八年通常千葉県会議事録』第一六号、一四頁。
（18）同前、二二頁。なお、日露戦後の千葉県や府県財政については、第一章第二節、二八〜三一頁を参照されたい。
（19）経常部の歳出中、最大であったのは、警察費の二二万二九六一円であったが、その四分の三は巡査の俸給などの人件費であり、しかも勅令により明治三八年度以降巡査の定数増をはからねばならなかったので、警察費の削減を実行することは困難であった。
（20）『明治三八年通常千葉県会議事録』第一六号、一八頁。
（21）同前、第一六号、一七頁。

(22)本書第一章を参照されたい。
(23)『明治四一年通常千葉県会議事録』第三号、八頁。
(24)同前、第三号、一四～一五頁。
(25)同前、第三号、一五頁。
(26)前掲『有吉回想録』一三頁。
(27)藤田前掲書、一三九～一五一頁。
(28)「予算委員総会に於ける吉植代議士の質問」(『東海新聞』一九〇七年二月三日)。
(29)『明治四一年通常千葉県会議事録』第一号、六頁。
(30)『有吉回想録』一三頁。
(31)千葉議会史編さん委員会『千葉県議会史』第二巻(千葉県議会、一九六九年)三三六頁。
(32)同前、第三巻(千葉県議会、一九七七年)一〇九二頁。
(33)同前、第二巻、七二八頁。
(34)同前、第三巻、一〇九三頁。
(35)同前、第三巻、四三二頁。
(36)図2-1のように、千葉～蘇我間は一八九六年に開通していたので、実際の建設は蘇我～木更津間であったが、『県会議事録』や『有吉回想録』において、いずれも千葉～木更津間としているので、以下「千葉～木更津間」という表記をする。
(37)「第四号議案千葉県軽便鉄道ニ開スル管理方法第一条」(『明治四二年一〇月臨時千葉県会議事録』第二号、一九頁)。
(38)木更津市史編集委員会編『木更津市史』一九七二年、四五四～四五七頁。
(39)前掲『有吉回想録』九頁。
(40)三谷前掲書。
(41)『明治四二年一〇月臨時千葉県会議事録』第一号、七頁。
(42)前掲『有吉回想録』一一頁。
(43)『明治四二年一〇月臨時千葉県会議事録』第二号、一五頁。

(44) 同前、第一号、六頁。
(45) 同前、第一号、九頁。
(46) 同前、第二号、一一頁。
(47) 同前、第一号、一〇～一一頁。
(48) 同前、第一号、九頁。
(49) 同前、第一号、九頁。
(50) 前掲『有吉回想録』八～九頁。
(51) 同前、一〇頁。勅令は「鉄道連隊所属ノ将校以下ヲシテ公共団体ノ経営スル軽便鉄道業務ニ従事セシムル場合ニ関ル件」(勅令三二七号、一九一〇年八月一九日)として公布された。
(52) 『明治四二年一〇月臨時千葉県会議事録』第二号、三頁。
(53) 前掲『有吉回想録』九頁。
(54) 同前、九～一〇頁。なお、一二月二二日の鉄道会議で房総線の蘇我～木更津のほか、大原～勝浦、東金～成東、船橋～佐倉(以上千葉県内)、新津～新発田、宮崎～吉松、鹿児島～川間などの着手が決まった(「鉄道延長計画」『東海新聞』一九〇九年一二月二四日)。
(55) 「軽便鉄道速成請願書」(『成田多古間軽便鉄道関係誌』平山静枝家文書、多古町史編纂委員会収集資料)。
(56) 『明治四三年六月臨時千葉県会議事録』第一号、一〇頁。
(57) 同前、第一号、一一頁。
(58) 「寄付願」(前掲『成田多古間軽便鉄道関係誌』)。
(59) 前掲『有吉回想録』八頁。
(60) 『明治四三年六月臨時千葉県会議事録』第一号、六頁。
(61) 前掲『有吉回想録』一〇頁。
(62) 『明治四三年六月臨時千葉県会議事録』第一号、一四頁。
(63) 同前、第一号、九頁。

(64)　同前、第二号、七頁。
(65)　同前、第二号、一一頁。
(66)　前掲『有吉回想録』七頁。
(67)　明治前半の道路行政については長妻廣至「明治前半期における千葉県の道路政策」（三浦茂一先生還暦記念会編『房総地域史の諸問題』国書刊行会、一九九一年）と『千葉県議会史　第一巻・第二巻』を参照されたい。
(68)　『千葉県議会史　第二巻』一〇八四頁、『同　第二巻』五五一、五八七頁。大正二年度の支出額が二五万二九五九円から九万二九五九円に減額され、大正二年度には大正一三年度までの一五カ年計画に変更され、総額も一三三万七七二一円に減額された。
(69)　宇野俊一「千葉・茨城同県の県域変更問題」『千葉県史研究』第四号、一九九六年、同「帝国議会と県境確定問題」（千葉歴史学会編『千葉県近現代の政治と社会』岩田書院、一九九七年）を参照されたい。
(70)　「軽便鉄道敷設ノ儀ニ付意見書」（『成田鉄道（元千葉県営鉄道）』鉄道省文書、財団法人交通博物館所蔵マイクロフィルム）。
(71)　『明治四三年六月臨時千葉県会議事録』第一号、一六頁。
(72)　同前、第一号、一二頁。
(73)　同前、第二号、二一頁。
(74)　前掲『有吉回想録』一〇頁。
(75)　同前、一一頁。
(76)　「有吉知事来県」（『千葉毎日新聞』一九一二年九月一八日）。
(77)　一般に積極政策とは、自由党～政友会が主張した国防、外交、教育のほか、鉄道敷設、工業発達、農事改良などを積極的に推進する政策である。その理念はドイツをモデルとした産業振興と党勢拡大という違いはあっても、有吉の積極政策は後年の原政友会内閣が推進した鉄道網の整備と高等教育の普及という政策の千葉版というべきものであった。それゆえに憲政本党非改革派の立場に立つ『新総房』紙は「其新事業の濫発よりするも全国類例なき暴案の提出」（「祝有吉君栄転」一九一〇年六月三〇日）と有吉知事の政策を批判したのである。

(78) 有吉在任中五回開催された県会では「千葉県ノ設置以来殆ンド例ノ無イ位ニ種々ノ事業ガ着手」されたが、県の出した積極政策の可否をめぐって政友会と憲政本党が激しく対立することはなかった。

補論　第一次世界大戦前の千葉県政とその課題

1　有吉県政の帰結とその継承

一九一〇（明治四三）年六月、知事有吉忠一は臨時の千葉県会を招集して成田～多古間、野田～柏間の軽便鉄道の敷設を提案した。その質疑応答の中で、ある県議は次のような質問を行い、軽便鉄道計画の問題点を指摘したのである。第一に、本当に収支計画をきちんと立てて路線計画をしたのかという点で問題が多い。敷設費を賄うために地元の県債応募を第一の条件として建設し、利益があがらなかった場合、その損失や県債の利子の支払いや償還が県財政そのものに直接のしかかる可能性を述べた。第二に、鉄道連隊の援助で軽便鉄道を敷設することへの疑問である。鉄道連隊のレールや機関車が鉄道連隊から貸与されるが、借りたものは必ず返さねばならない、その時はどうするのか、という点が明確にされていないというものであった。また、有吉知事は「戦争はめったに起きない」という前提で鉄道連隊の好意と援助を受けているが、もし戦争が始まった時、鉄道連隊は引き上げてしまうのではないかということも指摘していた。有吉知事はこの二路線の軽便鉄道敷設提案を行った臨時県会直後、山県伊三郎朝鮮副総督の要請に応じて朝鮮総督府長官となって京城へ赴任し、これらの事業は次の千葉県知事告森良にまかされることとなったが、軽便鉄道の行き詰まりはこの県議の質問通りに展開していくこととなる。

告森知事のもとで初めて開かれる一九一〇（明治四三）年一一月からの通常千葉県会では、有吉県政の流れを受け継いで木更津～久留里間、大原～大多喜間、多古～小見川間、東金～片貝間の四路線に関する軽便鉄道の敷設建議があいついだ。木更津～久留里間、大原～大多喜間は有吉知事の時代に名が上がっていたものであったが、多古～小見川間、東金～片貝間は新たに告森知事のもとで建議されたものである。日露戦後恐慌以後、急速に強まる緊縮財政の圧力の中でも、新たな積極政策への期待は強かったのであった。しかし、この通常千葉県会で、千葉町の外港である寒川港浚渫事業の工事がほとんどはかどっていないことが明らかになるとともに、県会最終日には設立二年目にして、松戸の県立園芸専門学校の国立への移管意見書が採択されるなど、有吉前知事の始めた事業の継承についてその問題点が表面化してきたのであった。一方、この通常県会で告森知事は、産米改良事業をはじめとする農業生産の改善や水産業などの諸産業の近代化をはかる経費を計上し、これらの側面で有吉県政を継承する意図を明らかにしたのである。

2　寒川港浚渫事業の失敗と園芸学校の国立移管問題

寒川港浚渫事業は一九〇八（明治四一）年の県会の決議に基づいて、一九〇九年より着手し、一九一一年には竣工予定の事業であった。寒川港は千葉町を貫通する都川の河口にあったが、土砂で海底が上がり、干潮時には河船の通行にも支障が出るありさまであった。県は一九〇九年に浚渫船と土運搬船を購入して浚渫工事を行い、その土砂によって埋立地を造成する計画であった。千葉県は第一期工事終了後ただちに第二期工事に着手し、三万坪にものぼる埋立地と築港が完成するはずであった。千葉町長加藤久太郎も千葉町の発展に寄与するであろうと期待していた工事である。一九〇九年一二月二八日、東京市日本橋区の田村新吾という人が千葉町へ公有水面埋立とその地への鉄工場建設を出願し、千葉町会はその出願を受理することとなった。太平洋戦争前や戦後に続く千葉県の東京湾臨海部開発の嚆矢とされるものであろう。しかし、工事が始まると、せっかく浚渫しても東京湾から押し寄せる土砂ですぐ埋没し、工事は遅々として進まなかった。当時の浚渫船の能力を超えていたため、船の機関部の破損も著しく、その上、修理代もかさみ予算額を大幅に超過した。一九一四（大正三）年一一月から通常県会で、県当局は翌年度における浚渫費を計上しないばかりでなく、浚渫工事後の寒川港の保護・修理費すら計上しなかったのである。内務部長佐藤勧の答弁によれば、一九一四年六月ですべての工事が終了したばかりなので保護・修理費はいらないというものであり、浚渫船は破損が激しいばかりでなく、形式が古くて使いものにならないという理由であった。いわば、有吉知事のはじめた寒川港浚渫は工事完了の名目のもとで全くの失敗に終わった。この浚渫船を寒川港改修完成後には木更津港改修にまわし、その次には保田港（鋸南町）か館山港の修築にまわすという計画は頓挫した。有吉知事が構想した千葉県の東京湾臨海部に連鎖的に商港を設置して帝都東京と千葉県を結びつける海上輸送網の拡大計画は挫折したのである。

松戸の県立園芸専門学校も設立直後からさまざまな問題点が浮かび上がっていた。一年目の入学者（本科生）四〇名の内、東京ほか他府県からの入学者が一二名もおり、なぜ千葉県の経費で他府県の学生を教育しなければならないのかという県議たちの不満がわきおこった。また、県の財政では十分な設備を整えることができないということも明白となってきたのである。県会で国立移管の意見書が採択されたのを受けて告森知事は国立移管を政府へ具申した。その結果、一九一二（大正元）年度には園芸専門学校国庫補助として一〇〇〇円支給されることとなり、それ以後国庫補助はたびたび増額されたが国への移管は進まなかった。日本で唯一の園芸専門学校は、原内閣以降の高等教育機関を地方へ拡大しようという政府の方針のもとでやっと一九二九（昭和四）年に国立の高等専門学校となったのである。現在の千葉大学園芸学部の前身である。

3　県営鉄道の行き詰まり

有吉知事が一九一〇（明治四三）年六月の臨時県会に提案した成田～多古間、野田～柏間の軽便鉄道は翌一九一一年に開通したが、その時には国や地方における緊縮財政が本格化していたのであった。一九一〇年の通常県会における軽便鉄道敷設の建議を受けて、告森知事は、一九一一（明治四四）年六月臨時県会を招集して、木更津～久留里間の軽便鉄道と大原～大多喜間の人車軌道敷設の提案を行ったのである。緊縮財政下であるという制約の中で、二路線の建設費三九万五〇〇〇円はすべて県債の起債でまかない、一般会計に影響を及ぼさないように配慮した。この内、大原～大多喜間の人車軌道の建設費は八万五〇〇〇円であった。この大原～大多喜間が人夫が小客車を押す人車軌道となったのは、軽便鉄道にするとその建設費が三三万円をこえ、緊縮財政下の千葉県ではまかなうことができなかったからである。また、収入見込みも少なく、軽便鉄道では赤字になるだろうと予想された。木更津～久留里間の軽便鉄道は翌一九一二（大正元）年一二月二八日に開業し、大原～大多喜間の県営人車軌道も同じく一二月二五日に開業したのであった。

しかし、この一九一二（大正元）年一二月七日に告森知事が通常県会で報告した成田～多古間の軽便鉄道と野田～柏間の軽便鉄道に関する営業報告は、県営軽便鉄道と県営鉄道事業の将来を暗示するものになっていた。成田～多古線は土地の寄付によって建設費が低くおさえられるはずであったが、実際には予想以上に土地買収費がかかり、距離も長く、勾配の急な所も多かったために建設費がふくらんだ。また、鉄道連隊に運行をまかせていたためダイヤなどが千葉県の思い通りにならなかった。多古町の経済力も弱く、成田駅での普通鉄道との接続も軽便という性格からうまくいかなかった。成田駅の軽便鉄道のホームには屋根もなく、どこがホームなのかすらもわからない状態であると言われていた。鉄道連隊から借用した機関車は事故も多く、雨で路盤がゆるむとすぐに脱線した。こうした状況から営業費の赤字がふくらむばかりであったと報告された。野田～柏線は普通鉄道の狭軌幅にしたため醬油輸送もはかどり、野田町の経済力も強かったために営業収益は順調に伸びていった。こうした中で有吉知事が「そんなに起こるものではない」と言っていた戦争が起こったのであった。一九一四（大正三）年七月、第一次世界大戦が勃発したのである。それから一カ月後の八月、多古線から鉄道連隊の兵隊が引き揚げ、その運行・修理・保繕は千葉県が行うこととなったため多古線の赤字はまたふくらむこととなったのである。一九一四（大正三）年には、県営鉄道の累積欠損額は九一・五万円にのぼり、千葉県の予算額の半分近くまでになっていた。とくに成田～多古線は陸軍へ資材を返却して廃線にするか、赤字をかかえたまま多額の資材費を陸軍へ支払って継続するかというところまで追いつめられたのである。

4　産米改良事業の展開

告森知事が千葉県に着任して初めて開かれた一九一〇（明治四三）年一一月からの通常県会で、告森知事は翌年度における新しい勧業政策を提案した。種牛の改良費などとともに農業に関する生産調査費や米麦改良費を計上するとともに、近き将来において千葉県産の米の市場価値を高めるために米穀検査事業を行うことを言明したのである。翌一九一一（明治四四）年一一月からの通常県会おいて告森知事は二年後における産米改良事業実施に向けた準備に言及した。とくに緊縮財政下においても産米改良費を中心とした勧業費のみを増加計上することによって千葉県における産業近代化への意気込みを示したのである。告森知事は日露戦後における東京市の発展を視野に入れた千葉県の農業政策の重要性を指摘し、その中核に産米改良事業を位置づけたのであった。一九一二（大正元）年度から検査項目の統一や検査員の講習会の実施にとりかかることとし、それらの運営の中心に各郡の地主会を位置づけた。一九一三（大正二）年度からの実施を目指し、一九一三（大正二）年度予算の中で米穀検査所費六万六九四八円が初めて計上され、米穀検査が本格的に始められることとなった。告森知事はその実施を宣言するにあたり、「米穀検査は千葉県の米の生産の上から考えると非常に利益があり、『米価の声価』を高めるものとなろう」と述べるとともに、「農民の富を増進するのが行政の役割であるから、この米穀検査は緊縮財政の時代ではあるけれどもいくつかの事業を犠牲にしてもやる必要がある」と表明したのであった。そのため、有吉知事が立案した一九一〇（明治四三）年度から一〇年にわたり一六六万円をかける「道路改修十ヶ年計画」は、この一九一三年度支出額が二五万二九五八円から九万二九五九円に減額され、次いで一九一四年には十五カ年計画に繰り延べられ、総額も一三三万円に減額されたのである。大正期になっても不安定な財政の中で千葉県の道路整備は進展せず課題となり続けた。大正後半期の折原巳一郎知事や昭和前期の岡田文秀知事によって何回も提起され続ける。産米改良のための米穀検査について、告森知事に反対の立場をとる県会議員や新聞の論調の中には小作人が多忙になるという意見や、日露戦後以来の千葉県政の失敗、すなわち成田～多古線の軽便鉄道の大赤字、寒川港浚渫の失敗、園芸専門学校の経営難などを持ち出すものもあったが、賛成意見の方が多数を占めたのである。告森知事は有吉県政を農業や水産業をはじめとする諸産業の近代化という側面で受け継いでいこうとしたのである。

5　避難港修築のはじまり

漁業の近代化も有吉知事が県政の中核としてめざしたものであった。水産講習所に石油発動機を備え付けた改良型の漁船をおき、そこで新しい操船技術を教えようとはかった。漁船をそれまでの手漕ぎのものから沖合漁業にも堪えられる発動機付のものへ転換し、千葉県の漁船の能力を引き上げ、漁業の近代化をはかろうとしたのである。しかし、石油発動機などの動力を備え付けた改良型の漁船は手漕ぎの漁船のように砂浜に引き上げるというわけにはいかなかったので、小規模でも設備の整った港湾施設が必要となろう。一九一一（明治四四）年一二月、告森知事のもとにおける通常県会で「漁船避難港修築に関する建議」が可決され、千葉県における避難港修築への動きが活発化した。翌一九一二年度の臨時部勧業費の中にも調査費が計上された。こうして一九一三（大正二）年の通常県会において、池松時和知事の手で初めて安房の白浜村に総工費一八万七〇〇〇円の避難港修築費が三年間の継続事業費として入ったが、緊縮財政のもとで繰り延べを重ね、事業はなかなか進捗しなかったのである。それゆえ、この白浜漁港は一九三〇年代に入ってから岡田文秀知事によってもう一度大修築事業が行われなければならなかったのである。

第三章　大正デモクラシー期の地方政治——大正後半期の積極政策をめぐって——

はじめに

本章は、千葉県を素材として原内閣期から護憲三派内閣期における地方政治を考察の対象としたものである。この時期は第一次世界大戦に始まる日本の高度経済成長が戦後恐慌とともに停滞した時期であり、そうした経済変動に伴う社会の変容によって政治体制も大きく変化していった時期でもあった。小作争議や社会運動の高揚、普選運動が政治を規定する一方、政党や藩閥官僚を中心とする支配層がそれに対応した新しい政治体制を模索し続けた。(2)一方、そうした社会の変容は明治以来の農政にも変化を迫るものであり、政党も新しく惹起された農村問題にも取り組まねばならなかったのである。(3)

しかし、以上のような中央の政治史研究に比較し、この時期における地方政治の動向を分析した研究蓄積は少ない。有泉貞夫氏は山梨県議会の動向を分析しつつ、大正期に入ると政友会が従来から主張していた「積極主義」政策を同志会も主張するようになり、同じように地方利益の導入によって党勢の拡張を行ったとし、政友・同志両派の政策的同質化が大正期の地方政治の特徴であるとした。(4)

表3-1　千葉県における県・市・町村歳出一覧表（決算）

（単位：円）

年度	県　費	郡　費	市　費	町村費
大正元	2,286,356	152,729	—	2,810,075
	(100)	(100)		(100)
2	2,041,647	149,512	—	2,773,630
	(89)	(98)		(99)
3	2,148,028	151,902	—	2,902,854
	(94)	(99)		(103)
4	2,007,136	156,158	—	2,916,623
	(88)	(103)		(104)
5	2,214,882	163,129	—	3,086,397
	(97)	(107)		(110)
6	2,640,718	178,174	—	3,360,457
	(115)	(117)		(120)
7	2,628,011	207,328	—	4,108,588
	(115)	(136)		(146)
8	3,194,905	311,513	—	5,345,525
	(139)	(205)		(190)
9	4,675,859	658,360	—	7,517,223
	(205)	(433)		(268)
10	5,536,604	931,230	159,216	8,415,140
	(242)	(613)	(100)	(299)
11	6,394,442	1,489,007	392,729	9,981,115
	(280)	予（980）	(247)	(355)
12	8,613,387	—	346,341	9,020,756
	(377)		(218)	(321)
13	11,045,320	—	317,600	10,665,200
	(483)		(199)	(380)
14	9,366,236	—	341,055	10,683,327
	(410)		(214)	(380)
昭和元	9,532,146	—	332,809	13,749,015
	(417)		(209)	(489)
2	10,232,369	—	396,104	11,689,151
	(448)		(249)	(416)
3	9,273,374	—	414,554	11,693,138
	(406)		(260)	(416)
4	9,368,997	—	400,859	10,343,368
	(410)		(252)	(368)

出典：『千葉県統計書』より作成。
注：（　）は大正元年100をとした指数である。市費は大正10年。
「予」は予算の数値である。

本章は以上のような研究動向をふまえ、千葉県を素材としながら大正後半期の地方政治を千葉県による積極政策の推進とその矛盾、緊縮財政への転換、それらの集約点としての護憲三派内閣期の地方政治状況の三点から分析したいと考える。

なお、本論に入る前に、予備作業として大正期における千葉県の地方財政状況を概観しておきたい。

表3-1は大正期における県・郡・市町村歳出額表である。これによって大正期の千葉県の地方財政の基調を見てみたい。県の歳出は大正元年の歳出規模を大正六年までは超過せず、郡費・町村費も大正六年までは大幅な伸びを見

表3-2　千葉県における国税・県税・市町村税・税額表

（単位：千円）

	総　額				総額100% 中		
年度	国税	県税	市町村税	合計	国税	県税	市町村税
明治41	5,750	1,446	1,498	8,696	66.1	16.6	17.2
42	5,927	1,555	1,716	9,199	64.4	16.9	18.6
43	5,433	1,816	1,838	9,089	59.7	19.9	20.2
44	5,306	1,979	1,998	9,285	57.1	21.3	21.5
大正元	5,723	1,878	2,120	9,721	59.6	18.9	21.3
2	5,821	1,772	2,072	9,665	60.2	18.3	21.4
3	5,864	1,903	2,202	9,970	58.8	19.1	22.0
4	5,465	1,665	2,114	9,245	59.1	18.0	22.8
5	5,581	1,892	2,261	9,736	57.3	19.4	23.2
6	5,799	1,898	2,371	10,069	57.5	18.8	23.5
7	6,306	2,126	2,697	11,131	56.6	19.1	24.2
8	6,889	2,857	3,966	13,712	50.2	20.8	28.9
9	7,565	4,212	6,082	17,860	42.3	23.6	34.0
10	8,775	5,275	7,020	21,072	41.6	25.0	33.3
11	10,371	5,598	7,698	23,667	43.8	23.6	32.5
12	9,047	5,577	6,424	21,048	42.9	26.5	30.5
13	11,477	5,361	6,353	23,191	49.4	23.1	27.3
14	10,719	6,049	6,424	23,192	45.9	25.9	28.1
昭和元	8,385	5,933	6,906	21,226	39.5	27.9	32.5
2	9,299	5,542	6,339	21,180	43.9	26.1	29.9
3	9,535	6,063	6,751	22,350	42.6	27.1	30.2

出典：『千葉県統計書』より作成。

せていない。すなわち、大正六年までは県・郡・町村の各段階で日露戦後以来の地方財政における緊縮財政が千葉県の中で維持されていたのである。そして、大正九年に至って県費は飛躍的に増加し、大正一三年には最高額となった。それ以後、昭和四年に至るまで大正一三年の県歳出額を超えることはなかったのである。また、大正一一年までは、県費より町村費の歳出膨張が著しく、教育費など緊縮できない費目の比率が高い町村財政に早く地方財政の矛盾が現れたのである。

表3-2によって国税、県税、町村税の負担状況を見てみたい。国税負担額を大正元年と大正一〇年とで比較すれば、約二倍の増加を示している。しかし、県税と町村税は大正元年から大正一〇年までに約三倍の負担増となっているのである。それゆえに、大正期における租税負担額増加は国税よりも地方税（県税・町村税）が急激であり、租税負担増加の矛盾は地方税にしわ寄せされていたのである。以上のことは国税、県税、市町村税の租税総額に対する百分比を見てもわかる。大正期を通して、国税の百分比は大正一三年まで減じていくのに対し、県税・市町村税の租税負担額に対する

表3－3　国税・県税・町村税の一戸当りの負担

（単位：円）

	現在戸数一戸当り			計
	国税	県税	町村税	
明治44	23.1	8.6	8.7	40.5
大正元	25.7	8.2	9.2	43.1
2	25.2	7.7	9.0	41.8
3	25.2	8.2	9.5	42.9
4	23.3	7.1	9.0	39.4
5	23.7	8.0	9.6	41.4
6	25.5	8.0	10.0	43.5
7	26.5	8.9	11.3	46.8
8	28.8	12.0	16.6	57.5
9	31.0	17.3	25.1	73.3
10	35.9	21.6	28.7	86.2
11	42.4	22.9	31.5	96.8
12	37.0	22.8	26.3	86.1
13	42.4	19.8	23.5	85.7
14	39.6	22.3	24.3	86.2
昭和元	31.0	21.9	25.5	78.3
2	34.4	20.5	23.4	78.2
3	35.6	22.5	25.2	83.3
4	33.1	20.1	24.2	77.4

出典：『千葉県統計書』より作成。

百分比は大きく上昇し続けた。このことは表3－3の国税・県税・町村税の一戸当りの負担額を見ると一層明確となるのである。国税の一戸当り負担額はあまり増加していないのに対し、県税・町村税の一戸当り負担額の増加は国税に比較してあまりにも急激である。このことは地方税負担がいかに苛酷であったかを示している。

表3－1によってみれば、県費は大正一三年が最高額であるけれども、表3－2の租税額から見れば、国税・県税・市町村税とも大正一一年に上昇がとまる。すなわち、大正一一年に地方税の担税力はほぼ限界に達していたと言ってよいだろう。そして、この時期こそが緊縮財政のはじまりであった。表3－3によっても、一戸当り租税負担額は大正一一年が最高であって、大正一二年には大きく減じている（県税の負担額は大正一一年と一二年がほぼ同額で一三年に減じている）のである。

表3－4によって県税負担状況を概観したい。県税の主たるものは地租割、戸数割、県税雑種税である。地租割は大正一〇年に最高額となり、戸数割は大正一二年が一つのピークである。また地租割の増加率に比し戸数割の増加率の方が高く、県税における戸数割の重要性は大正後半期にいくに従って高い。一方、当初大きな比重を占めていなかった雑種税は次第にその比重を増している。そして、地租割や戸数割賦課が限界に達して減じ始めても、雑種税額のみが増加を続けた。すなわち、地租割・戸数割の担税力が限界になった時、雑種税の増徴がある程度県財政を支えていたのである。

表3－4　千葉県県税種類別表

（単位：千円）

		明治41	42	43	44	大正元	2	3	4	5	6	7
合計		1,446	1,555	1,816	1,979	1,878	1,772	1,903	1,665	1,892	1,898	2,126
国税附加税	地租割	887	910	1,072	1,200	1,063	983	1,009	827	966	979	1,112
	営業税	35	37	41	45	65	56	57	38	47	42	52
	所得税	20	21	19	23	36	25	27	25	28	26	39
	小計	944	970	1,136	1,269	1,164	1,065	1,094	892	1,042	1,049	1,203
県　　税	営業税	103	106	110	112	124	131	136	163	157	157	167
	雑種税	170	182	192	198	206	225	240	250	256	270	284
	戸数割	227	296	377	398	382	348	432	358	435	421	471
	小計	502	585	680	710	713	706	809	773	850	849	923
		8	9	10	11	12	13	14	昭和 1	2	3	
合計		2,857	4,212	5,275	5,598	5,577	5,361	6,049	5,933	5,542	6,063	
国税附加税	地租割	1,616	2,364	2,522	2,488	2,315	2,224	2,612	2,150	2,314	2,489	
	営業税	86	194	230	270	269	332	403	359	244	312	
	所得税	108	63	58	75	62	154	133	80	355	446	
	小計	1,811	2,622	2,811	2,834	2,646	2,711	3,150	2,590	2,913	3,248	
県税営	営業税	186	224	277	303	295	297	300	296	317	292	
	雑種税	364	541	747	979	1,084	1,149	1,211	1,266	1,244	1,318	
	戸数割	481	823	1,438	1,481	1,549	1,202	1,385	1,552	825	951	
	小計	1,045	1,590	2,464	2,764	2,930	2,649	2,898	3,343	2,629	2,815	

出典：『千葉県統計書』より作成。
注：1）　小計はその他を含む。
　　2）　昭和２年から県税戸数割は家屋税となる。

第一節　地方財政の膨張と積極政策

　大正六年度予算にいたり、千葉県では日露戦後以来の緊縮的地方財政から脱却した[5]。知事佐柳藤太が県会に提出した予算案は前年度に比較して六万四〇〇〇円の増額となった。大正に入って初めての予算膨張である。その中に、大正期の初めての新規土木事業として南房総の道路の難所「お仙ころがし」の道路改修が大正六年度より九年度までの四カ年継続事業として提案されていた。総工費四万六〇〇〇円、大正六年度の県支出額は一万円である[6]。

　しかし、「お仙ころがし」の道路改修は地元町村から四年間で一万円の寄付金が徴収されることになっていたのである。それゆえに「自カラ奮ッテ町村或ハ村ノ負担ヲ以テ、サウシテ其事業ニ付イテ本県ニ補助ヲ仰グト云

〔補注〕

1）県会議員選挙結果から見た政党会派の推移

県議会	政友会	同志－憲政－民政	国民	中立	その他
大正４年９月	18	21	0	2	0
８年９月	20	17	1	2	1
13年１月	31	7	—	2	0
昭和３年１月	26	14	—	1	0

2）歴代知事は以下の如くである。

知事	任命	退任
池松時和	大正 2. 6～	大正 3. 10
佐柳藤太	〃 3. 4～	〃 6. 1
折原巳一郎	〃 6. 1～	〃 11. 6
斉藤守圀	〃 11. 6～	〃 13. 6
元田敏夫	〃 13. 6～	〃 15. 9

出典：『千葉県議会史　第３巻』146頁より。
注：1）　中立は政友系である。
2）　大正４年の県議選では政友会は少数だったが、翌年には逆転している。
3）　大正13年の県議選は１人１区の小選挙区制であった。

フコトニナッタ場合ニハ県ハ之ニ対シテ如何ナル御方針ヲ採ラレルノデアリマセウカ[7]」（政友会・辰野安五郎）と県議会で質問が出ているように、地元町村が県へ寄付を納入すれば各地方の土木事業が促進されるだろうとの期待を県議たちに持たせる一方、県費で負担すべき事業を部分的に町村に肩代りさせるものであるという批判もあった。憲政会の吉田銀治は「当然県費ヲ以テ支弁スベキ道路ニ対シテ斯ノ如キ方針ヲ執ルコトニナリマシタナラバ、或ハ其沿道町村民ヲ苦マシムル処ノ場合ニ立到リハセナイカト懸念ニ堪ヘナイノデアリマス[8]」と述べ、町村民にとって県税、町村税以外の新たな負担増になる恐れを強調した。しかし、このような町村寄付金を前提とした県の事業計画は、地元町村への負担のおしつけという問題を含みながらも、次の折原知事に受け継がれたのである。

寺内、原、高橋内閣期に千葉県知事であった折原巳一郎は、新任後の県会に前年度予算額より一六万八〇〇〇円多い大正七年度予算を計上したのである。彼はその増加額の内一四万五〇〇〇円が「時勢ノ進運ニ応ジマシテ県ノ発達ニ資スベキ[9]」新事業であると述べ、県による積極政策への意欲を示し、大正七年度の県の重要施策として県下中小河川改修の手始めに粟山川改修事業を起こすとともに、県費修築の希望が多い漁港築港予算をただ一港のみであったが予算に組み込んだのである。しかし、この二つの施策とも町村寄付金を前提にしたものであった。

南房総の漁港修築について、折原知事は「県費ノミデ漁港ヲ修築スベキカト云フコトハ是ハ余程考慮ヲ要スベキコトト思ヒマス、少クトモ現時ノ本県財政状態ニ於テ一箇年四五万円以上ノ費用ヲ漁港ノミニ投ズルコトハ頗ル困難[10]」であるとし、二ヵ年継続事業で総額三万八六〇〇円の内、半額を町村寄付にすると言明した。この漁港は「漁業組合ニ相当資金ヲ有シ（中略）其レガ村ニ寄付シテ工事ヲヤル[11]」（県内務部長の答弁）とされているように町村負担の実態が明確であったため、県会を通過したのである。これ以後、町村寄付金による小漁港築港は毎年度行われた。

一方、栗山川改修事業は県が積極政策としてその画期的意義を強調したにもかかわらず否決されたのである。大正七年度から七ヵ年継続事業で総工費一一万の内三万円の町村寄付が募られ、その寄付は栗山川氾濫地域の被害面積から一反歩当りの負担額を算出して町村から徴収されることが明らかとなった時、県会の不満は大きいものとなった[12]。

栗山川改修費の否決について、新聞は「総工費中に地元関係町村の寄付金に就ては決して県が勧誘せずと言明せるも町村会が寄附を議決せるに当りて郡長が進んで説明の労を執りたる関係あるは辞むに由たるべし（中略）寄附金を受入れてまで施行せんとする該案は其性質上素より原案を執行すべきものにあらず[13]」と伝えて、その否決を支持するとともに、「栗山川改修費廃案の結局寄付金受入れを削除したると酌婦税軽減の為め歳入に剰余を生じ之を戸数割一戸当り一円六十八銭なりしを三銭減額し一戸一円六十五銭となせるも県民の負担を軽減するに尤も適当たるべし[14]」とも報じ、栗山川改修費廃案に伴う県税負担の軽減に賛意を表した。新たな負担増が明白な場合、地方利益を及ぼす施策も否決されざるを得ないのである。

表3-1のように、千葉県財政は大正八年、九年と急激に膨張していった。とくに大正一〇年度予算は五四三万円となり、前年度に比し一九三万円の増額であり、重要施策として栗山川改修案（総工費四四万円）が再提案されるとともに、千葉県道路改修計画案（総工費一〇三二万円、十ヵ年継続事業）が提案されたのである。千葉県も大正一〇年度から本格的な積極政策期に入ったかに思われたのである。

しかし、千葉県では事業拡大よりも県税負担増加への不安の方が強かった。県議中村定五郎（政友会）は「五四三万円ト云フ大キナル予算ヲ立テラレテアリマス、是ハ県民ノ負担ニ堪ヘラレルヤ否ヤト云フコトガ頗ル自分モ杞憂ニ堪ヘナイ所デアル[15]」と述べ、不安を表した。こうした中で、県が一〇年度の財政膨張を補うため県税雑種税中に牛馬税を新設して一〇万円の増徴をはかったことに対し、県会では「自給肥料は牛馬羊豚の家畜を飼養するを要す若し県財政が斯る悪税を賦課せざるべからざる窮状にあらば事業を縮少し歳出を減じ収支の均衡を保つこと尤も緊急なり[16]」とする意見が多く、牛馬税新設は否決されたのである。また、表3-4のごとく、急激に増徴された戸数割についても「戸数割ニ於キマシテ（中略）幾分ニテモ県民ノ負担ヲ軽カラシメントイロ〳〵苦慮イタシタ（中略）三十八銭位ノ軽減デハ県民ノ意ニ副ハヌカモ知レマセヌガ先ヅ出来ルダケ努力ヲ尽シタ結果三十八銭ノ削減ト云フ事ニナッタ[17]」（政友会・辰野安五郎）というように、歳入予算額の削減がなされたのである。

このように県財政の膨張を支えるべき牛馬税が否決され、戸数割が削減される状況では、事業計画も変更されざるを得ない。栗山川改修計画は総額四四万円七年間継続事業であったものが、一〇年間継続事業に修正された。これにより各年度支出額が約六万円から四万五〇〇〇円に減額された[18]。また、道路改修計画案も大正一〇年度支出額が一五万円減額され、一一年度、一二年度、一三年度に五万円ずつ割り振られるように修正されたのである[19]。このように折原知事の積極政策は政友会が多数を占める県会でブレーキがかけられたのである。

以上のように県の積極政策推進は寄付金という名で町村に負担増を押しつけるとともに、県税負担も増加させると考えられていた。政友会系県議も県の積極政策推進には賛成していたが、それによる大幅な県税増徴には反対だったのである。原敬内閣期において、県による積極政策遂行は県財政の膨張にもかかわらず順調な進展をみせなかった。

国で行う鉄道建設・港湾修築より一段階小さく県で行わねばならない積極政策も、安定して推進できなければ政友会の地方支配は安定を欠くものになるだろう。「立憲政治の発達は地方自治の発達に俟たざるべからず、地方自治の発達は地方財政の鞏固を期するに非ざれば得て望むべからず[20]」とすれば、政友会にとって積極政策を推進し、自己の基盤を強固にしていくためにも、地方自治体の財源整備を行う新たな地方税制の確立が要請されるであろう。県内務部長丸茂藤平は「中央政府ニ於テ地方財政従ッテ地方税ノ税目ヲ整理シナケレバナラヌト云フ議ガ常ニアルヤウデアリマス、ガ併シ何カ有力ナル国税ノ財源ヲ地方ニ移スカ、ソレデナカッタラ地方費支出ノ中ノ主ナル項目ヲ国庫支弁ニスルトカ云フ時ニ於テスルニアラネバ地方税制整理従ッテ地方税制改正モ困難」[21]だと述べて、中央政府による地方税制改正に期待していると政友会県議の質問に答えている。

また、こうした事態は積極政策に対する欲求不満を醸成させることにもなるだろう。大正一二年一二月の通常県会において「県民ノ渇望スル汚水道路ノ土木事業ノ施設ハ不振ノ現□(不明)タルニ反シ県民ノ希望少ナキ勧業奨励ハ徒ニ他府県ヲ標準トシテ些末ノ施設ニ亘リ本県民トシテ其冗費ノ負担ニ苦シムノ概ハ県内至ル所ニ耳ニセリ」[22]とする意見書が採択されている。勧業奨励費は決して多くはなかったが[23]、道路改修費・漁港修築費が少ないという県議たちの不満がこの意見書となったのであろう。県による積極政策がうまくいっていないと不満を述べ、その展開を望みながらも、そのための県税増徴には反対するという矛盾した立場をとりつつ、県議たちは寺内、原、高橋内閣期の千葉県政を動かしていたのである。

第二節　緊縮財政期への移行

一九二二（大正一一）年六月、五年五ヵ月の任期を終えた折原知事は兵庫県知事となって転任し、斉藤守圀が千葉県知事となった。斉藤知事は一一月の通常県会で大正一二年度の県予算の方針について次のように述べた。「予算ノ編成ハ（中略）苟モ節約ノ出来マスルモノハ悉ク之ヲ整理イタシマシテ、旅費ニ於キマシテハ約二割、備品費ニ於キマシテハ約一割五分、消耗品費ニ於キマシテハ約一割ヲ削減イタシマシテ、且ツ官吏々員ノ増俸並ニ増員ハ大正十二年度ニ於キマシテハ一切之ヲ見合セル事ニイタシタノデアリマス、然シナガラ、政府ノ方針ハ緊縮ト申シマシテモ事業ノ萎縮ト云フ事ハ政府ノ方針デハナイノデアリマス、従ツテ地方行政ニ於キマシテモ整理ノ結果事業ノ萎縮ト云フ事ノ無イヤウニ努メタ次第デアリマス、乃チ教育ノ振興或ハ産業ノ奨励其他交通ノ改善等地方開発上必要ナル施設ニ付テハ出来ルダケ経費ヲ計上イタシテ、県ノ負担ヲ増サヾル程度ニ於テ県民ノ福祉ヲ増進スルト云フ点ニ対シテハ万遺憾ナキヲ期シタノデアリマス」[24]。すなわち、斉藤知事の緊縮方針は事業縮小にはおよばず、行政整理的な側面のみに限定されていたのである。大正一一年六月に成立した加藤友三郎内閣が当初徹底した財政緊縮政策をねらって各種規定事業に二割以上の削減を行い、与党たるべき政友会からその削減方針に対して反発をかい、予算の大幅な変更を余儀なくされたことから考えれば[25]、斉藤知事の予算編成方針は中央における予算編成の動向をそのまま地方政治にあてはめたものとなっていたのである[26]。すなわち、中央における加藤友三郎内閣の財政緊縮政策は政友会の反対にあい、義務教育費国庫負担金増額が三〇〇〇万円となり、政友会の主張する治水費増額もほぼ要求通り認められたように不徹底なものとなっていたのである。

それゆえに、戦後恐慌による緊縮財政期に入ろうとするこの時期、斉藤知事は「農村問題ニ対スル施設」と「銚子築港」を大正一二年度の二大目標としたのである。前者は小作争議の増加などに対応するために新しい千葉県農政を模索しようとしたものであり、後者は折原以来の積極政策の延長にあったものである。

農村問題に対する施策は二つに別れており、その一つが「農業経済組織ノ改善」であり、他の一つが「自作農奨励資金ノ設定」であった。前者は「土地所有者並ニ耕作者ガ円満ナル協調ノ下ニ農業経済組織ノ改善ニ関スル（中略）事業ヲ共同実行スル其者ニ対シテ県ハ補助金ヲ交付[27]」しようとする計画だった。いわば、「農事改良実行ニ関スル組合ノ設置及補助[28]」を行うことによって地主と小作人の協調を資金面から裏付け、それによって生産性の向上をもねらったものであった。後著は自作農創設のため小作農へ低利融資を目的としたものである[29]。地主と小作農の協調、生産性の向上、そして小作農の自作農化によって小作争議に対応するとともに、新たな千葉県農政を模索していたのである。斉藤知事は小作争議の増加や農村問題の深刻化に伴って、千葉県として初めて独自に「農村振興対策」に取り組む姿勢を示した知事であった。

銚子築港はこれまでの県による漁港修築とは異なり、国費を含めた九五〇万円の規模をもつ事業として設定されていた。

しかし、この銚子築港は当初、宮城・福島・茨城・東京・神奈川など一府八県の共同事業として計画されたものが、分担金協議がうまくいかずに千葉県単独で行うこととなったものである。しかも半額の国庫補助は大正一八年度からであり、それまでは県費（毎年八〇万円）と地元町村の寄付によって築港事業を始めなければならないものだったのである。(30) 銚子築港は緊縮財政期にあえて積極政策を行っていこうとしたものであり、県財政膨張期にも大きな積極政策が行われず、欲求不満状況になっていた千葉県民をよろこばせた。(31)

斉藤知事の大正一二年度予算編成方針は、第一次世界大戦後の緊縮財政が基調となりつつある時期において、大正一一年からとくに帝国議会で重要な問題として取り上げられた農村振興策と原内閣期から引き続いている積極政策の二つの性格が異なる施策を同時に遂行していこうとしたものであった。それゆえに、これからの緊縮財政期に現れる地方財政の問題も姿を見せ始めていたのである。

その第一が、銚子築港の大事業を緊縮期であるがゆえに半額県費負担しなければならないことへの疑問である。県議中村定五郎（政友会）は「総テノ方針（銚子築港についての方針――引用者）ニ付テ、緊縮ヲ主義トスル時代ニ此大金ヲ掛ケルト云フ事ハ、曾テ県民ハ要望シナカツタノデアリマス、此ノ築港ニ関スル説明ヲ見マスト、初メニ於テデス、何レモ国費ヲ以テシテ貰ヒタイト云フ事ヲ希望シテ居リマス、本県ガヤルカラ補助シテ呉レナゾトハ一切イツテ居ラヌ」(32)というように、積極政策は国費支弁で行うのが原則であるという批判である。銚子築港などの大事業により県費支出が増加することについては、「此議案〔銚子築港の件〕ガ上程セラル、ヤ県民ノ負担力ニドウデアラウカ、其辺ノ憂慮ヲ為サレル方々ガ一方ニ見ヘマス（中略）又課税ノコトニ付テモ今ヤ農村ハ非常ニ荒廃シテ居ル際デアルカラ成ルベク新事業ハ差控ヘテ起シテ貰ヒタクナイト思フ、斯ウ云フ意味ニ外ナラヌト思ヒマスガ、ドウカ斯ノ如キ杞憂ハ杞憂ニ終ラシメテ此計画ヲ完フセラレムコトヲ当局ニ切ニ希望シナケレバナラヌ」[33]（憲政会・重城敬）との発言に見られるように、県民の県税負担を増加させ、農村の疲弊を深化させていくとの認識が憲政会・政友会ともに存在していたからである。[34]

第二の問題は大正一二年度予算から計上された農村振興策の予算規模である。斉藤知事も自作農奨励資金が少ないとは認識していたが、[35]それでも農村疲弊と緊縮財政が言われる中では積極政策と農村救済・振興策を財政上両立させることは至難なことであった。県議志村清右衛門（政友会）は「今日予算全体ヲ通ジテ見マスルト農家救済策トシマシテ自作農奨励資金三〇万円ヲ計上サレテアリマス、此三〇万円ニ尚ホ県会デ低利資金借入ノ方法ヲ講ジラレマスノデ尚一層出来ルダケノ増額ヲ計画サレルルヤニ聞イテ居リマス、尚又此農事改良実行ニ関スル組合設置補助ニ付テハ新タニ今回目論見ヲサレテ居リマス、而已ナラズ開墾地移住奨励補助ト云フコトモ今度計画サレテ居リマス斯ノ如ク県ハ農家財政ト云フコトニ付テ非常ニ御研究御苦心為サレタ結果、僅カ一般会計カラ八〇万円ヲ繰入レテ此大事業〔銚子築港のこと〕ヲ行ヒ」と述べ、これから増額していくであろう農村振興費と銚子築港費との両立不安を述べている。緊縮財政期において、農村振興策と積極政策は財政的に矛盾したものとなっていたのである。

このようにして、斉藤知事の大正一二年度予算案は緊縮を標榜しつつも、歳出総計で六四六万円となり、前年度当初予算より五三万円の膨張したものとなった。それゆえに、県税負担について県内務部長白土佑吉をして「〔来年度予算は〕ドウシテモ是ダケハ奪闘シナケレバナラヌ実況ニ臨ンデ居ルノデアリマス、此点カラ致シマシテ、今日我国民ノ負担ト云フモノハ実際担力ニハ合ハナイデアラウト云フ点モ考ヘラレ得ルノデアリマス」[37]とさえ言わしめた。県税における戸数割と地租割賦課は限界だったのである。それゆえに、県税増加のしわ寄せは県独自に課税している県税雑種税増徴に向かわざるを得ない。理事官郡仁司はそのことについて「県ノ財政ガ段々膨張シテ来タ、併シナガラ国税ノ附加税タル地租、営業税、所得税、此三税ニハ自カラ制限ガアリマス、又更ニ戸数割ニモ制限ヲ加ヘラレテ居リマス、然ラバ県ノ財政ガ段々膨張シテ来タ結果トシテ、何レニ向ツテ膨レ出スカト云フコトヲ究極シタナラバ結局営業税雑種税ニ行クノデアリマス」[38]と述べている。この雑種税は各種の県税営業税、漁業税などであり、その一つひとつは少額であるとはいえ、県民の広い範囲に増徴の影響を及ぼすものとなるのである。

以上のように、大正一二年度予算は新しく起こってきた農村振興問題に対処しつつ、銚子築港という積極政策を行うというように性格が異なり、大きな財源が必要な政策を同時に計上したものとなり、緊縮財政という性格は薄れていたのである。それゆえに、農村救済策を唱えながらも、農村疲弊の原因の一つである県税負担を増加させ、県財政を硬直化させるという矛盾に満ちた予算案となっていたのである。

そして、一九二三（大正一二）年九月一日の関東大震災は千葉県に大きた被害をもたらし、県財政を大きく圧迫するものとなった。とくに安房・上総を中心とした県南の被害は大きく、公共建築物の倒壊も多数にのぼったのである。そのため、その後の県財政は文字通りの緊縮財政をとらざるを得なくなったのである。大正一三年度予算案は六四一万円となり、前年度当初予算より五万円の減額になったのである[39]。大震災のため、継続事業は必要最小限のものを除いて打切りまたは繰延べを行い、増員・増俸は全く行わず、震災復旧以外の建築も行わない方針となった。歳入においても大震災の被害を考慮し各種税目の課税率は前年以下とし[40]、起債による財源確保は行わないこととしたのである。千葉県においては、関東大震災以後、第二次山本権兵衛内閣の指導のもとに[41]地方財政における本格的な緊縮財政の時代に入ったのである。すなわち、「農村ノ救済ヲ講ズル方法（中略）此地方費ノ軽減ヲ図ルト云フコトガ最モ急務」[42]（憲政会・馬場甚吾）というように、憲政会が以前より主張していた緊縮が行われたのである。それゆえに、政友会県議の長老小野田周斎をして「知事閣下ガ来年度ノ予算編成ニ付テ節約ノ出来ル限リ之ハ節約シテ、又戸数割ニ於テハ一万幾ラノ本年度ヨリ減ズル予算ヲ編成シタル如キ、県当局ガ県民ニ対スル予算編成ニ忠実ナル点ニ対シテハ、私ハ満腔ノ謝意ヲ表スルモノデアリマス」(43)と言わしめているように、県財政の緊縮は政友会、憲政会とも異論をさしはさめないものとなったのである。

このように大正一二年の県議会では、関東大震災による予算削減の中で、前年から新たに提起された農村振興策は新しい施策も増やさず、積極政策の声も聞かれなかった。また、先の発言からもわかるように戸数割等の県税負担の減少に結びつく限り、緊縮財政は支持されたのである。中央においては緊縮財政がワシントン体制による軍縮の実行という点に連関しつつ、戦後不況に対応する減税要求に適合するものであったが、地方財政において緊縮財政は何よりも農村の疲弊に対応する県税負担の軽減に結びつけて考えられていたのである。こうして緊縮財政下において、農村振興策と積極政策の二つの課題は一時争点から姿を消したかに思われたのである。

第三節　護憲三派内閣期の地方政治

このように千葉県においても緊縮財政が基調とはなってきたけれども、それが県会選挙においては、緊縮を主張する憲政会の勢力伸張とは結びつかなかった。一九二四（大正一三）年一月に行われた千葉県会議員選挙の結果がそれを示した。定員四〇名の内、党派別では政友会三一名、準政友一名（後に政友会へ合流）、憲政派七名、中立一名となった。この時かぎりの一選挙区一議員の小選挙区制であるとはいえ、政友会の圧倒的な勝利である。(44)

しかし、県会選挙に大勝した千葉県の政友会は大正一三年一月の清浦奎吾内閣成立によって起こった第二次護憲運動による政友会分裂の波をもろにかぶることになったのであった。床次竹二郎や中橋徳五郎は、高橋是清らの政友会総裁派に反対して政友本党をつくることになるが、その床次や中橋と政友会千葉県支部長であり代議士でもあった吉植庄一郎が近い関係にあったからである。それゆえに千葉県選出の政友会代議士八名の内、五名が政友本党結成に参加した。吉植庄一郎（印旛郡）、浜口吉兵衛（海上・匝瑳郡）、西川嘉門（夷隅郡）、竹沢太一（安房郡）、本多貞次郎（東葛飾郡）の五名である。政友本党に加わった本多貞次郎が「政友会は伊藤公の創立以来四代の党首を迎えて今日に至りその主義は第一に穏健着実であった、国家に歴史がある如く政治は必ず進歩が必要であると共にまた保守もより以上必要とする然るに幹部連〔政友会総裁派のこと〕の今度のやり口は余りに過激である（中略）私は新政党に対してものたらないことがあるがこの際現下の政状に顧みて政友会伝統の穏健着実を主義とする新政党に入党するゆえんである」(45)と述べていることからもわかるように、彼らは普選実現とそれによる既成政党支配の再編をめざした政友会総裁派の横田千之助の政権構想(46)についていくことができず、原敬以来の地方名望家層を中心とした支配体制によりかかろうとしていたのである。こうした中で、地方名望家秩序が残っていると思われる千葉県政界の性格から考えてみても、政友本党に参加した代議士の選出郡や地盤をあわせれば、千葉県の政友会勢力の四分の三は政友本党に加わるものと観測されていたのであった(47)。

一方、政友会に残った代議士鵜沢聡明（山武・長生郡）は「何の脱党ぞ〔政友本党へ走ったことを示す〕……こう反問したいね、あんな行動はいやしくも真の政治を論じようといふ人々には考へも及ばぬ事なんだ、何故かってよく考へて見るがよい、今の世に民衆に根拠をおかぬ特権内閣を是認し援護することが出来るものぢゃない」(48)と述べて、憲政擁護運動と護憲三派内閣への動向を冷静に見極めていたのである。

こうした中で、千葉県の政友会県議三二名は分裂し、政友派一六名、政友本党一六名に二分されることになったのである。「県会議員当選者中新政党に属する議員は非常に多く旧幹部派と目さるゝ県議は前記鵜沢・鈴木両代議士が応援した数名に外ならない、この五六名の県議が今更反対党の憲政派と握手する訳にも行くまい、たとひ提携したところで矢張り少数であるから何事も出来ぬ」[49]と劣勢を伝えられた政友派県議は一六名が残って政友派房総連盟をつくった。この政友派房総連盟は大正一三年二月に至り、憲政派七名と共同歩調をとることになって県会において二三名の絶対多数を占めることになった。彼らは県会選挙後の二月臨時県会に白バラを胸にかざしてのり込み、議長をとり、参事会でも多数を占めたのである。このように、はじめほとんど政友本党へ走ると思われていた政友会県議が一六名も政友会に残留したのは第二次護憲運動を報道していた中央や地方の新聞の力であった[50]。そして、この分裂の特徴は政友本党系県議が東葛飾郡・海上郡・匝瑳郡の県の北部に偏在し、房総連盟および憲政派が県南の地域をその基盤としていたように、地域的分布が明確に別れていることであった[51]。いわば、中央における政策路線の対立が千葉県に持ちこまれた時、地域的な対立に矮少化されてしまったとも言えるのである。それゆえ、地方における政友会の分裂は中央において政友会総裁派の横田千之助が考えたような政党支配体制の再編からはほど遠く、地盤・人脈を中心とした従来からの政治構造により多く規定されていたのである。第二次護憲運動が地方の政治構造を変化させるものでなかったことをうかがわせる。

地方における政友会と政友本党への分裂は地域的対立をはらんでいるがゆえに、地方における積極政策による利益散布の調整機能を奪うこととなってしまうであろう。たとえば、銚子を中心とする海上・匝瑳両郡の県議四人の動向を新聞は次のごとく報じている。「（前略）房総連盟側から猛烈な撃退にあひ尾花打ちからして政友本党に舞込んだ県議小野田周斎、石上新藤、林友蔵、大枝十兵衛四代の卑劣な行動が一たび郷党の海匝政友会会員の耳に入るや極端な激昂を買ひかかる信頼するに足らぬ人物を幹部にいたゞくは心外なりと九日朝来いたる所に会員中の硬派は寄り集まって善後策を講じこの分で推移せば折角銚子築港その他地方開発のため団結せる意義ある海匝政友会は遺憾ながら分裂を見るより外にみちなく（中略）〔小野田周斎は〕初め恩をきせたる態度で政友派に臨んだが本党に走った浜口氏との関係を見抜いてゐる政友派では柳に風と受け流し、しかも安房の政友派県議から『銚子築港も何もあったものか一蹴りに蹴り飛ばし工費は他の沿岸各漁港の修築費に廻してしまふ』と大きく出られたのでさすがの小野田氏も真蒼になったが結局政友本党側に入ったので他の石上、林、大枝の三県議も牛にひかれた格好で本党へ赴いた」と。(52)県南の政友派の漁港修築要求が分裂の中で表面化しそうであった。このように、政友会県議団の政友派と政友本党派への分裂は政策理念の対立による分裂でない以上、今までの地方利益散布への地域的不満を呼び起こし積極政策による地方開発のルールを破壊しかねないものとなっていた。

一九二四（大正一三）年一一月の通常千葉県議会に対して、政友派一六名と憲政派七名は統一会派「八日会」をつくり、政友本党派一七名は「十日会」を結成してのぞむことになったのである。いわば、中央における護憲三派内閣と同じように、千葉県会は政友派と憲政派が政友本党と対決することになったのである。

大正一四年度千葉県予算案に関する最も重要な問題点は、護憲三派内閣の緊縮財政下において、銚子築港費の支出に関する問題と穀物検査料の廃止問題であった。(53)

銚子築港費について、政友本党系の十日会の代表演説をしたとみられる県議斉藤三郎は「縦令財政緊縮ノ時代デアッテモ我ガ千葉県ハ断乎トシテ、サウシテ此額割其ノモノダケノ金額ノ予算ヲ計上スル必要ガアルト吾々ハ考フルモノデアリマス（拍手起ル）而シテ我ガ千葉県ハ此満場一致ニ依リマシテ協賛セラレタル銚子漁港ニ対シテ如何ニ熱誠ナル、而シテ其決議ヲ如何ニ忠実ニ是ヲ遵守スルモノデアルカト云フコトヲ茲ニ最モ明確ニ表示スルニ、最モ幸ヒナル時期ト考ヘルノデアリマス」(54)と述べ、今まで通りの地方利益追求方針を表明した。一方、八日会の代表演説と思われる政友系県議土屋晴は「県治ノ根本的方針ガ重大ナル誤謬ニ陥ッテ居リハシナイカ、ソレハ本県固有ノ事業ヲ多ク等閑ニ付シマシテ、其経営ノ性質ガ国家事業デアルモノヲ或ハ本県ガ是ヲ営ムヨウナ事実ガ多ク見ヘルノデゴザイマス、吾々ハ千葉県民最大多数ノ幸福若クハ特殊利益ノ伸張依ッテ、県ノ発達ヲ助ケ、而カモソレガ恒久的利益ヲ及ボスヤウナ事業ソレ等ヲ先ヅ以テ県政ノ方針ト致サナケレバナラヌノデアリマス」(55)と述べて、十日会＝政友本党系に反駁を加えたのである。換言すれば、十日会は県会一致で議決した以上それを実行すべきだというのに対して、八日会の政友・憲政両派はそのような大事業は国家で経営すべきものであるという論理であった。国費で行うべき積極政策を緊縮財政期であるがゆえに半額とはいえ県費負担になったことへの不満が現れたのである。二三名の絶対多数をとる八日会は銚子築港費としてとりあえず七万五〇〇〇円だけを計上した県当局の姿勢を批判し、それを否決することで国費支弁に組み変えさせようとしたのであった。一時否決に傾いた八日会内において、憲政派は築港延期を憲政会千葉支部大会で決定していたため否決を強行しようとしたのに対し、心の中では積極政策に期待していた政友派の県議は一人二人と賛成に転じていったのである。

それゆえに、この銚子築港費問題によって分裂することを恐れた八日会は政友派と憲政派が協議し、次のような条件を付して原案に賛成するという決定がなされた。その条件とは「(一) 利根川治水杞憂を一掃するための設計をなすこと、(二) 県下各地に於ける失敗に終った築港の根本的調査を行ふこと、(三) 当初予算を絶対に超過せざること、(四) 県費廿二万円を支出しながら収入僅かに八万円の水産業に対する課率を改正すること」[56]の四つであった。この四条件は (三) のように緊縮財政への支持を基調としつつも、(四) で言われているように県税負担の増大の中で県費負担の再検討を求めながら、(二) においては折原知事以来の漁港修築策の見直しを迫ったものになっている。換言すれば、県による地方開発の再検討を迫ったものであり、「水産業への課率の改正」を入れて農村部へ一定の配慮を示しつつ、小漁港が必要な県南の政友派の要求が入ったものとなっていた。このように銚子築港費をめぐる八日会と十日会の対立は、緊縮財政期における県治の根本的な方針対立をふくみながらも、従来の積極主義的地方開発の調整にしかすぎないものに終わってしまったのである。それゆえに、この銚子築港費問題は会期最終日に至って八日会の議歩により満場一致で議決されたのであった[57]。

なぜ八日会が銚子築港費を否決しなかったのかと言えば、八日会が打ち出そうとした県治の新方向も緊縮財政期の影響を正面から受けており、その実現はかなり難しかったからである。八日会政友派の土屋晴は「農村疲弊ノ今日ニ当ツテ其生産費ノ節減ヲ図ル根本条件デアル所ノ耕地整理ノ問題ニ至ツテモ、此補助金ヲ増額シ（中略）又産業組合殊ニ信用組合ナルモノモ今ヤ是等金融制度ハ中央集注（ママ）ノソレニ偏シテ居リマスル故ニ、地方ノ金融ナルモノハ為ニ疲弊セムトシテ居ルノデアリマス、此時ニ当ツテ如上ノ白主的機関タル信用組合普及発達ヲ図リ、或ハ生産物ノ貯蔵保管並ニ是ヲ取次キ販売ヲ為ス所ノ農業倉庫ノ発達、即チ生産者ノ農業的利潤ヲ増加シテ、並ニ生産者ノ需給不円滑ニ依ル所ノ価格ノ急騰急落ヲ予防スル所ノ此常平倉ノ作用ヲ為ス所ノ農業倉庫ノ普及発達ヲ図リ、農村振興ノ根本策[58]」を樹立するように県会で県当局に迫ったのであった。すなわち、土屋は「耕地整理費ノ増額、或ハ産業組合ニ対スル補助金増額、或ハ道路橋梁改善費、或ハ又師範教育改善其他中等教育改善ニ対スル予算ヲ増額イタシテ、其反面ニ於テ此国営的性質ヲ有スル所ノ事業ヲ繰延べ、地方開発上必要ナル費用ニ対シテモ予算編成ニ当ツテ適当ニ按排[59]」することを求めていたのである。八日会は大正一二年度予算に姿を見せた「農村振興策」をより具体的にそして積極的に推進しようとしたのである。八日会は従来の地方開発のみによる積極政策から、「農村振興ノ根本策ニ付テノ積極的施設」を要求することに重点を移し、それによって八日会を構成する政友派と憲政派との政策的相異を克服していこうとしたのであった。

しかし、緊縮財政を基調とする護憲三派内閣下にあって、八日会の主張する県治策を採用する地方財政上の余裕は全くなかったのである。一九二四（大正一三）年六月に千葉県知事となった元田敏夫は次のように述べて、その不可能を言明したのである。

「実ハ予算編成ニ付テ当局ト致シマシテハ少カラズ痛心イタシタノデアリマス、御承知ノ通リ現政府ノ方針ト致シマシテハ、此歳出ニ付テハ非常ニ地方費ニ制限ヲ加ヘテ居ルノデアリマス、歳入ニ付テハ絶対ニ増率ヲ許サヌ、又新税ヲ起スコトハ許サヌ、而シテ又農村ノ振興ヲ図リ、予算ノ増加ハ許サレナイ方針ヲ以テ緊縮シタル予算ヲ作レト云フ要求デアリマス、斯ノ如キ前提ノ下ニ県ガ他年諸般ノ問題ニ拡張発展シツ、アリマシタ重要ナル仕事ヲ適当ニ遂行スルト云フコトハ、甚ダ困難ナル立場ニアルノデアリマス、此築港問題〔銚子築港のこと〕ノ如キ、既ニ県会ニ於テ満場一致御決議ニナリマシタ既定ノ問題デアルト思フノデアリマスガ、此予算実行ニ付テハ政府ニ於テ歳計ト云フモノ、締括リヲ付ケテ、而シテ是ヲ実行スルト云フ立場ニアツタ為メニ、私トシテハ少カラズ困難ノ立場ニ立ツタノデアリマス」[60]。

このような状況の中で、八日会が自己の存在を証明するために県会に提案したのが、道路改修費一〇万円増額と穀物検査料全廃であった。一〇万円の道路改修費増額によって積極政策重視の姿勢をとりつつ、穀物検査料全廃に減税的な意味をもたせ[61]、緊縮財政期における人気取り政策としたのである。一〇万円の道路改修費増額は政友派の要求であり、穀物検査料全廃は憲政派の要求であると思われる[62]。また、穀物検査料全廃は「穀検手数料は地主の負担である[63]」とされていたように、千葉県の地主層の支持をとりつけることもできるものであった。それゆえに、この二つの提案は八日会苦肉の政策であり、政友派と憲政派の妥協の産物でもあったと言えよう。県会における絶対多数を背景とした八日会は一〇万円の道路改修費増額の修正動議を可決し、元田知事に穀物検査料全廃を迫ったのである。それゆえ、元田知事としても「近キ将来ニ於テ全廃ヲ励行イタシタイト思ヒマス、其時機ニ於テハ私ハ茲ニ唯今ノ御希望ニ基キマシテ、明々年度、即チ大正十五年ヨリ実行スル[64]」と言わざるを得なくなったのである。

県会終了後、この二つの問題について、新聞は八日会にとっての意義と問題点を次のように指摘している。「〔八日会は〕県当局との交渉折衝において十分に凱歌を奏してゐる訳である。手数料撤廃の可否は兎に角、その声は確かに県民の人気に投じてゐる問題である。県一部の声である築港案を餌にして県民全体の声（？）であるところの手数料撤廃を釣ったのである。当局に対しては確かに十分の勝ちを制したといふ事が出来る。憲政会普選の人気によって内閣を乗り取ったと同様である八日会員殊に憲政会の人々が選挙民に齎す唯一の御土産は『県当局をして十五年度において手数料を撤廃すると言明させた』事である。県当局としては道路費の十万円増額を補ふための自然増収について苦心する外にこの言明に対し自縄自縛の苦みを味はねばならぬ(65)」と。しかし、道路改修費増額分一〇万円の支弁については確たる財源があるはずはなく国税付加税や県税における自然増収に頼らざるを得ない状況であり、それを支える歳入面は全く不安定だった。また、穀物検査料は一七万五〇〇〇円であり、千葉県にとっては少なからぬ収入だったのである。それゆえに全廃に伴う歳入補填は大きな問題になるだろうと想像されていたのである(66)。それゆえ、翌一九二五（大正一四）年の県会で、元田知事は「穀物検査手数料ニ付キマシテハ、昨年県会ニ於キマシテ、大正十五年ニ於ケル政府ノ緊縮方針等緩和ヲ予想シテ、廃止ノ意向ヲ表示シタノデアリマスガ、前述ノ如ク、緊縮方針尚ホ持続ノ現況ト、県経済各般ノ事情トニ鑑ミテ、此ノ際強イテ之ヲ県税支弁ニ移スト云フ事ニ付テハ、諸般ノ既定計画ニ対シテ、重大ナル影響ヲ及ボスノ虞ガアリマスノデ、極メテ不適当ナルヲ認メマシテ、遺憾ナガラ将来ニ延期スルノ余儀ナキニ至ツタ(67)」と述べて、前年の全廃の約束を取り消すことになる。このようにこの二つの問題は八日会にとって大きな成果のように思われたが、その反面、八日会の政策基調の弱さをも示していたと言うことができるだろう。

八日会の主張した「農村振興に関する積極的施設」が財政的に不可能であり、道路改修費増額や穀物検査料全廃がどうなるかわからない状況において、政友派にとっては八日会に踏みとどまり、憲政派との連合を続けていく意味はなくなるであろう。県会閉会の翌日、一九二四（大正一三）年一二月一〇日、早くも八日会政友派の三県議が八日会から脱会し、十日会の政友本党派と合流したのである。その中の一人が「真に政治を思ひ県民の福利増進を計らんとすれば同志のみで団体を作らうでないかといふことが今回十日会〔八日会脱会者三名を加えた十日会のこと〕の生まれたゆゑんである(68)」と述べたように、もう一度、政友派と政友本党派が合同し、積極政策＝地方開発を推進させようとした動きが表面化したものであった。分裂前の政友派を糾合しなければ、緊縮財政期において積極政策を遂行し得ないとの認識があったのである。その後、翌一九二五（大正一四）年一月一二日にまた三名が十日会に合流し、十日会は絶対多数となった。大正一四年一一月二二日の通常県会開会日に、八日会内の政友派はすべて十日会との提携にふみ切り、政友・政友本党・中立の三派は合同協議会として新政倶楽部を名のり、合計して三三名の絶対多数となった。[69] 一方、八日会は憲政派の七名のみとなってしまったのである。

以上のように、中央における護憲三派成立の影響をうけて成立した千葉県における政友派と憲政派の提携は、完全に崩壊したのである。その提携崩壊は、八日会の新政策が緊縮財政期における地方財政の硬直化によって不可能なことからきていると言ってよいだろう。それゆえに、八日会内政友派の危機感を招き、政友派は政友本党派との提携を通して積極政策による地方利益の導入を再びめざすとともに、後には農村振興策をも要求していくこととなる。それは緊縮財政期であるがゆえに、より切実な要求となっていったのであった。一方、憲政派は緊縮財政期であるがゆえに、普選以後の新しい政策や論点を形成させることができなかったのである。

このような千葉県政界の動きに裏付けられて、大正一五年度予算案作成に対する動向は積極政策の全面的展開を期待するものとなっていった。一九二五（大正一四）年一〇月、県内務部長の査定が終わった段階で要求総額は八〇〇万円にのぼり、一五年度予算案は一四年度当初予算額六七〇万円より二二〇万円も超過するものになっており、新聞は「緊縮方針何のその」[70] と伝えている。そして、知事査定が終わって発表された一五年度予算案は七〇三万円にのぼり、一四年度のそれより三二万円の増加となっていたのである。[71]

大正一四年一一月からの通常県会では、このような予算増額にもかかわらず、さらにその上に予算の上乗せを望む声が強かったのは、加藤友三郎内閣からの緊縮財政によって事業が停滞していたことからの不満の反映でもあつた。たとえば表3-5のように、折原知事の時に計画された総額一〇三二万円の県道路改修計画は遅々として進んでいなかったのである。また、大正一三年度決算について「繰越金が実に一三〇万円・土木事業などが遅々として進捗しないのを如実に物語る」[72] と新聞報道されていた。県会においても「加藤内閣ノ如キ、消極主義ヲ奉ズル内閣ガ、今時永久ニ続イタナラバ、来年モ、来々年モ、又其ノ次ノ年モ、此ノ千葉県ノ既定計画ナルモノハ変更サレナケレバナラヌ（中略）、千葉県ノ道路政策ハ根底カラ破壊セラル、」(73)（政友本党系の斉藤三郎）とする声が圧倒的なものとなった。

それゆえに、政友・政友本党・中立の三派で構成する新政倶楽部は、前年に知事の言質をとりつけた穀物検査料全廃の要求を土木費が不足であるという理由で棚上げにし、警察費を削減してまでも土木費を増額しようとさえしたのである。それが不可能とわかると政府が認可しないであろうとされた県債起債による支弁を要求したのである。(74)

これに対し県当局は、中央政府の緊縮方針をくり返し述べて県独自の政策展開が不可能になっていることを言明した。元田知事は県債について「昨年協調内閣カラ現政府ニナリマシテハ厳重ニ消極主義ヲ執ツテ居」り、「普通費用ニ対シテハ起債ヲ許サヌ方針ヲ執ツテ居」(75)ると答弁するとともに、予算編成方針についても「先年来緊縮方針ト云フ事ヲ各地方ニ要求シテ参ツテ居ル（中略）政府ノ趣旨ナルガ故ニ、万事自治体ノ計画ガ盲目的ニ編成セラレルモノト御考ニナラレル事ハ、甚ダ私ノ苦痛トスル所」(76)で

表3－5　千葉県道路改修費継続年期割の執行状況及改定（大正10年度～大正20年度）

（単位：万円）

	当初計画（大正10）	大震災後（大正12）	護憲三派内閣（大正15）	加藤高明内閣（大正16）
大正10	75.2	○ 60.2	○ 60.2	○ 60.2
11	85.1	○ 90.1	○ 90.1	○ 90.1
12	90.5	45.6	○ 45.5	○ 45.5
13	94.2	50.2	○ 45.2	○ 45.5
14	93.8	93.8	○ 50.0	○ 50.0
15	98.8	98.8	50.0	○ 50.0
16	98.8	98.8	50.0	50.0
17	99.4	122.5	75.0	55.0
18	99.2	123.2	104.0	65.0
19	98.6	123.4	104.0	75.0
20	98.2	125.2	104.0	75.0
21	—	—	104.0	85.0
22	—	—	96.0	85.0
23	—	—	—	100.0
24	—	—	—	101.0
総額	1,032.0	1,032.0	1,032.0	1,032.0

出典：『千葉県議会議事録』各年度。
注：○印は既出執行額である。

あるとして、県の独自性を強調しつつ政府への不満をかくさなかったのである。

このような状況の中では、憲政会単独の加藤高明内閣は千葉県でははなはだ不人気であった[77]。単独の加藤内閣成立直後の一九二五（大正一四）年八月、内務大臣若槻礼次郎が地方自治視察のため千葉県へ来た時、憲政会千葉県支部ではその歓迎会を企画し、七〇〇通の案内状を発送した。しかし、出席した者は一〇〇名にすぎなかったのである。また、若槻がその歓迎会の席上で「我が国の大勢は貿易の逆調、円価の低落等、漸やく亡国的ノ途をたどらうとしてゐる、この危機に処するには宜しく上下冗費を節しさかんに消費節約を行ふべきでこゝにお集りの諸君は千葉県を代表する官民の有力者であるから率先実行して貰ひたい」と述べた時、座は白けわたったと言う[78]。

緊縮財政期における千葉県予算の増加は、県財政の矛盾を大きくするだろう。一九二六（大正一五）年三月に制定公布された地方税制改正は、義務教育国庫負担金の増額（四〇〇〇万円から七〇〇〇万円へ三〇〇〇万円の増額）と道府県税における家屋税の新設、および戸数割の市町村への移譲を主な改正点としていた[99]が、千葉県では県予算増加傾向の中で県税負担の矛盾を大きくするだろうと予測されていた。千葉県では「改正の結果大きな変化をもたらすのは税収入の大宗であった戸数割の廃止であるが、これがため百十六万円が空に飛んでしまひその補填財源として新たに家屋税が設定されたが、その税額は内務省の方針では戸数割の六割と限定され、その不足分として所得税付加税が従来の課率百分の三・六を制限率の拡張を行ひ百分の二十四に増率引上げたが一方課税標準の八百円を千二百円に引上げたので本県の如き小所得者の多数を占めてゐるため減少甚だしく所得税収入は三十四万五千円の見込で本年度より十二万円の減少であるこれ等の穴埋めとしては営業税雑種税により求めなければならぬがこれ等は多く細民課税であるのでこれに増徴を求めることは今回の改正が反社会的な貧民課税を廃しまた負担を軽減するといふ根本方針に矛盾する」[80]ことになるだろうとされていたのである。

憲政会単独の加藤高明内閣が行った地方税制改正は、第一次世界大戦後から指摘されていた県財政の不足分を県税雑種税の増徴に求めるという構造を変えるものではなかった。また、この地方税改正が地方に与えた混乱も少なくなかった。戸数割の廃止による新たな県税雑種税増徴は、それへの反対運動を惹起していたからである。たとえば、漁業税の改正には漁業組合の反対運動が起こり、新設の農業用動力税に対する反対も農会を中心に起こったのである。大正一五年の県会はこうした地方税制改正をめぐる問題点が噴出したものとなった。そして、農業用動力税に関しては、憲政派も政友会や政友本党と一緒にその修正を県会に求めたのである(82)。

おわりに

本章では千葉県を素材として大正後半期の積極政策をめぐる地方政治を検討してきた。以下、小括すれば次のようになる。

千葉県において、県費による積極政策は県財政の大膨張にもかかわらず進展しなかった。それゆえに、道路改修事業や国の補助が期待できない小漁港修築には町村からの寄付金が集められ、県費不足を町村に押し付けることで県独自の積極政策が推進された。県税負担の増加、町村費の増額の中で町村寄付金も募られるという状況では、政友会系の県議たちも県税を増徴してまで県費による事業の拡大を望まなかった。こうした中で、中央において積極政策が行われた寺内、原、高橋の三内閣にわたった折原知事の時代にも、千葉県による積極政策は四つの小漁港修築と栗山川改修、そして一〇年継続の道路改修計画（総額一〇三二万円）が行われたにすぎなかった。それゆえ、県議たちの動向は県税増徴には反対の立場をとりつつも、積極政策を期待するというように矛盾したものだったのである。

このように期待された本格的な積極政策が銚子築港計画であった。しかし、それは緊縮財政期に入った大正一二年度からの計画であったため、千葉県財政を圧迫するであろうと懸念されたのである。また、この時期は帝国議会で農村振興策が問題とされたように、千葉県でも農村振興策を県会に提案していた。こうして、地方財政の緊縮が始まった大正一二年度において、千葉県は銚子築港という大事業に着手し、新たに提起された農村振興費をその予算の中に入れなければならなくなったのであった。しかし、関東大震災は県財政の膨張を全く許さない状態に追い込み、ここに地方財政における徹底的な緊縮が始まったのである。

中央での護憲三派成立に歩調を合わせて、千葉県でも政友会が分裂して、政友派と政友本党派に分かれ、政友派は憲政派と提携して県会内の統一会派をつくった。しかし、緊縮財政は両派の提携を不可能にしていく。両派はその提携を続行すべく、新たな県治策を模索したが、護憲三派内閣の緊縮堅持の指導による財政難の中で本格的な提携にまで発展させることができなかったのである。そればかりではなく、緊縮財政期であるがゆえに一層積極政策への要求は強くなりつつあったが、旧政友会の政友派と政友本党への分裂は、積極政策による地方利益分配の旧来からのルールを破壊しかねないものになっていたのである。それゆえ、緊縮財政によって連携を続ける政策基盤が形成できない時、政友派と憲政派の提携は破れ、地方において護憲三派の結合を存続させる条件は消滅したのである。

政友派と政友本党派との合流によって千葉県は積極政策を望む声が圧倒的となる一方、憲政会の緊縮財政は不人気であった。そして、憲政会単独内閣の加藤高明内閣が行った地方税改正は、県財政の矛盾を大きくする可能性もあり、県税負担についての不満もあぶり出した。

大正後半期、地方において、政友会は新しい政策体系を打ち出し、旧来の支配体制を再構築したとは言えないのである。一方、憲政会も普選以後の新たな政権構想の構築を地方政治の中ではできなかった。こうして、大正期の政治的遺産を持ちこしながら、昭和の地方政治が展開されるのである。

注

(1)　松尾尊兊氏の一連の研究は、普選運動や社会運動が政治をどのように規定していたかを明らかにしている。松尾尊兊「第一次大戦後の普選運動」（井上清編『大正期の政治と社会』岩波書店、一九七六年）、同「政党政治の発展」（『岩波講座日本歴史・現代2』旧版、岩波書店、一九六五年）、同「加藤友三郎内閣期の選挙法改正」（『史林』六五巻六号）。

(2)　伊藤之雄氏の諸研究を参照願いたい。伊藤之雄「原内閣と山県系官僚」（『史林』六六巻四号）、同「高橋内閣改造問題の考察」（『ヒストリア』九八号）、同「護憲三派内閣への政治過程」（『日本史研究』二五九号）。

(3)　産業組合中央金庫法をめぐる諸勢力の動向を分析したのが、大門正克「第一次大戦後の農村振興問題と諸勢力」（『一橋論叢』八九巻五号）。地租委譲論と連関させつつ政友会と憲政会の農村問題への取り組みを分析したのが、宮崎隆次「大正デモクラシー期の農村と政党（三・完）」（『国家学会雑誌』九三巻一一・一二号）。

(4)　有泉貞夫「日露戦後・大正期への展望」（『明治政治史の基礎過程』吉川弘文館、一九八〇年）を参照。

(5)　日露戦後の地方財政については藤田武夫『日本地方財政発展史』（河出書房、一九四九年）一二八～二一四頁を参照。

(6)　『千葉県議会史　第三巻』（千葉県議会、一九七七年）一一一九頁。

(7)　『大正五年通常千葉県会議事録』第五号、一二一頁。

(8)　同前、第二二号、一三三頁。

(9)　注の（6）に同じ。ただし、一一一七頁。

(10)　同前、一一二九頁。

(11)　『大正六年通常千葉県会議事録』第六号、二三八頁。

(12)　県議越川惣右衛門（憲政会）は「段々県ノ仕事ノヤリ方ヲ見マスルト当然県ニ於テ為スベキ仕事デアルニ拘ラズ多クノ寄付政策ヲ執ラレルヤウニナツテ居リマス、昨年此オ仙転ガシ（お仙転がし）ノ改修トイヒ、今亦栗山川ノ改修トイヒ（中略）県ニ於テ被害反別ニ応ジテ幾ラヅ、寄附ヲナサイ、寄附ヲスレバ此工事ヲヤルト云フヤウニ、詰リ寄付ヲ強要シ（中略）自分ノ仕事デナイ県ノ仕事ニ向ッテ左ウイウコトヲ決議シテ町村費トシテ寄附スルコトハ、怎ウモ吾々ハ不審ニ堪エマセヌ」と述べている（『大正六年通常千葉県議会議事録』第五号、一〇四頁）。

(13)　『東京日々新聞』大正六年一一月一八日。

(14)　同前、大正六年一二月一三日。

(15)『大正九年通常千葉県会議事録』第一三号、二〇九頁。
(16)『東京日々新聞』大正九年一一月二一日。
(17)『大正九年通常千葉県会議事録』第一九号、五一三頁。
(18)同前、第一九号、四六七頁。この修正動議は政友会県議の重鎮辰野安五郎が提案した。
(19)同前、第一九号、四七六頁。この修正動議提案も辰野安五郎である。
(20)大正一〇年六月の地方長官会議における高橋是清蔵相の演説。『政友』二五四号、大正一〇年六月一五日、四頁。
(21)『大正九年通常千葉県会議事録』第一四号、二三六頁。
(22)『大正一年通常千葉県会議事録』第七号、一五二頁。
(23)実際勧業に向かって大きな補助が行われていたわけではない、主な勧業補助は験潮儀、緬羊の飼育、馬匹改良、煮乾鰮乾燥委托試験、海苔乾燥機補助、遠洋漁業、酒造米耕作補助等で五〇〇円から二万円で少額だった。
(24)注の(6)に同じ。ただし、一一七六頁。
(25)宮崎隆次「大正デモクラシー期の農村と政党(三・完)」(『国家学会雑誌』五五巻一一号)。
(26)このような斉藤知事の方針に対して、県会の憲政会は失望をかくさなかった。「遺憾ナ事ハ、県民ノ期待ハ悉ク裏切ラレマシタ、是ガ果シテ今日政府ノ声明スル処ノ財政緊縮ノ趣旨ニ適フヤ否ヤト云フ事ハ、今以テ私ノ考ヘ及バヌ所デアリマス」(『大正一一年通常千葉県会議事録』第四号、七一頁)とある憲政会県議は述べている。
(27)注の(6)に同じ。ただし、一一七七頁。
(28)同前。
(29)千葉県の場合、自作農奨励資金三〇万円は自小作の土地所有八反歩以下の者に土地購入費の三分の二までを直接個人に貸し付けるか、または信用組合を通して貸し付けた。一人一〇〇〇円を限度とした(『大正十一年通常千葉県会議事録』第一三号、三三三頁)。
(30)注の(6)に同じ。ただし、一一七七頁。
(31)築港案可決の県議会を新聞は次のように報じている。「万場一致拍手裡に、築港案遂に通過。溢れるやうな満員の傍聴席から感激に満ちた万歳の声」(『東京日々新聞』大正一一年一一月一九日)。

(32)『大正一一年通常千葉県会議事録』第四号、五五頁。
(33) 同前、第五号、一一七頁。
(34) 政友会県議も「益々県税ヲ殖スト云フ事ハ、吾々ハ実ニ忍ビナイノデアリマス、此レガ次第ニ嵩ジテ、左ウシテ地主モ倒レ、小作モ相当負担ヲ受ケテ来テ負痛ニ堪エラレナイ、依テ小作争議ヲ起ス」(政友会・中村定五郎)と認識していた(『大正十年通常千葉県会議事録』第五号、七五頁)。
(35) 注の(6)に同じ。ただし、一一七六頁。
(36)『大正一一年通常千葉県会議事録』第五号一一二頁。
(37) 同前、第二二号、三四四頁。
(38) 同前、第一三号、二五二頁。
(39) 注の(6)に同じ。ただし、一一八七頁。
(40) たとえば、戸数割を減額し、予算上では一戸当り平均四円八〇銭とした。これは大正一二年度の一戸当り六円二二銭よりも大幅な減額となっており、大正一〇年の四円九〇銭とほぼ同水準である。
(41) 第二次山本権兵衛内閣の地方財政方針について、理事官郡仁司は「此大震災ニ遇ヒマシテ政府ノ方針トシテ地方財政ニ一大緊縮ヲ加ヘラレル其方針トシテ予算ノ編成ハ十二年度当初ノ議決予算ヲ基礎トシテソレニ対シテ節約ヲ加ヘル、ソレカラ税ノ増徴及ビ新鋭ノ設定ハ絶対ニナラヌ、斯ウ云フヤウナ政府ノ方針ヲ示サレタノデアリマス」と述べている(『大正十二年通常千葉県会議事録』第一四号、三〇二頁)。
(42)『大正一一年通常千葉県会議事録』第一三号、三四一頁。
(43)『大正一二年通常千葉県会議事録』第一〇号、二三五頁。
(44) 小選挙区制が作用したとはいえ、このような政友会の圧倒的勝利は、千葉県において、地方名望家の支配秩序が揺らいでいるとはいえ、まだ否定されるまでに至っていないことを示している。次のエピソードがそれを示していると思われる。『東京日々新聞』は海上郡第二区の様子を次のように伝えている。「海上郡第二区政友派では既記の如く五日〔大正一三年一月〕午後一時から本銚子町公会堂において県議候補者詮衡会を開き満場一致同地石上新藤氏を推すべく郷長次郎氏その他海匝政友派第二支会の幹部連が内定したる所同氏の態度に平素あきたらず思ってゐた本銚子町会議員兼在郷軍人分会長として勢力家たる谷田徳次郎氏が奮然同席上において石上氏の非行をなじり田杭寅蔵氏は立って谷田氏を立候補者に推薦する旨を述べたので（中略）詮衡会は四時半中止散会のやむなきに立至り昨七日午後二時から再び同所に支会の幹部六十余名参集善後策につき協議会を開いた、谷田氏は六日来、早くも本銚子並びに前県議越川惣右衛門氏の郷里豊岡村の戦友が一致団結し更に第二区内の有志千四百名が蹶起し実業団の後援を得て草鞋、巻脚絆で大活躍を開始したので未だ何等名刺すら印刷せずひとり舞台と思ってゐた石上氏擁立派では寝耳に水のおどろき振り（後略）」（『東京日々新聞』大正一三年一月八日）だったが、結局「町の平和を名として」、谷田徳次郎の立候補宣言を撤回させた（『東京日々新聞』大正一三年一月九日）と伝えている。

一方、憲政会の県議・広瀬渉は青年団などの新しい支持基盤の上で当選し、千葉県における大正デモクラシー状況の噴出が現れている。新聞は広瀬渉の当選を次のように伝えた。「東葛飾郡第一区松戸町では広瀬渉氏当選ときまるや二十一日午後二時ごろから同窓会員青年団員が三々五々町内にお札まわりに出るやら小旗をかざして団体をくみ万歳を唱えながらねりまはるなどお祭りさわぎを演じた（中略）午後三時となると町村青年団が多数押しかけ小松号の工場から庭園はすし詰め万歳と共に広瀬氏を胴上げして『青年奮起せば斯くの如し』とさけぶなど大騒ぎ氏今回の勝利は確かに青年の力であった」（『東京日々新聞』大正一三年一月二三日）。

(45)『東京日々新聞』大正一三年一月二九日。
(46) 伊藤之雄「護憲三派内閣への政治過程」（『日本史研究』二五九号）。
(47)『東京日々新聞』大正一三年一月二〇日。
(48) 同前、大正一三年一月二四日。
(49) 同前、大正一三年一月二二日。
(50) 赤川泰司「房総における大正期護憲運動について（『房総の郷土史』第四号）。
(51) 同前。
(52)『東京日々新聞』大正一三年二月一〇日。
(53) 市場での競争力をつけるため、千葉県産米は県営米穀検査が実施されていた。大正元年の県会で可決され、手数料とって行われていたのである。

(54)『大正一三年通常千葉県会議事録』第二号、四三頁。
(55)同前、第二号、五四頁。
(56)『東京日々新聞』大正一三年一二月一〇日。
(57)同前。
(58)『大正一三年通常千葉県会議事録』第二号、一五五頁。
(59)同前、第二号、五六頁。
(60)同前、第二号、四八～四九頁。
(61)穀物検査料の廃止は一応全県的な要求を基礎にもっていた。新聞は次のように伝えている。「本年初めごろからまづ香取郡農会によって烽火があがりその後、海上、山武、長生等から猛然と起った穀物検査料全廃の農民運動は県会の開会を期としてます〳〵その勢ひを大にして遂に元田知事をして十五年度より実施を声明せしめて農民運動として意外な収穫を納めた」(『東京日々新聞』大正一三年一二月一二日)。
(62)県議会において、一〇万円の道路改修費増額は政友派の能勢鉄三郎が修正動議を提出し、穀物検査料全廃は憲政派の広瀬渉が提案したことから推測できるように思われる。
(63)『東京日々新聞』大正一四年一一月一五日。
(64)『大正一三年通常千葉県会議事録』第一五号、五一五頁。
(65)『東京日々新聞』大正一三年一二月二日。
(66)穀物検査料全廃による歳入補塡について新聞は「最も杞憂されるのは財源の捻出難で勿論一般税収入に求めるより外ないが勢ひ商工、漁業者の権衡上地租割付加税を増徴するより途はない」と報道した(『東京日々新聞』大正一三年一二月一二日)。
(67)注の(6)に同じ。ただし、一二〇九頁。
(68)『東京日々新聞』大正一三年一二月一二日。
(69)注の(50)に同じ。
(70)『東京日々新聞』大正一四年一〇月一一日。

(71) 同前、大正一四年一一月四日。
(72) 同前、大正一四年一一月五日。
(73) 『大正十四年通常千葉県会議事録』第二号、二七頁。
(74) 同前、第二号、五八頁。
(75) 同前、第一四号、四四五頁。
(76) 同前、第二号、三三頁。
(77) この時期、青森県でも積極政策を展開して県民の支持を得ていたという(『青森県議会史　自大正二年至大正十五年』青森県議会、一九六五年、一〇六三～一〇六五頁)。なお、この積極政策を行った遠藤柳作は千葉県内務部長から青森県知事となった。
(78) 若槻内務大臣の歓迎会を報じた新聞は次のような見出しをつけた。「子の心親知らず、無情か冷酷か若槻さん、折角の歓迎会席上で消費節約を力説した」(『東京日々新聞』大正一四年八月一六日)。
(79) 注の(5)に同じ。ただし、三七〇～三七五頁。
(80) 『東京日々新聞』大正一五年五月三〇日。
(81) 同前、大正一五年一一月三〇日。
(82) 同前、大正一五年一二月三日。

第四章　昭和恐慌期の地域開発——千葉県の「ニュー・ディール政策」——

はじめに——問題の所在——

本章の主題とするものは、一九三〇（昭和五）年から一九三五（昭和一〇）年に至る千葉県政の動向である。この時代は経済的に言えば、金解禁の実施とその挫折、昭和恐慌の深刻化、高橋財政の展開と、日本の経済構造を大きく変化させる経済状況や経済政策が相次ぐ時代であり、政治的には、満州事変の勃発と満州国の成立、そして二・二六事件へつながる急進的な国家改造運動によってファシズムへ急速に傾斜していく時代であった。本章は、「激動の昭和」を象徴するこの時代の地方政治と地域開発を千葉県を例として描き出そうとしたものである。

戦後の千葉県が戦前における農業と漁業の県というイメージから大きく脱皮したことは周知の事実である。川崎製鉄の進出に始まる東京湾臨海部の工業地帯の造成は千葉県をまたたく間に変貌させた。戦後の開発に遅れた北総地帯も、新東京国際空港の誘致により新たな開発政策が策定された。しかし、これらの戦後の千葉県の開発行政が戦前における歴史的前提を持っていたのかどうかという視点に立って千葉県政治史を語っているものはまだない。

一方、日清・日露戦後経営期から政党の勢力伸張の手段となった地方利益の導入、すなわち、積極政策が千葉県においてどのような帰結をむかえたのかということも未だ不明確である。(1) 本章は満州事変前後の千葉県政治史をデッサンすることで、明治・大正期の千葉県の地方政治の課題と戦後における開発行政がどのように連続し、また、連続しなかったのかを描き出したいと考えている。また、私は本章で分析するこの時期の千葉県政を、政府の時局匡救事業の遂行、軍国主義化の進展、そして、一九三二（昭和七）年の大東京市の成立と首都圏の拡大との連関をとくに意識して描き出すつもりでいる。

第一節　金解禁政策下の千葉県政

一九三〇（昭和五）年一月の金解禁実施から早くも一年が過ぎようとする一九三〇年一一月、昭和六年度の千葉県予算を審議すべき昭和五年通常千葉県会が知事石田馨によって召集された。

一九二九（昭和四）年一一月の浜口内閣による金輸出解禁令公布前後から始まっていた金解禁準備不況とも言うべき経済状況は、金解禁実施によって一層悪化の一途をたどっていた。(2) 浜口内閣の蔵相井上準之助がとっていた物価引下げと産業合理化によって輸出を伸張しようとする旧平価（一〇〇円＝四九・八五ドル）での解禁は、日本経済を不況に巻き込むものとなった。この年の一〇月の二ューヨーク株式市場の大暴落は次々に資本主義諸国に波及し、空前の世界大恐慌となった。このために、アメリカ向けの生糸、中国・インド向けの綿製品などの輸出は激減して物価の下落はとどまるところを知らなかった。企業は操短や倒産に追い込まれ、賃金切下げや解雇が行われた。農村では、米・繭をはじめとする農産物価格が暴落し、農業恐慌となって農民への影響はさらに深刻なものとなっていた。

一九三〇（昭和五）年一一月の通常千葉県会冒頭の昭和六年度予算説明において、知事石田馨は「多年ノ懸案デアリマシタ金解禁ガ断行」されたが、「世界的不況ノ影響ハ愈々深刻ノ度ヲ加へ」ているとの認識を示し、「昭和六年度予算ノ編成ニ当リマシテハ、時運ノ趨勢ト県民負担ノ状況トヲ考慮イタシマシテ依然トシテ従来ノ緊縮方針ヲ続ケルノ必要」を説いたのであった。[3] 昭和六年度予算案は、歳出において経常部五〇一万円、臨時部二五五万、合計七五六万円であり、前年の昭和五年度当初予算よりも三万五〇〇〇円の減額となるという緊縮予算であった。しかし、その内容を見ると、新規事業による増加が四五万円もあり、その増額分を「整理節約」の二九万円と「事業繰延」の一〇万五〇〇〇円でまかなうという矛盾した財政運営をしていたのであった。[4] 大規模な事業をのぞめない緊縮財政方針のもとにおける新規事業とは主に教育と勧業費に関わる費目が主であった。教育費においては、県立中学校・高等女学校・実業学校における学級増[5]（六学級）や優秀な生徒に対する学資補給金の創設であった。これらの学級増は、日清戦後における千葉県の中学校増設や日露戦後の石原知事の中学校統廃合政策に反対する千葉県民の動向にまでさかのぼる、いわゆる積極政策の一つとしての伝統的な教育拡充政策であった。勧業費の分野では、第一に千葉県特産の菜種・蔬菜・落花生などの農産物や水産物の品種・苗種の改良、第二に農漁業経営改善に関する施設、すなわち、農業においては庭園木・街路樹など首都東京をめざした植物栽培への誘導、第三には生産物自給調査や販路拡張があげられていた。土木費においても、地方開発と恐慌下における失業対策の一石二鳥をねらった道路改修費（一五万円）がやっと計上された。また、昭和六年度予算の新傾向としては、一九三〇年九月一日に千葉市に対して都市計画法が施行されたことに伴う事業費が計上されたことも特記されよう。いわば、緊縮財政下においても、新時代に対応すべき事業費の計上は必要欠くべからざるものとなっていたのであった。

このような石田知事の昭和六年度予算編成に対し、政友会の県議石橋信は「緊縮方針ノ破綻ト云フモノガ明ラカニ与ヘラレタ予算ノ上ニ於テ現ハレテ居ルト云フコトヲ見出スノデアリマス（拍手起ル）」[6]との批判を投げかけた。千葉県会の中には、「昭和四年度ニ於テ県会ノ多数ニ依ツテ議決セラレタ所ノ国府県道改修及指定県道改修十箇年事業ト云フモノガ昨年ノ緊縮方針ノ為ニ打切リノ已ムナキニサレタ」[7]ことへの不満がうずまいていたのである。この道路改修拡張計画は、原敬内閣下の折原巳一郎知事の時に計画され、その一〇年継続事業が財源不足で破綻したあと、道路改修の再編拡充をめざした計画であっただけに県会の中に不満は鬱積していたのである。また、同じく政友系の木島義男の指摘によれば、昭和六年度予算では、県債を三五万円起債したにもかかわらず、土木費等には二六万円しか使われていないということであった[(8)]。いわば、起債が県の歳入そのものの補填にされる、いわゆる「赤字県債」になっていることへの非難もあった。県会の中に「不景気対策トシテノ産業合理化ト云フヤウナモノガ著シク農村ヲ疲弊ト困憊トニ陥シテ居ル[(9)]」浜口内閣の経済政策そのものに対する不評がうずまいていたのである。

こうした昭和恐慌の中で一年がすぎ、翌年度の七年度千葉県予算を審議すべき昭和六年通常千葉県会は、一九三一（昭和六）年一一月一八日に召集された。しかし、ほぼ時を同じくして、中央政界では、浜口内閣の後継である第二次若槻内閣が満州事変への対応をめぐって閣内不統一をさらけ出し、一二月一一日に総辞職したのである。一二月一三日に成立した犬養毅内閣は蔵相に高橋是清をむかえ、その日の初閣議で金輸出再禁止の決定を行い金本位制から離脱したのであった。これ以降、中央の経済・財政状況は劇的に変化することとなったのである。

しかし、一九三一（昭和六）年一一月一八日召集の千葉県会に提出された予算案は、当然のことながら民政党内閣の方針に準拠した前年度の緊縮方針をそのまま踏襲した予算案であった。一九三一年の途中で新知事となった岡田周造の予算案は、前年度当初予算よりもさらに二二万円減額された徹底した緊縮予算であった。経常部四七四万円、臨時部二六〇万円、合計七三四万円の予算額にすぎなかった。緊縮の中心となったのは教育費における学級の減少である。農学校の一学級増加はあるものの、中学校で三学級、高等女学校で四学級の減少を見たのである[(10)]。また、大正一二年度から昭和一三年度にわたる継続事業である栗山川・南白亀川・養老川・根木名川等一〇河川の農業水利改良費の昭和七年度年期支出額は、既定計画の三〇万円から一七万八〇〇〇円へと大幅な減額修正が行われていた[(11)]。これは大正一二年度の事業開始以来最低の支出額であった。こうした中で、新規事業とよべるものは、安房郡天津町の天津漁港の修築と鴨川港の修築であろう。しかし、天津漁港は昭和六年度からさかのぼって三カ年間総額一万二四九九円を補助する計画であったが、昭和七年度の県費補助額はわずかに三七九三円にすぎなかった。その上、昭和六年度の補助費は、七年度予算を審議しているこの一九三一（昭和六）年一一月からの通常県会の会期中に追加予算として提出されるものであった。鴨川港の修築も、昭和六年度より三カ年継続事業として国庫補助金・地元寄付金を加えて総工費三〇万円、昭和七年度の支出額一二万円の計画とはなっているが、これも昭和六年度支出分はこの県会会期中の別途追加予算にまつという、(12)いねば泥縄式の新規事業であった。

県が提出した昭和七年度予算案に対して、政友会の論客石橋信は、農村の経済力を回復させる政策として「曰ク乾繭倉庫ノ設置、曰ク農業倉庫ノ増設ノ奨励、曰ク倉荷証券ニ依ル金融ノ途ヲ拓クコト、曰ク信用組合ヲ利用シテ信用貸ヲ円滑ニスルコト、曰ク共同購買ヲナシテ肥料其他農漁山村ニ必要ナル所ノ物資ヲ供給スルコト、曰ク共同販売ヲ行ツテ中間搾取ヲ妨グルコト」を主張するとともに、県債の起債を財源として「或ハ道路改修賛成ハ港湾築造ノ費用」をまかない、「積極的ニ事業費ノ支出ヲ要求」したのであった。(13)石橋信の主張は、まだ日清・日露戦後経営期以来の地方政治における積極主義イメージから脱皮できていないとは言うものの、農産物の流通・農業金融の改善を訴えたものとして昭和という時代の要求に応じたものとも言える。また、昭和六年度の追加予算として計上され県会の不満を少しでもやわらげようとした天津港、鴨川港の修築も房総環状線の完成に関連するものであり、(14)希薄とはいえ、首都圏への鮮魚輸送をにらんだ千葉県の新たな漁業政策とみることができる。

しかし、この一九三一（昭和六）年一一月からはじまった通常千葉県会ではまだ、「浜口内閣成立以来〔緊縮財政によって味わった〕此塗炭ノ苦シミ」から脱出し、「犬養内閣ヲ謳歌」(15)するような積極的な財政政策の影もなかった。蔵相高橋是清によってとられた財政政策の変更とその波及により、千葉県の政策が劇的に変化するのは、次の千葉県知事岡田文秀の着任を待たなくてはならなかったのである。

第二節　一九三二年九月の「救農臨時千葉県会」

一九三二（昭和七）年五月一五日、犬養毅首相は首相官邸で海軍青年将校の凶弾に倒れた。五・一五事件である。しかし、後継の斎藤実内閣の蔵相には高橋是清が留任し、これ以降、高橋財政とよばれる積極的な財政運営が本格的に実行される。その間にも、昭和恐慌は深刻さを増し、農村の疲弊はその極に達していたのである。

ここにおいて、斎藤内閣は、一九三二年八月、時局匡救のために第六三特別議会を召集した。いわゆる「救農議会」である。この特別議会において、総額一億四六六〇万円にのぼる膨大な時局匡救政策のための昭和七年度追加予算が提出され、可決された。この時局匡救事業費は昭和七年度から九年度までの三カ年継続事業とし、第二年度の昭和八年度において最も大規模な財政支出が行われるはずであった。当初年度となる昭和七年度の支出の中核は、内務省関係の五八八〇万円と農林省関係の四二七〇万円である。内務省所管の事業は農村振興道路助成をはじめとして、治水・港湾・道路・中小河川の直轄改良工事や補助工事であり、農林省所管のものは開墾・用排水幹線改良・小漁港設備などである。(16)翌一九三三年五月に発せられた政府の通牒によれば、国直轄土木事業、国庫補助関係土木事業、農山漁村振興拓殖事業には特典がつけられ、工事費の国庫補助、地方借入金の利子補給、低利資金が幅広く行われることとなっていた。土木工事に対する国庫の補助は、事業主体や事業の種類によって異なるが、だいたい工事費の三分の一ないし四分の三の補助が与えられた。府県による土木事業に対しては、国道改良費が事業費の二分の一、府県道改良費が事業費の三分の一、中小河川改良費が事業費の二分の一、地方港湾改良事業費が埋立費・陸上設備費をのぞき二分の一の国庫補助が行われることとなっていた。(17)この通牒は一九三三年五月のものであるが、後述するように、千葉県関係の時局匡救事業から推測するとこうした国庫補助は昭和七年度からほぼ同率で行われていたようである。

このような状況の中で、一九三二（昭和七）年六月二八日、内務省土木局河川課長を八年間務めた岡田文秀が三九歳の若く新しい千葉県知事として着任したのである。一九三二年九月一二日に召集された臨時千葉県会は「救農議会」といわれた第六三特別議会の千葉県版であり、「救農臨時千葉県会」と言うべきものとなった。この臨時県会に提案された昭和七年度の追加予算額は三一五万円にのぼった。これは昭和七年度当初予算七三四万円の半額に迫る膨大な追加予算であった。岡田新知事は追加予算の説明において、「〔中央の〕臨時議会ノ協賛ヲ経タ」後に行われる臨時千葉県会では「政府ノ方針ニ順応イタシマシテ、県下ノ実情ニ即シタル時局匡救ノ計画ヲ樹立イタシマシテ、以テ政府ノ施設ト相俟ツテ救済並ニ更生ノ実ヲ挙ゲタイ」(18)と述べ、県の追加予算編成が政府の方針と合致するものであることを強調したのである。

一九三二年九月の臨時県会の追加予算案の特徴を表4－1から見てみたい。千葉県においても、その中心は内務省所管の土木工事補助と農林省所管の用排水耕地整理事業であることは言うまでもない。とくに、内務省所管の一〇八万五〇〇〇円の町村土木事業費補助金や、農林省所管の五九万円の小開墾・小用排水改良費はまさに国の政策に直結する時局匡救事業である。そうした中で、国家政策としての時局匡救事業に千葉県の独自性を加味し、それまでの千葉県政の課題を解決しようとしたのが、内務省所管関係では県道の道路改修費や鴨川・天津・木更津の三港の築港事業であり、農林省所管関係では排水幹線改良事業費として計上された根木名川・鹿島川の二河川改修事業である。

追加予算額六五万円として計上された県道の道路改修費は、総工費五〇〇万円、昭和七年度から昭和一二年度にわたる五ヵ年継続事業の初年度支出額である。この額は、七年度当初予算の道路橋梁改修費が三五万円であったことから考えればいかに巨額なものであるかがわかろう。事業内容も、新規に五二路線を県道に編入し、既定路線一八路線を路線変更して県道に編入することで七〇路線の県道編入を行い、その上に県道を全面舗装して産業開発道路にするという計画であった(19)。それゆえに、この道路改修計画は、原内閣下の折原県政で策定された道路改修一〇年計画が年

表４－１　昭和７年９月の臨時千葉県会における追加更正予算案

（単位：万円）

支出内容	本年度支出額	備　考
1．社会事業関係費	3.5160	
施薬救療費	2.8000	
応急施設費	0.5000	
委託診療所費	0.2160	
2．経済更生費	2.1082	
経済更生委員会費	0.4970	
経済更生実地指導費	0.8702	
町村経済更生委員会設立補助費	0.7410	
3．内務省関係土木費	192.0385	
町村土木事業費補助金	108.5000	総額144万6,666円の４分の３の国庫補助。県を通して支出。
道路改修費（県道）	65.0000	昭和７～11年度にわたる継続事業。総工費500万円。改修費の３分の１まで国庫補助。
鴨川築港	4.0000	昭和７～12年度にわたる継続事業。総工費36万円。国庫補助５割、県負担１割５分、地元負担３割５分。
天津築港	3.7500	昭和７・８年度にわたる継続事業。総工費15万円。国庫補助５割、県負担１割５分、地元負担３割５分。
木更津築港	8.0000	昭和７～９年度にわたる継続事業。総工費28万円。国庫補助５割、県負担２割５分、地元負担２割５分。
市町村土木補助費	2.7885	
4．農林省関係用排水耕地整理費	79.6278	
小開墾・小用排水改良費	59.0480	総額107万3,600円に対し５割の国庫補助、県補助５分。県としての総工費（国庫補助金・県費負担の合計）は70万150円で昭和７・８年度の２年継続事業。
臨時耕地拡張改良事業職員費	3.2098	１万4,058円の国庫補助。
排水幹線改良事業費	17.3700	２河川改修総工費30万1,000円。昭和７～９年度３年間継続事業。国庫補助５割、県費負担２割５分。
根木名川改修費	9.0000	
鹿島川改修費	8.3700	
5．勧業費	21.7210	
農業倉庫11棟分	5.6329	４万2,153円の国庫補助。
副業品生産指導員費	0.0657	
自作農維持職員費	0.1104	
桑園改植費	8.2800	５万2,300円の国庫補助。
林道開設費	6.1749	
共同作業場設置費	0.4031	
牧野改良費	0.0840	
幼駒育成費	0.3700	
自給肥料改良費	0.6000	
6．１～５の合計	299.0115	
7．その他	16.2233	知事の説明のない部分。
8．総計	315.2349	

出典：『昭和７年９月臨時千葉県会議事速記録』による岡田知事の説明より。

度割の縮小・事業繰延で消滅し、昭和四年度から始まった道路改修一〇カ年計画が緊縮財政のもとでわずか一年で打ち切られたという千葉県の道路行政を一挙に再編成するものであった。岡田新知事も「本年度ニ於テハ六十五万円ヲ支出シマシテ今日ノ非常時局ニ応ズルト共ニ、県ノ道路政策ヲ或ル程度ニ確立シ漸ヲ追ウテ其ノ完璧ヲ期シタイ」(20)と述べ、その歴史的意義を強調したのである。この総工費五〇〇万円にのぼる道路改修事業について、ある県議は「何時ノ間ニカ此道路十年計画ト云フモノガ雲散霧消シテ居ルヤウナ歴史ヲ持ッテ居ル」事業であったことを心配しつつ、「今回ノガ、尚ホ之ヲ力付ケ我々ガ安心スル為メニ、必ズ五箇年計画ヲ遂行スルト云フコトノ御声明ヲ願イタイ」(21)と述べて、大きな期待を表明したのであった。

次に鴨川漁港、天津漁港、木更津港の修築についてみてみよう。鴨川漁港は、千葉県南部地方の漁業根拠地でありながらそれまで加茂川河口を利用するにとどまっていた小漁港を本格的な漁港として改修するものであり、天津漁港も、遠洋近海漁業の根拠地として期待されながら今までは自然地形を利用したにすぎない漁港を本格改修しようとするものであった。鴨川漁港は前年度の昭和六年度から三カ年継続事業・総工費三〇万円という本格的な計画とされていたが、天津漁港にいたっては昭和六年度における県費補助額がわずか三七九三円にすぎない計画のものであった。表4-1でみるように、追加予算からの新計画では、鴨川築港は前計画に六万円の上積みであったが、天津築港は六年度からの三カ年継続事業で県費補助額一万二四九九円であった計画が、七・八年度の二カ年継続事業と工期が短縮され、総工費も一五万円、初年度支出額三万七五〇〇円と計画の拡大が著しかった。鴨川漁港と天津漁港の修築は、前年の県会に提出された泥縄式の新規事業を時局匡救事業による国庫補助金の導入によって全面的に再編強化しようとしたものと言えよう。そして、鴨川漁港・天津漁港はこの修築によってその重要性を増していったのである。(22)

木更津築港はこれら二港の漁港修築とは異なる性格を持つ計画であった。岡田知事は木更津築港のねらいを次のように述べている。「木更津港ハ横浜、横須賀、東京ト相対シ房総線ノ重要地点ヲ占メ且ツ木原線ノ起点デアリマシテ、同地方物資集散ノ要衝ニ当リ、商工産業上重要ナル位置ニアリマシテ、将来益々発展ノ要素ヲ具備シテ居リマスガ、港内ハ遠浅デ運輸交通上ノ不便ガ少クナイノデアリマス、之レガ改修ハ多年ノ懸案デアッタノデアリマス」[23]と。いわば、木更津築港は首都圏との結びつきを重視した千葉県で初めての近代的な「商港」修築計画であったと言えよう。[24]

一九三二（昭和七）年九月の追加予算において、根木名川と鹿島川の改修も新たな展望を与えられた。七年度当初予算において減額修正された根木名川等の一〇河川農業水利改修事業を、岡田知事は五〇〇町歩以上の排水幹線農業水利改良事業とし、根木名川と鹿島川の二河川を独立させて農林省所管の国庫補助金を導入して大規模化させたのであった。[25]とくに根木名川の改修とその付帯事業[26]は、戦後になってから新東京国際空港建設に関連した空港とその周辺地域の排水問題とからむ農業水利改善事業の中核の一つに位置づけられるものとなろう。[27]

最後に表4－1の勧業費にふれておこう。農業倉庫一一棟の建築も、それまでの農業倉庫建築を一挙に増加するものであった。大正末年から毎年二、三棟ずつ建築されていたことから考えれば、棟数を一挙に増加するものであり、農産品流通改善をめざす岡田知事の意気込みが感じられる。

こうして、「救農県会」ともいうべき一九三二（昭和七）年九月の臨時千葉県会は、今までの緊縮財政下でたまっていた積極政策への不満を解消したばかりではなく、千葉県の地域開発に新たな方向性を示すものとなったのである。岡田知事が言うように、まさに「最大限に政府の時局匡救政策を利用して、政党政派にかかわりなく、県民多年の要望にこたえ」[28]ようとしたものであった。岡田知事は、臨時県会に提案した新規事業が当面の時局匡救事業なのか、本格的な地域開発策なのかという県議の質問に「〔これらの事業は〕根本的ノ問題トシテ最モ広ク考ヘルナラバ産業一般ノ振興ヲ図ルト云フコトデアラウト思フノデアリマス、併シ今日ノ時局匡救ノ対策ハ総テ非常ニ広イ意味ノ産業振興策ヲ全般的ニ起スト云フコト、ハ多少趣味ヲ異ニシ、又是ガ範囲ヲ精々異ニシテ居ルト考ヘルノデアリマス〔中略〕焦眉ノ急ヲ救フト云フコトニ第一ノ主眼点ヲ置キ、同時ニ根本的ノ問題トシテ組織其他ノ点ニ於テ考慮スベキモノヲ考慮スルト云フコトニ主眼ヲ置[29]」いたものだと答えている。また、岡田知事は「今回行ヒマスル土木事業ガ救済本位カ仕事本位デアルカト云フヤウナ御質問モアリマシタガ、是ハ救済本位デアルト云フコトヲ明瞭ニ申上ゲテ置キマス、今回ノ土木事業ハ所謂時局匡救ノ土木事業デアリマシテ、土木事業ノ為ノ土木事業デハナイノデアリマス、併シナガラ事業ヲ苟モ土木事業ニ執リマシタ以上ハ、救済ノ目的ニ十分副フト共ニ其ノ仕事ノ点ニ於テハ出来ルダケノ能率ヲ挙ゲルコトニ意ヲ致[30]」したとも述べている。換言すれば、これらの諸事業は、岡田知事にとっては、自分の考えているような本格的な地域開発策としてはまだまだ不十分なものであり、時局匡救事業の域を脱しきれていない不満足なものであったと言えよう。岡田知事としても、新たなより体系的・本格的な政策体系をめざすことを期していたのであった。県議の中にも「此議案ノ大要ヲ通覧スルニ、私ハ忌憚ナク申シマスレバ甚ダ不徹底、吾々ノ懐イテ居ル所ノ腹案ヨリハ三分ノ一、四分ノ一ニモ達セナイ所ノ是ハ議案デアリマス[31]」と述べて一層の地域開発政策を望む声も多かったのである。

しかし、この昭和七年度の追加予算にかかわる新規事業の財政的裏付けについては不安がないわけではなかった。まずその第一点は三年間の期間限定支出事業である時局匡救政策に則った県の政策であったため、国庫補助金に全面的に依存していたことである。前述のように千葉県知事になる前の岡田文秀は内務省土木局河川課長であり、その立場から時局匡救政策の原案の立案に関わっていた。それが千葉県に大幅な国庫補助を引き出す要因の一つであった。いわば、国庫補助の多寡は岡田知事の個人的力量に関わっていたのである[32]。表4-2を見れば、追加予算額三一五万円のうち二一四万円、すなわち三分の二以上が国庫補助金によるものであった。県道の道路補助費は一五万円の国庫補助金しかなかったが、鴨川・天津・木更津の三港修築費の半額は国庫補助金であった。根木名川・鹿島川の昭和七年度分の改修費は表4-2の追加予算の歳入における国庫補助金には見当らないが、岡田知事の説明の「此種ノ事業ニ対シテ幸ヒ工事費ノ五割ヲ国庫補助ニ仰グコトガ出来ルコトトナリマシタノデ、此ノ好機ヲ捉ヘ[33]」という表現から

表４－２　昭和７年９月の追加更正予算における国庫補助

（単位：万円）

Ａ．国庫交付金	1.8000
内務省交付金	1.8000
Ｂ．国庫補助金	214.4287
1. 経済更生諸費補助金	0.5193
2. 農村振興町村土木補助費補助金	108.5000
3. 府県道改良費補助金	15.0000
4. 鴨川漁港修築補助金	2.0000
5. 天津漁港修築補助金	1.8750
6. 木更津港修築補助金	4.0000
7. 耕地拡張改良補助費補助金	53.6800
8. 耕地拡張職員費補助金	1.4058
9. 用水改良費補助金	2.3200
10. 農村振興町村土木工事指導監督費	2.4000
11. 勧業費補助金	22.7286

出典：『昭和７年９月臨時千葉県会議事速記録』第４号、164頁。

考えれば、追加予算提案の時には予算書にのせることはできないけれども、国庫補助金はほぼ確定していたのであろう。

昭和七年度追加予算の歳入における第二の不安は、県債の累積による県財政の弱体である。新規事業費は主に国庫補助金、七二万円の県債起債、町村から出させる使途指定寄付金で支弁されることとなっていた。恐慌の中での増税が不可能である以上、累積県債一二〇〇万円という現状の中でも「起債計画ニ拠ルヨリ致シ方ガナイ」(34)のであった。

岡田知事は「県債ガ（中略）十分効果ノアル仕事ヲシテ呉レタト云フ将来県民ガ寧ロ恩ヲ感ズルト云フ県債デナケレバナラヌ」(35)と述べ、いわゆる「建設県債」だから許されるという論理で県債発行を行ったのであった。県債の一層の累積に不安を抱いた県議の質問に、岡田知事は「今日ハ石橋ヲ叩イテ渡ルノデハナク、石橋ヲ叩イテ多少其所ニ無理ガアツテモ此時期ハ渡リ切ラナケレバナラナイノデ、サウ云フ覚悟ヲ以テ予算ヲ編成シナケレバナラヌ」(36)時期だとの覚悟を示し、県会にも決心をうながしたのであった。こうして国庫補助金と県債に支えられた千葉県の時局匡救事業に県独自の地域開発策を注入した巨額な昭和七年度追加予算が成立したのであった。

第三節　岡田県政の展開

前の臨時県会で可決された木更津築港の起工式は一九三二（昭和七）年一〇月三一日、鴨川港修築の起工式は一一月一七日に行われ、地元は熱気に沸きたっていた[37]。千葉県でも恐慌の中に政策的な明るさが少し見えてきた一九三二年一一月二四日、時局匡救政策下の第二年度にあたる昭和八年度予算を審議すべき通常千葉県会が召集されたのである。八年度の予算規模は、経常部五三六万円、臨時節四八七万円、合計一〇二三万円となり[38]、昭和七年度当初予算の一・五倍、換言すれば、ほぼ昭和七年度当初予算と九月の臨時県会可決の追加予算を合計したものに匹敵する予算額であった。知事岡田文秀は、この通常県会を臨時県会で可決された諸事業を軌道に乗せる一方、新たな構想に基づく地域開発策を展開するための県会として位置づけたのである。昭和八年度予算案における新規事業費は三七六万円とはなっていたが、前の臨時県会で可決された時局匡救関係事業を昭和八年度に引き継ぐため[39]、それに属する三〇九万円を差し引けば、昭和八年度予算における純粋の新規事業費は六七万円しかなかったという弱体な財政構造が内在したことも事実である[40]。

昭和八年度予算の歳出における新規事業の中で特筆されるべきものは、佐原地先利根川架橋（水郷大橋）、浦安と東京を結ぶ江戸川架橋、千葉県庁の増改築、江戸川沿岸地方施設調査費の四つの事業計画である[41]。千葉県庁の増改築を除く三事業計画について検討して行こう。

第一の佐原地先利根川架橋は昭和八・九年度の二カ年継続事業であり、総工費四五万円は対岸の茨城県と折半することになっていた[42]。第二の浦安と東京を結ぶ江戸川架橋は、現在の浦安市と東京都江戸川区葛西を結ぶ地下鉄東西線に平行する架橋である[43]。これも昭和八・九年度の二カ年継続事業、総工費一八万円の計画である。前者の利根川架橋は香取・鹿島神宮参拝と水郷観光とを結びつける役割を期待され、後者の江戸川架橋は千葉県の浦安地域と大東京市を直結する初めての架橋として期待された。しかし、新規事業費を十分に計上できない予算案の中で両架橋費はともに当初年度予算額が、利根川架橋費五万円、江戸川架橋費一万四〇〇〇円と極端に少額しか計上されていなかった[44]。

二カ年継続事業とすると昭和九年度は五六万六〇〇〇円という支出を行う必要があり、そうなると昭和八年度の純粋な新規事業費六七万円に迫るという不安の残る支出計画であった。

江戸川沿岸地方施設調査費は、昭和八・九年度で八五〇〇円、八年度予算額が四二五〇円という少額ではあるが、八・九年度の二年間にわたって委員会を設置し[45]、将来の千葉県を見据える構想を策定しようという野心的な費目である。施設調査に含まれる項目は「第一ニ県営上水道計画、第二、総合都市計画、即チ道路、鉄道、住宅地域、工業地域、商業地域、遊園施設、公園、海水浴等ノ設備計画、第三、江戸川低水計画、第四、緑地帯ノ保存開発計画、第五、江戸川河港計画、第六、内湾埋立計画及其ノ必要ナル事項[46]」の六点にわたる広範囲なものであった。岡田知事はこの調査について「東京市ノ急激ナル膨張発展ニ伴ヒマシテ本県江戸川沿岸地方一帯ハ将来益々都市的発展ヲ為スベキハ眼前ノ事実デアリマス、仍テ同地方将来ノ発展ヲ誘致シ且ツ之ニ備ヘムガ為メ施設経営ヲ為スノ必要ヲ認メマシテ之ガ準備トシテ調査研究ヲ為サム[47]」としたものであると述べ、大東京市の成立に伴う首都圏の膨張に対する施策を千葉県としてさぐり、新構想を作り上げなければならぬと説いたのであった[48]。岡田知事はまた「江戸川沿岸地方ト云フモノハ（中略）千葉県ニ於ケル将来ノ発展ヲ期スルト云フコトハ是非トモ計画シナケレバナラヌト痛切ニ感ジテ居ルノデアリマス、其第一着手トシテアノ調査費ヲ計上」したと述べた後、「調査ト云ヘバ甚ダ不急ノヤウニ考ヘラレルノデアリマスケレドモ、私ハサウデハナイ、東京市ノ都市的発展ハ本県ノ市川方面一帯ニ迫リツ、アルノデアリマス、詰リアノ方面ハ東京市ノ郊外地デアル、偶々県ヲ異ニシテ居ルガ（中略）経済上及社会上ニ於テ、生産ニ於テ寧ロアノ一帯ト云フモノハ東京ノ郊外デアツテ、現ニ東京ノ市民デアノ辺カラ東京ニ通フテ居ル者ガ極メテ多ク、又東京ノ市民ヲシテアノ辺ニ来遊スルモノガ又尠クナイト云フ現実ノ事実カラ見ルナラバ、アノ一帯ガ今後都市的ニ発展シテ来ルト云フコトハ是ハ火ヲ賭《ママ》ルヨリ明ラカナル現実ノ事実デアル[49]」とも述べ、首都圏の膨張に対する千葉県の早期の対応策樹立を力説したのであった。岡田知事のこうした首都圏化構想の中核に位置づけられたのが、江戸川沿岸地方の県営上水道計画である。岡田知事は「上水道ヲ始メトシテ茲ニ都市的発展ノ基礎ヲ築クコトガ緊要デアル[50]」とし、都市化への基盤整備はまず上水道の整備と普及から始まるとしたのである。

このような岡田県政の諸事業と将来構想に関して、千葉県会の県議たちが全面的に賛意を表していたわけではなかった。岡田県政に対する疑問の一つは、江戸川沿岸地方調査費が当初年度でたかだか四二五〇円とはいえ、あまりに首都東京を意識しすぎることへの疑問であり、他の一つは県財政への不安に対する疑問であった。ある県議は「江戸川一帯ニ掛ケテ帝都ニ隣接シテ居ルガ為ニ文化的施設ヲスルト云フコトデアリマス、文化的施設因《ママ》リ結構デアリマス、併シナガラソレ所ノ騒ギデハナイ、農民ハ今ヤ豚小屋ノヤウナ家ニアツテ気息奄々タル実情[51]」だと岡田県政を批判した。岡田知事の首都圏化構想は、県内でも東京から遠い地域を地盤とする県議たちとの考えとはかなり乖離していたのである。県財政への不安は、前の臨時県会における七二万円の起債に引き続き、この通常県会でも一一二万円の起債を行ったことに対する疑問となって表面化した。岡田知事は「今日増税ニ求メルト云フコトハ不適当ト云フ考ヘノ下ニ止ムヲ得ズ是ヲ起債ニ求メ[52]」たと答弁し、「将来ニ生産力ヲ増大スルガ如キモノ[53]」は起債でよいとの姿勢をくずさなかった。

県財政への不安を少しでも解消するため、通常千葉県会開会前に、岡田知事は新規事業の提案に先立ち、県財政の整理緊縮を行い、その財源を新規事業に振り向けようとしていたのである。それが、中学校・高等女学校・実業学校の整理統廃合計画であった。この整理案は県会に先立って新聞に報じられ、千葉県全体にわたる反対運動を惹起したのであった[54]。それゆえに、この整理統合案[55]は、師範学校における一学級減、学資給与の減額、中学校・女学校における五学級減、生産物の売払代金収入を見込める農学校に関する特別会計の設置という岡田知事にとっては不満足な内容となってしまったのである。換言すれば、岡田知事は弱体な県財政の中で新規事業に力を注ぐため、日清・日露戦後経営以来の地方利益誘導策であり積極政策の中心の一つであった中等学校の拡大政策を一時切り捨て、新しい地域開発策に少ない財源を振り向けようとしたのであった。

こうした不安な県財政のもとで、まだ調査費段階ながら県会で問題にされたのが、実施に移されると巨額なものとなる江戸川沿岸地方の市町村を対象とした県営上水道であった。実際上、県営上水道建設には完成までの概算額が三五〇万円ほどかかるという県当局の説明を受けて、県会では「県営水道ガ県ノ財政上収支決算ノ上ニ於テ断ジテ不安ノナイモノデアルカドウカ」[56]という質問や、「此種ノ事業〔県営水道のこと〕ノ計画ハ固ヨリ営利ヲ主ナル目的トシテ将来県ノ財源ニスルト云フ方針ニ立ツベキデアル」[57]という議論が数多く出されたのであった。県会の中では、弱体な県財政のもとで、将来計画の中に上水道事業を位置づける議論よりも、その収支にのみ関心が向いてしまったのである。換言すれば、江戸川沿岸地方という東京湾内湾地帯の首都圏化構想の全体像の中に上水道事業を位置づけるのではなく、水道事業の収支決算が県財政を圧迫するかどうかが一番気がかりになっていたのである。

県議の中には、岡田知事の地域開発政策が県財政の負担力を越えてしまったのではないかという恐れを述べるものもあった。中には明治末期の有吉県政を引き合いに出して「本県ニハ二十有余年前ニ時ノ有吉知事ガ洋行帰リノ処女地方長官トシマシテ無闇矢鱈ニ新規事業ヲ起シマシタ、就中軽便鉄道ノ如キ野田線ヲ除ク他ハ総テ見込違ヒヲ致シマシテ、県民ニ莫大ノ損害ヲ蒙ラシメタ例ガアル」[58]と述べて批判する県議もいたのである。こうした県財政への不安を増大させる要因の一つに「時局」があった。満州事変の勃発から一年以上過ぎている政治情勢の中で、地域開発政策が本当に出来るのかという疑問である。県議新藤退蔵は新規事業の財源を県債にすべきか増税にすべきかという議論の中で次のように述べた。「果シテ此経済上ノ難局ガ何時終熄スルノデアルカ、是ハ見当ガ到底付カヌノデアリマス、新国家満州国ニ対シ茲ニ於キマシテ私ハ此非常時ガ永続性ヲ持ツテオル、斯ウ云フコトヲ申上ゲタイノデアリマス、又此国際連盟問題ノ方モ決シマスル所ノ外交、又支那ニ対スル所ノ外交、ソレヲ根幹、基調ト致シマスル所ノ外交、又此国際連盟問題ノ方モ決シテ楽観ガ出来ナイト思ハレルノデアリマス（中略）此経済上ノ回復ヲ速ヤカニ望ムト云フコトハ出来ナイ、要スルニ総テノ方面ニ付キマシテ所謂国難ガ永続性ヲ持ツテ居ル、ノミナラズマダヨリ以上ノ国難ガ或ハ襲ツテ来ルノデハナイカ、斯ウ云フ考カラ致シマシテ、此県会ニ付キマシテハ直グニモ多少ノ増税ヲ致シマシテモ是非其ノ御計画ヲナスツタ方ガ宜シイヂヤナイカ」と。(59)

県財政への不安を抱えながらも、知事岡田文秀は一九三二（昭和七）年の臨時県会と通常県会の二つの県会で千葉県の将来像に関わる政策を提起したのであった。

第四節　岡田県政の終末

通常千葉県会が終わって間もない翌一九三三（昭和八）年二月二一日から二四日にかけて、岡田知事は急遽臨時県会を召集した。その主な目的は前年の一一月一四日から一五日にかけて千葉県を襲った台風の被害復旧費の追加更正予算案を審議するものであったが、岡田知事はそれに加えて新たな事業費六八万円を提出したのでる。それは佐原地先利根川架橋費、千葉市内を流れる都川の改修、館山港修築、白浜漁港修築であった。

佐原地先の利根川架橋費は先の通常県会でとりあえず五万円の支出を計上しただけの財源未確定ともいうべき支出項目であった。その後、岡田知事は総工費四五万円の内、国庫補助金一五万円を国から仰ぐことに成功したのである。そして、残額三〇万円について、計画に消極的だった茨城県一〇万円、千葉県二〇万円の分担金とし、千葉県管理のもとに着工することを決定したのである。それゆえに、国庫補助金・茨城県分担金を含めた四五万円を、千葉県予算として昭和八年度二七万円・九年度一八万円の架橋費を支出することとなった。そのため、先の通常県会可決の五万円に新たに二二万円を追加支出することになったが、(60)実際上の八年度の分担支出額は、千葉県一二万円、茨城県六万円、国庫補助金九万円である。

千葉市内を流れる都川の改修は明治以来の課題であったが、岡田知事は長い内務省河川課長時代の経験を活かし、上流の都村と下流の千葉市の二市村にまたがる中小河川として県費河川に認定し、総工費三八万円の五割の国庫補助金を受けた時局匡救関係事業として一挙に解決をはかったのであった。[61]それればかりでなく寒川港の改修・埋立ても合わせて行う計画としたのである。館山港修築は木更津港に次ぐ二番目の「商港」修築をめざすものであり、白浜漁港は大正年間における小漁港改修を大規模に修築し直すものであった。[62]これら築港費については五割の国庫補助があったことは言うまでもない。

こうして、一九三三年二月の臨時県会を岡田知事は前の通常県会における不確定な新規事業を財源的に確定するばかりではなく、新たな事業の提起も行い、前年の通常県会における政策を補強・補完する県会としたのであった。しかし、それは、災害復旧費と合わせて新たな七八万円の県債を上積みする結果となったことも忘れてはなるまい。

一九三三（昭和八）年五月二六日、すなわち、先の二月の臨時県会から三カ月にしてまたも臨時県会が召集された。五月三一日まで会期五日間のこの臨時県会の議題は、水産試験場などの議題も少しはあったが、「昨年通常県会以来懸案トナツテ居リマス水道問題[63]」を確定することがほとんどすべての臨時県会であった。

この県営上水道計画は、千葉市から市川町を経て浦安町、松戸町までの江戸川および東京湾沿岸一市一二ヵ町村にわたる広域県営上水道事業として提起された。水源は千葉市においては「さく井」方式、その他の一二ヵ町村は松戸町の江戸川から取水する方式の二本立てである。総工費三五〇万円、昭和八年度から一〇年度にわたる三カ年継続事業であり、工事費の全額は県債の起債によるという計画であった。[64]岡田知事の「大東京市ノ急激ナル発展膨張ハ既ニ人口五百万人ヲ抱擁シ、世界第三位ノ大都市ヲ形成シマシテ、尚文化ノ進展ニ因ル都市集中ノ現象ハ底止スル所ヲ知ラナイ有様デアリマス、而シテ本県ハ地理的関係ト高速度交通機関ノ発達ニ伴ヒマシテ東京市膨張ノ影響ヲ受クルコト極メテ顕著[65]」なために、ぜひともすみやかな上水道建設が必要との見解に対して、最終的には県会も「知事ノ説明ノ如ク今回ノ上水道ガ実際ニ出来マシタ以上ニ於テハ、或ハ鉄道ガ電化サレマシタ以上ニ於テハ、本県ノ発達著シク数十万人ノ人ノ殖ヘルト云フコトノ調査ハ私ハ決シテ杜撰デナイト云フコトヲ確信イタス（中略）此水道ハ極メテ必要デアルト云フコトダケハ吾々ハ断定デキル[66]」として、満場一致で可決したのであった。しかし、次の通常県会に至っても「今ノ水道ノ問題デモ水ヲ売ッテ金ガ儲カレバ之ニ越シタコトハナイ[67]」程度の展望しか持たない県議たちが多かったことも事実である。岡田知事は県議たちの上水道の採算はとれるのかという再三の質問に対して、後年の回想ではあるが、「京浜工業地帯の消化限度は先が見えているのだから東京千葉にかけての臨海工業地帯化は必至の趨勢にある。その展望のもとに広域の県営水道を実施することは採算上からリスクのない事業といわねばならぬ[68]」とその確信を述べている。県営水道事業は、「江戸川沿岸地帯の開発計画の最も基本的な根幹」であるばかりではなく、「京葉工業地帯開発の先駆」であったのである[69]。

一九三二（昭和七）年一一月からの通常県会、一九三三（昭和八）年二月と五月の臨時県会を通して、岡田知事は時局匡救事業を名目として多額の国庫補助金を引き出しつつ、各港湾の修築、幹線県道の改良・舗装、県営水道事業、東京湾内湾地帯の開発調査を県会に提案可決したばかりではなく、知事として九十九里浜・鹿野山・水郷などの県立公園の設立等の準備・構想も行って観光千葉のイメージアップまでも視野に入れたのである。これらの戦後の千葉県の地域開発につながる全体的な近代化構想ともいうべきものを、岡田知事は短期間に軌道に乗せたのであった。この時期のことを岡田知事は戦後に次のように回想している。「一〇年来の懸案であると陳情されたものは、担当部局の計画を聴取したうえ凡て解決しました。さらに至るところで灌漑排水、架橋、港湾の改良施設、県道の認定と改良など、それもできるだけ政府の時局匡救予算の獲得に力を注ぎ、また県債を起してもかまわない、増税は一切せず時局匡救のため積極政策を遂行したことから『土木知事』の渾名も頂きました。それまで、とにかく消極策であった民政党側から『大いにやってくれ』と激励される一方、積極策を推進してきた政友会が『知事さん大丈夫か』と心配してくれるという珍にして奇なる現象を呈する一時期でした」[70]と。この時点で、岡田知事は県会の一〇〇パーセント近い支持を取り付け、いわば、つかのまの「挙県一致」県政を実現したのである。

しかし、一応順調に見えた岡田県政の蹉跌となる事態が起こったのである。それは一九三三（昭和八）年の六月から八月にかけて発生した関東地方一帯における大旱魃であった。千葉県においてもこの三カ月、一滴の降雨もなかったという。旱害による千葉県の被害面積は三万六〇〇〇町歩におよび、その内、二万町歩の収穫は皆無であった。[71]千葉県の被害総額は九〇〇万円にのぼると報告された。こうして旱害対策を審議するための一九三三年になって三度目の臨時県会が一〇月に召集されたのであった。県は旱害復旧事業として一〇〇万円の農業水利土木事業を提案した。それを支弁する追加予算の歳入として、事業費の三分の一にわたる政府補助金、四〇万円の新規県債、そして地租付加税を中心とする二一万円の県税の増税を予定していたのである。しかし、この二一万円の増税案に対し、県会は猛反発したのである。県会ごとに岡田知事が県財政は増税なしで県債ですべてまかなえると答弁していたからであり、新規事業費は起債とするという岡田県政の原則を崩すものだったからである。そうは言っても、岡田県政の展開の中で、もはや起債できる県債累積限度を越えていたのであった。内務部長藤田傊治郎は「今回ノ増税額二十万円ヲ総テ起債ニ求メ得ナイカ斯ウ云フ御質問デアツタト思ヒマスガ当局ト致シマシテハ此際ノ処置トシテ是ヲ起債ニ俣ツコトハ到底不可能デアルト考ヘテ居ルノデアル（中略）本県ノ起債額モ年ト共ニ増加イタシテ（中略）其ノ額タルヤ総額ヲ申シマスレハ千六百万円ニ上ツテ居ル」[72]と述べ、県債の膨大な累積という県財政の現状から増税への理解を求めた。岡田知事も「昨年ノ臨時県会以来、各種ノ救済事業ニ対スル所ノ財源ハ主トシテ是ヲ起債ニ求」[73]めたために起債がもはや限度に達したことを認めた上で、「既ニ決ツテ居リマスル事業ノ明年度起債額ハ百余万円ニナツテ居リマス、即チ道路改修費、木更津港修築、江戸川、利根川架橋、館山港、都川改修等、既定ノ事業ニ於テ既ニ決定シテ居ル起債額ガ百万円ニ上ツテ居ル」[74]と述べ、明年度も起債の膨張が予定され、一層財政を圧迫するであろう現状を述べている。

岡田知事も「今日経済不況ノ現況カラ考ヘマシテ増税ガ好マシクナイ[75]」とは十分に認識しつつも一部増税に頼らなければならない財政状況になっていたのである。岡田県政の間に、ほぼ千葉県の一年分の歳入に近い八〇〇万円の県債が新たに累積されたのであった[76]。災害復旧事業費とはいえ、時局匡救事業の第二年度において増税しなければいけなくなったというのはやはり異常事態であったろう。県会は二一万円の増税の内五万円を起債にまわす修正動議を可決し、起債能力はもはやないという県当局を押し切った。新たな一〇〇万円の災害復旧事業費の上積みが県の財政力の限界を突破したのである。大旱魃が県財政の余力を奪ってしまったのであった。

大旱魃は千葉県を「農山漁村ト云ハズ、殆ド農村民ハ死活線上ニ」再び陥れ、「丁度昭和七年度ニ於ケルヤウナ時局匡救ヲ最モ力説」しなければいけない状況へ引き戻してしまったのであった[77]。

このような県財政の状況変化の中で、岡田県政の三年目となるべき昭和九年度予算案の提案が一九三三（昭和八）年一一月二一日からの通常千葉県会においてなされた。昭和九年度予算案にも大原漁港の修築等の新規事業は入っていたが、最も注目すべき点は岡田県政になって以来初めて歳出額の減少を見たことである。すなわち、九年度の当初予算は一〇〇七万八〇〇〇円と前年度当初予算よりも一五万六〇〇〇円の減額となった[78]。「本県ノ起債能力ハ今ヤ飽和点ニ達シ[79]」たのと連動して事業拡大も飽和点に来てしまったのである。一方、この時期の中央の財政運営も変化を見せていた。高橋是清蔵相は満州事変勃発以来の軍事費膨張に歯止めをかけるため、いわゆる赤字公債発行による財政膨張政策を修正しはじめていた。岡田知事は「中央政府ノ方針ヲ兎ヤ角ト私ガ此処デ批評スル訳ニ行キマセヌ（中略）併ナガラ唯茲ニ所謂赤字公債ヲ出来ルダケ少クシナケレバナラヌト云フ大蔵省ノ方針ノ結果、我々ガ最モ期待シテ居ツタ所ノ農村ノ救済殊ニ旱害地ノ救済問題ガ非常ナル悲運ニ遭遇シ[80]」ているとの認識を示し、政府の財政運営の方向転換が千葉県の財政運営の変更を迫っていると述べたのであった。

また、満州事変以来の軍事費の拡大も地方財政を圧迫していたことは言うまでもない。県議の中にも「若シ此ノ農林省ノ所管ニ属スル農村更生ニ付テ、経済更生ヲ助長発達スル所ノ総テノ問題ガ全滅シタ時ニ於テ、吾々ハ如何ニ是ヲスベキカ実ニ嘆カハシイ問題デアル（中略）現在ノ農村ハ疲弊困憊シテ民力ト云フモノハ殆ンド絶望スル場合、此ノ銃後ニ在ル所ノ吾々村民ガ備ヘナカツタナラバ、或ハ満州ノ広野ニ世界的戦争トナルカモ知レヌ、其ノ場合ニ於テ軍人ハ安ンジテ国ノ為メ出征スルコトガ出来マセウカ[81]」と述べ、時局匡救事業よりも軍事費が重視されていることを非難する意見を表明する者もいたのであった。

千葉県の財政力そのものの限界、政府における赤字公債発行の縮小、そして軍事費の増大による時局匡救事業への圧迫と岡田県政を支えていた財政環境は急速に失われつつあったのである。

岡田知事による県財政の縮小は銚子築港費と江戸川沿岸地方調査費の減額に特徴的に現れた。銚子築港は大正年間より改修に改修を重ねた千葉県における積極政策のシンボルであったが、築港そのものは完成したわけではなかった。岡田知事は銚子港の設計そのものを防波堤式外港と航路開削から利根川河口を改修して利用するものに変更し、工費の節減と工期の短縮をはかったのである。本格的な築港をあきらめ、簡便な方法に設計変更することにより、既定総工費は九五〇万円から五九八万円と三五二万円の減額となった[82]。また、支出計画の変更によって、昭和九年度における特別会計銚子漁港費から六万七五〇〇円が一般会計へ繰り戻されて、一般会計を潤すこととなった[83]。岡田知事は銚子築港費の支出内容も変更することで銚子築港そのものを切り捨てたとは言えないだろうか[84]。一方、江戸川沿岸地方調査費も前年度からの二カ年継続事業として計上されるべき四二五〇円が五〇〇円に減額され[85]、事実上の事業停止となった。県営水道工事だけは軌道に乗せたものの、総合的な東京湾内湾地帯の開発計画は振り出しに戻ったのである。岡田県政のシンボル的存在になっていた東京湾内湾地帯の将来構想は一時消滅したと言ってよいであろう。

昭和九年度予算において、銚子築港という大正以来の県のシンボル的事業の変質と、江戸川沿岸地方の開発調査の事実上の停止という千葉県の将来構想のシンボルの消滅で岡田県政の幕は閉じたのであった。

おわりに――千葉県政治史への展望にかえて――

一九三四（昭和九）年一〇月三〇日、千葉県知事岡田文秀は内務省衛生局長に任命されて千葉県を去っていった。しかし、一一月一七日から始まった昭和一〇年度予算を審議する通常県会では岡田県政を評価する声が数多く聞かれたのであった。県議諏訪寛治は「岡田知事ハ其ノ在職二年四ケ月ノ間ニ於テ頗ル積極的ニ、頗ル幾多ノ事業ノ解決ヲ図ツタノデアリマス、而シテ之ハ一ニ国家非常時ノ場合デアリマスルガ故ニ、勢ヒ此ノ挙ニ出デナケレバナラナカツタカモ知レマセヌケレドモ、何レニセヨ県民ノ福利増進ノ為ニ貢献セラレタル功績ハ顕著ナルモノガアツタ」[86]と評価し、県議島田弥久は「岡田知事ハ政府ノ『インフレ』政策若クハ此ノ時局匡救事業ノ潮流ニ棹シマシテ従来ノ歴代知事ガ未ダ嘗テ為サザル大事業ヲナシ、多年懸案トナツテ居ル所ノ県ノ諸事業ヲ或ハ片付ケ或ハ手ヲ染メテ御転勤ニナツタ」[87]と岡田県政の諸事業とそれを支えた財政環境を的確に総括したのであった。後任の新知事石原雅二郎も「私ハ特ニ公私ニ於テ岡田前知事ニ敬畏スルモノデアリマス、其ノ考ヲ出来ルダケ達成シテ前任者ノ気持ノ好イ千葉県ニ於ケル記憶ヲ最後マデ立派ニ守リ立テ、差上ゲタイ」[88]と岡田県政を継承する姿勢を示したのである。確かに、千葉県政は首都圏の拡大に対応しなければならないという岡田前知事の考え方は、都市計画法改正による船橋町ほか一二ヵ町村への都市計画法適用指定が日前に迫り、市川市の一九三四年一一月の市制施行でまさに現実化しつつあったのである[89]。

しかし、昭和一〇年度予算に関し、「時局匡救事業ハ政府既定ノ方針ニ基キマシテ昭和九年度限リ打切リノ運命ニアリ、此ノ為ニ於テ明年度ニ於テハ県ノ事業ガ此ノ方面ニ於テ急激ニ縮小スル」[90]ような財政状況では、岡田県政の継承は容易なことではなかった。たとえば、千葉県として初めての商港築港と位置づけられた木更津港築港は早くも昭和九年度において国庫補助金に二万円の減額を招き、昭和九年度の事業費が一〇万円から八万円に減額修正されていたのである。[91]こうした中で、海軍省が一九三四年、東京湾岸の適地に海軍航空隊を建設する計画を打ち出すと、木更津町では町長石川善之助をはじめとして猛烈な航空隊誘致運動を展開し、誘致に成功したのであった。[92]この結果、木更津築港は「昭和七年ヨリ三ヶ年継続事業トシテ総工費二十八万円ヲ以テ目下工事中デアリマスガ、今般海軍航空隊ノ設置ニ伴ヒ、当初ノ港湾施設計画ヲ変更スル必要ヲ生ジマシタノデ、別案提出ノ通リ従来ノ継続年期ヲ二ヶ年延長[93]」することに成功するとともに、国庫補助金の各年度支出額の五割を確保し、昭和一〇年度一二万円、昭和一一年度も一二万円という増額を達成したのであった。財源が縮小する中で、木更津築港は軍事施設と結びつくことで継続と拡大を手に入れたのである。

この一九三四（昭和九）年一一月の通常県会から初めて東京湾内湾地帯の開発を工業地帯化としてとらえる意見が出始めた。県議飯田鉄之助は「東京ノ工業地帯ニ於ケル事業家ノ意見ヲ聞キマスノニ、ドウモ千葉県ハ如何ニモ東京カラ近イ所デアルガ適当ナ工場敷地ガナイ、是ハナイノデハナイ、拵ヘナイノデアル、即チ東京ニ近イ所ノ船橋方面ニ築港ヲ拵ヘ合セテ付帯事業トシテ埋立ヲシマシテ、千噸以上ノ船舶ヲ繋グヤウニスルナラバ、サウシテ水道ヲ敷設スルト云フコトデアツタナラバ、最モ理想的ノ工場地帯トナツテ来ル、斯ウ云ウコトヲ事業家カラ聞イテ居ル[94]」と発言し、岡田県政の水道事業に埋立てによる工業地帯造成と築港を結びつけた船橋を中心とする「工業港」建設を語ったのであった。しかし、内務部長藤田倶治郎が「〔船橋築港は〕必要ナコトハ十分認メテ居リマスガ（中略）其ノ港ノ目的ハ商港ニスルカ、漁港ニスルカト云フコトニナツテ来ルノデアリマス、現在ノ船橋ノ状態カラ申シマスレバ一挙ニシテ工場ヲ誘致シテ、従ツテ純然タル商港ト云フ風ニスルコトハ如何ト考ヘル[95]」と述べたように、岡田文秀の去った県当局は具体的な『工業港』のイメージを構築できなかったのである。しかし、飯田鉄之助が「工場地帯トシテ将来此ノ我々ノ住ンデ居ル本県ヲシテ向上発展セシメルニハ、其ノ準備工作トシテ船橋方面ニ築港スル、木更津商港ノ如キヤリ口デ宜シイカラ兎ニ角此ノ必要ヲ認メ(96)」て着手すべきだと述べたのに対し、藤田内務部長も「丁度木更津港ノヤウナ風ノモノニナリハシナイカト考ヘテ居ル(97)」と応じたのである。「木更津商港ノ如キ」「木更津港ノヤウナ風」という言葉が何を意味するのか必ずしも明確ではないが、埋立費の業者負担による利権供与か、軍事施設の導入を挺子とする築港のどちらか、または両方を意味しているのではないだろうか。

この通常千葉県会の最終日にあたる一九三四年一二月一六日、築港に関する二つの建議案が採択された。船橋築港に関する建議案には工場地帯造成との関連は述べられていなかったが、「千葉商港施設ニ関スル件」とされた建議案には「大東京ノ工場地帯トシテ頗ル将来性ヲ有スルニ至レルモ未ダ港湾施設ニ欠クル所アリ(98)」と明確に工場地帯建設に向けての展望が述べられていたのであった。

「軍郷千葉」と称して戦争中は軍事関連施設に活路を求めざるを得なかった千葉県が、本格的な東京湾内湾地帯の工業地帯造成に取り組むのは戦後になってからのことである。岡田文秀自身も言うように「木更津港には新日本製鉄の岸壁に、又千葉港には川崎製鉄の岸壁に巨大な船舶が悠々着岸する(99)」今日の千葉県の将来像を初めて作り上げたのは岡田文秀であったといってよいだろう。時局匡救事業を大義名分として、初めて千葉県の将来を見据えた諸事業を具体化したのは岡田県政の時代だったのである。

本章を終わるにあたって、私はケインズの理論とも比較される高橋是清の財政政策を、地方においてもっとも典型的に展開したのが、千葉県知事岡田文秀ではなかったかという思いにとらわれていることを付言しておきたい。そして岡田県政による一連の地域開発策こそが戦後の地域開発に直結する千葉県の将来像を見据えた社会資本の充実と産業基盤の育成をめざしたまさに「千葉県のニュー・ディール政策」であったと考えている。

注

(1) 日露戦後における千葉県の政治状況と積極政策については、本書の第二章と第三章を参照してほしい。
(2) 中村隆英『昭和恐慌と経済政策』(日経新書、一九七八年)。
(3) 『昭和五年十一月通常千葉県会議事速記録』第一号、七頁の知事石田馨の予算説明。
(4) 同前、八頁。
(5) 各中学校・女学校・実業学校において一〇学級を増学級したが、四学級を整理したため六学級増となった(同前、九頁)。
(6) 同前、第二号、三三三頁。県議石橋信の質問。
(7) 同前、四四頁。同じく石橋信の質問。
(8) 同前、第一一号、三六三頁。県議木島義夫の質問。
(9) 同前、第二号、三六頁。石橋信の質問。
(10) 『昭和六年十一月通常千葉県会議事速記録』第一号、七～八頁。知事岡田周造の方針説明。
(11) 同前、第一六号、八三〇頁。「自大正十二年度至昭和十三年度農業水利改良費継続年期及支出方法変更ノ件」より。
(12) 同前、第一号、一七頁。
(13) 同前、第二号、五二頁。石橋信の質問。
(14) 房総環状線が完成したのは一九二九(昭和四)年のことである。これらの状況は千葉鉄道管理局編『千葉鉄道管理局史』(一九六三年)にくわしい。
(15) 注(10)に同じ。ただし、第一五号、七七九頁。木島義夫の質問。
(16) 藤田武夫『日本地方財政発展史』(河出書房、一九四九年)五一八～五三三頁、。
(17) 同前、五四七頁。
(18) 『昭和七年九月臨時千葉県会議事速記録』第一号、六頁。岡田文秀知事の追加予算の説明。
(19) 岡田文秀『岡田文秀自叙伝・怒涛の中の孤舟』(岡田文秀自叙伝刊行会、一九七四年)一三九頁、以下『岡田自叙伝』と記す。
(20) 注(18)に同じ。ただし、第一号、九頁。

(21)　同前、第三号、一二二頁。県議青木泰助の質問。

(22)　鴨川漁港はこの本格的な築港と一九二九年における房総環状鉄道の完成とによって東京という巨大な消費地と直結できるようになったのである(千葉日報社編『千葉大百科事典』千葉日報社、一九八二年、一九六頁)。また、天津漁港も、房総環状鉄道開通までは、長狭地方の米・薪炭を東京方面へ搬出する小汽船運搬の拠点にすぎなかったが、この修築で近県の漁船の根拠地港へ変貌していったという(同前、一九頁)。

(23)　注(18)に同じ。ただし、第一号、一〇～一一頁。

(24)　木更津築港の事業支出に問題がなかったわけではない。それは築港に伴う埋立地造成という問題である。内務省の通牒によれば、地方港湾改良事業には国庫補助金が総工費の五割支出されることになっているが、それに伴う埋立費に関しては国庫補助金はない(藤田前掲書、五四七頁)。埋立費の捻出に関して、県会で築港に伴う埋立業者から寄付されるということが大きな問題となっている。これが千葉県における築港と埋立に伴う「利権」問題のはじまりではないだろうか。追及を受けた千葉県内務部長藤田俱治郎の答弁を引用しておきたい。「御承知ノ通リ彼所ノ埋立事業ハ今回県ガ計画イタシマシタル所ノ築港計画ト相俟ツテ、彼ノ木更津港ハ完成スル(中略)埋立業者ガ権利ノ区域ヲ埋立テマシテモ、築港ノ施設ガナケレバ是又其効果ガ少ナイノデアリマス、此埋立業者モ亦県ノ今回ノ築港ニ依ツテ非常ナル有利ノ地位ニ立ツコトニナルノデアリマス、ソレ故県ト致シマシテハ此木更津築港ト云フ事業ニ付テハドウカ埋立業者モ一ツ県ノ人トシテ共々ニ此木更津築港ヲ完成スルト云フ心持チデヤツテ貰ヒタイ。ソレニ付テハ相当県ニ対シテモ、何ト云ヒマスカ、奉仕ヲシテ貰ヒタイト云フ話ヲシマシタ、其ノ結果非常ニ埋立業者ガ県ノ方針ヲ喜ビマシテ七万円ヲ寄付スルト云フコトヲ申出タ」(『昭和七年九月臨時千葉県会議事速記録』第二号、四〇～四一頁)と。

(25)　注(18)に同じ。ただし、第一号、一二頁。

(26)　根木名川改修はその後、一九四四年竣工計画(費用一二九万円に拡大)に変更されたが、さらに延びて竣工したのは敗戦時の一九四五年であった(「昭和二十二年二月、根木名川農業水利事業につき陳情」『成田市史　現代編史料集』成田市、一九八四年、三〇三頁)。

(27)　「昭和四十二年一月、成田総合開発計画(抄)」(『成田市史　現代編史料集』)一七六頁。戦後における北総地域と根木名川改修について付言しておきたい。東京内湾における京葉工業地帯の開発に遅れをとった北総地帯において、新東京国際空港が開発の起爆剤であったとすれば、根木名川改修は一九六七年段階で「新東京国際空港の設置に伴い、周辺である本流域〔根木名川のこと〕の開発は必定であり、このため当初計画の規模の拡大と工事の早期完成が必要とされる」(「昭和四十二年十二月根木名川改修事業計画の概要（案）」同前、五四〇頁）と位置づけられた開発の誘発剤であった。戦前における根木名川などの河川改修事業は、戦後の千葉県の地域開発政策と連続する性格を持つものであったのである。

(28) 『岡田自叙伝』一二一頁。
(29) 注（18）に同じ。ただし、第二号、三三一頁。岡田知事の答弁。
(30) 同前、五二頁。
(31) 同前、三三二頁。県議飯田鉄之助の質問。
(32) 『岡田自叙伝』一二一頁。
(33) 注（18）に同じ。ただし、第一号、一二頁。岡田知事の予算説明。
(34) 同前、第二号、五〇頁。岡田知事の答弁。
(35) 同前。
(36) 同前、四九頁。
(37) 「鴨川港修築起工式は愈十七日に」（『千葉毎日新聞』一九三二年一一月一〇日）。
(38) 『昭和七年十一月通常千葉県会議事速記録』第一号、一二頁の岡田知事の予算説明。
(39) たとえば、町村土木事業補助費は前年度と全く同じ一〇八万円が計上されていた。
(40) 注（38）に同じ。ただし、第一号、一二頁。
(41) 同前、一三～一六頁。
(42) 新聞によれば、この佐原地先架橋について茨城県側は冷淡であったと伝えている（「利根川架橋問題実現迄には曲折あらん」（『千葉毎日新聞』一九三二年一一月二七日）。
(43) この江戸川架橋は昭和四〇年代まで首都圏と浦安・行徳地区を結ぶ唯一の架橋であった。
(44) 注（38）に同じ。ただし、第一号、一四頁。
(45) 県会議事速記録の岡田知事の説明では昭和七・八年度にわたり計上するとされているが、これは昭和八・九年度の誤植であると思われる。

(46) 注(38)に同じ。ただし、第一号、一五頁。

(47) 同前。

(48) 知事岡田文秀の官歴のはじめは、千葉県の江戸川の対岸である東京府南葛飾郡長(管轄は現在の東京都葛飾区・江戸川区・江東区の東半分)である。また、内務省本省での最初のポストは都市計画局庶務課長であった。東京とその周辺の都市化に対応しようというこの調査費は岡田知事の以上のような経歴が基礎となっている(『岡田自叙伝』八六頁)。

(49) 注(38)に同じ。ただし、第二号、六三～六四頁。岡田知事の答弁。

(50) 同前、六五頁。

(51) 同前、五六頁の県議吉堀正雄の質問。

(52) 同前、六二頁の岡田知事の答弁。

(53) 同前、六五頁の岡田知事の答弁。

(54) 「学校整理重大化す」(『千葉毎日新聞』一九三二年一一月八日)。

(55) 注(38)に同じ。ただし、第一号、一六～一七頁。

(56) 同前、第一二号、七五四頁の県議木村康哉の質問。

(57) 同前、第三号、九二頁の県議染谷正治の質問。

(58) 同前、第四号、一二八頁の県議飯田鉄之助の質問。このような有吉県政と比較するような意見に対して、岡田文秀自身は千葉県知事として一番仕事をしたのは明治末の有吉知事と自分であると自叙伝の中で述べている(『岡田自叙伝』一二一頁)。

(59) 注(38)に同じ。ただし第三号、七四頁の県議新藤退蔵の質問。

(60) 『昭和八年二月臨時千葉県会議事速記録』第三号、五〇頁の岡田知事の説明。

(61) 『岡田自叙伝』一二九頁。

(62) 注(60)に同じ。

(63) 『昭和八年五月臨時千葉県会議事速記録』第一号、一頁。岡田知事の挨拶。

(64) 同前、一二頁。この巨額な起債は岡田知事の親友が大蔵省国債課長として便宜をはかってくれたという(『岡田自叙伝』

一四五頁)。
(65) 注(63)に同じ。ただし、第一号、九頁。
(66) 同前、第三号、八〇〜八一頁。県議花沢寿太郎の賛成演説。
(67) 『昭和八年十一月通常千葉県会議事速記録』第一四号、六三四頁の県議木島義夫の質問。
(68) 『岡田自叙伝』一四一頁。岡田文秀はその自叙伝の中で、この千葉県広域上水道事業の歴史的意義を次のように述べている。「県営水道は戦後柴田知事の時代に大いに拡張され、又友納武人知事の時代に至って更に大拡張が行われていった。今日では姉ケ崎地先まで延長され、新たに利根川の水を印旛沼から引入れる大拡張が行われている。かくして広域県営水道の効果で千葉県の産業開発と都市発達に大いに役立っていることは私の愉快とするところである。これがもし各市町村の小区域の別々の水道事業であったなら、その間の調節や江戸川、利根川からの引水は大変面倒な問題となり、県政発展上大きな障害となったであろう」と(『岡田自叙伝』一四六頁)。
(69) 同前、一四一頁。
(70) 「刊行を祝して」(千葉県水道局編『千葉県営水道史』一九八二年)。
(71) 当時の千葉県の耕地面積は一〇万六〇〇〇町歩とされていたから、その三分の一が旱害にあったこととなる。
(72) 『昭和八年十月臨時千葉県会議事速記録』第二号、二一頁の内務部長藤田俱治郎の答弁。
(73) 同前、第三号、四五頁の岡田知事の答弁。
(74) 同前。
(75) 同前、四四頁。
(76) 『岡田自叙伝』一四五頁。
(77) 『昭和八年十一月通常千葉県会議事速記録』第三号、五六頁の県議柳沢清春の質問。
(78) 同前、第一号、六〜一七頁の岡田知事の予算説明。
(79) 同前。
(80) 同前、第一五号、六八二頁の岡田知事の答弁。
(81) 同前、第三号、五八頁の県議柳沢清春の質問。

(82) 同前、第一号、六～一七頁の岡田知事の予算説明。
(83) 同前、第一五号、七九〇～七九三頁。
(84) 岡田知事が千葉県知事から転出する時、銚子市議会は一九三三年二月の銚子市制施行の恩人ということで一万円の餞別金を送ったという（『岡田自叙伝』一六九頁）。しかし、筆者は岡田知事の千葉県の将来構想の中に銚子は入っていなかったのではないかと推測している。
(85) 注(78)に同じ。
(86) 『昭和九年十一月通常千葉県会議事速記録』第三号、七〇頁の県議諏訪寛治の発言。
(87) 同前、第四号、一六五頁の県議島田弥久の発言。
(88) 同前、一七〇頁の石原知事の答弁。
(89) 同前、第一号、二四頁の石原知事の予算説明。
(90) 同前、八頁。
(91) 同前、一八頁。
(92) 三浦茂一他『千葉県の百年』（山川出版社、一九九〇年）二三六頁。
(93) 注(86)に同じ。ただし第一号、一八頁。
(94) 同前、第四号、一〇四頁の県議飯田鉄之助の発言。
(95) 同前、一〇九頁の内務部長藤田倶治郎の答弁。
(96) 注(94)に同じ。
(97) 注(95)に同じ。
(98) 同前、第一五号、九六〇頁。その後の千葉港は一九四〇年における東京湾臨海工業地帯造成計画によって千葉市前面二九〇ヘクタールの埋立が行われ、戦中、一部に日立製作所が進出したが、造成は戦争の激化で中断した。戦後、川崎製鉄が誘致されると、一九五三年六月、川崎製鉄によって正面岸壁が完成、鉄鉱石運搬船が接岸できるようになった（社団法人日本港湾協会編『千葉・木更津地域港湾計画調査報告書』一九六六年）。
(99) 『岡田自叙伝』一四七頁。

第五章　日中戦争期における千葉県の近代化政策

——工業化政策の限界と都市計画事業の挫折——

〈要旨〉

本章は一九三五〜四〇年までのいわゆる日中戦争期における千葉県が行った近代化政策を跡づけようとするものである。この時期における千葉県の工業化をめざした工場誘致、県立工業学校の設置問題、千葉県地方工業化委員会をめぐる諸問題、県が行おうとした千葉市周辺の都市計画事業に焦点をあて深刻化する日中戦争の中でそれらの課題に取り組む千葉県政の姿を描き出そうと考えた。

千葉県が工業化をめざそうとした時、千葉県にはそれを受け入れる条件はまだなかった。工業化には工場の動力源となるべき安定した電力の供給、工業用水の確保、工場用地の確保などがその条件となったが、日中戦争の泥沼化の中で先細る県の財源ではそれは不可能であった。かろうじて中堅工業人の養成をめざした県立工業学校の設置と地方工業化委員会の開催が国策に順応するという形で実現したのみであったが、県立工業学校が千葉県の工業化を支えるまでには至らず、地方工業化委員会もその開催・活動が大きな宣伝とはなったが実質的な活動を行うことはできなかった。

また、千葉県はほぼ同じ時期に千葉市周辺の都市計画事業を二つの地点で計画したが、国の県債発行の規制にあって財源がないまま消滅していった。

しかし、日中戦争期におけるこれらの工業化政策・都市計画事業は戦後における千葉県の姿を模索するものとして大きな意義をもったのである。

はじめに――問題の所在と限定――

本章は一九三六（昭和一一）年から一九四〇（昭和一五）年までのいわゆる日中戦争期における千葉県の政策展開を主題とするものである。この時期は千葉県が切迫する時局の中で千葉県独自の課題を県政の中で展開できなくなり、県による政策課題の遂行が狭ばめられていく時期である。

日中戦争の勃発を契機として、政府・軍部は一九三七（昭和一二）年に国民精神総動員運動を起こし、国体観念の国民への浸透と軍国主義・国家主義の鼓吹に力を注いだ。一方、日中戦争の長期化が予想される中で、政府は一九三八（昭和一三）年に国家総動員法を制定し、戦時体制における経済と国民生活の全般にわたる統制をはかろうとした。総力戦体制の確立が叫ばれて生産力拡充計画もたてられた。また、不急不要の民需品の生産や輸入は厳しく制限されるとともに、統制経済の徹底をはかるため中小企業の強制的整理も進められた。一九三九（昭和一四）年に公布された価格統制令によって統制経済の強化がはかられ、翌年には砂糖・マッチ・木炭などの切符制がしかれることとなった。このような政府の政策は行政の末端へ降ろされたが、そのほとんどが各府県や市町村の行政機構を通じて遂行されたのである。政府はそれらの時局的な政策遂行のために補助金を交付はしたが、各府県の財源からの持出しも増加せざるを得なかった。もともと財政力の弱体な府県は、政府からの戦時の委任業務に多大の力を注がざるを得なくなり、一層その財政力を弱体化させていった。日中戦争勃発により、政府は各府県に戦時の業務を行わせて支出の増大を押し付ける一方、戦争遂行に必要な国家財政の膨張を支える国債発行を円滑にするため、地方税の増徴や府県による地方債発行を許可しなかった(1)。これによって府県は財源を枯渇させ、府県独自の政策課題に取り組む財政力が殺がれていくのである。

それにもかかわらず各府県は、政府・軍部の「国策」に順応しつつも県政独自の政策課題の実現をはかり、その地方の将来像を模索し続けたことも事実である。本章は千葉県が日中戦争という巨大なうねりの中で県の将来像をどこまで構想したのかを考えてみたいと思う(2)。換言すれば、日中戦争期の千葉県がその政策課題としたことをどこまで遂行し、そして挫折していったかの過程を描こうと考える。

日中戦争期の『千葉県会議事速記録』を検討する中で浮びあがった千葉県独自の政策課題は、国の生産力拡充政策に順応した千葉県の工業化と首都圏の拡大を意識した千葉市を中心とする都市計画事業であった。この二つは全く分離した政策課題ではなく、「千葉県の近代化」をめざした政策であるとともに、日中戦争の中で挫折していったことも共通する政策であった。それゆえに、本章では、千葉県の工業化と都市計画事業の二つの観点から日中戦争期の千葉県政の展開を具体的に描き出し、戦後の千葉県との接点や県政の展望を考えていきたいと思う。

第一節　千葉県の工業化政策

1　工業化・工場誘致のはじまりとその問題点

日中戦争が翌年に迫っていた一九三六（昭和一一）年一一月に開かれた通常千葉県会において、千葉県の工業化や工場誘致に関するさまざまな質問が県議から出された。満州事変以後の軍需産業主導による景気回復が千葉県に及んでこないという不満が県議たちに充満していたからである。

県議大枝十兵衛は「我国ノ経済界ハ漸次進展シツヽアル」中で、「一度思ヲ県内ノ経済界ニ及ボシマスレバ果シテ健全ナル所ノ経済ノ発展ヲ為シテ居ルカドウカ疑ハシク思フノデアリマス、殊ニ特殊ノ工業等ヲ有シナイ所ノ本県ニ於キマシテ唯僅カニ農水産物ノ価格向上ニ依リマシテ幾分カ安定ヲ得ツヽアリマス」[3]現状に不満を述べ、県当局主導による現状打破を訴えた。商工業に関する一九三七（昭和一二）年度千葉県予算案について知事石原雅二郎が「中小商工業者ノ予算ハ商工業者ノ業態ヨリ生ジタル予算デアル」[4]と答弁したことに対して、県議西川測吉は「是ハ私ニハサッパリ解ラナイ、中小商工業ノ業態ヨリ生ジタル予算此ノ県会ガ此所ニ十二年度ノ予算ヲ計上致シマシタ予算ハ中小商工業者ガ其ノ業態ニ依ツテト云フコトガ丁度此ノ予算ガ中小商工業者ニ適当ナル予算デアルト云フ意味デアルカ、或ハ此ノ程度シカ業態ノ要求ハナイノダト云フ点カ此ノ点ガハッキリ解ラナイ」と述べ、「商工業ノ振興ト云フモノガ良ク解」っておらず[5]、地方の中小企業育成の枠を脱却できない県当局の商工業に関する予算編成を批判したのであった。

この一九三六（昭和一一）年一一月から一二月にかけての通常千葉県会では、千葉県の工業を他県の工業発展と比較する議論も現れた。県議松本源十郎は千葉県と静岡県とを比較して、農産物においてははるかに静岡県を凌駕する千葉県が工業生産額において「我ガ千葉県ノ八千九百余万円ニ対シ、静岡県ニ於テハ実ニ二億一千万円ヲ超エ」ており、「両県ノ産業ヲ比較対照致シテ見マスルト、先ヅ食料品工業ニ於テモ、木工業ニ於テモ、金属工業ニ於テモ、化学工業ニ於テモ、織物工業ニ於テモ、悉ク彼〔静岡県のこと〕ニ劣ルコトガ実ニ甚シイ」[6]とその焦燥を表明していたのである。松本源十郎は千葉県の工業化が遅れている最大の原因として千葉県の電力料金の高さを指摘した。「ソレハ〔静岡県と千葉県の差異のこと〕即チ工業ノ原動力トナル所ノ電力ノ料金ニ於テ非常ナル差異ノアル一事デアリマス、此ノ電力ノ料金ノ問題ヲ解決致シマセンケレバ《ママ》、如何ニ県当局ニ於テ指導奨励ヲ致サレマシテモ（中略）此工業ハ永久ニ此ノ静岡県ニ及ブベクモアリマセヌ、到底我ガ此ノ工業ノ不振不備ノ状態ヲ回復セシメルコトハ不可能デアルト私〔松本源十郎のこと〕ハ確信スル者デアリマス」[7]と。松本源十郎自身が調査したところによれば、昼間における一馬力の電力料金は、東京四円、埼玉八円、神奈川八円、青森四円九九銭、千葉県九円ともっとも高いという。[8]松本源十郎は、昭和恐慌からの脱出策として民間電力会社の買収による電力県営化を時局匡救事業の一環に位置づけ、電気料金の低廉化を実現させた青森県を実際に訪れて調査し、千葉県でも電力県営を実施し、電気料金の引下げを行うべきだと説いたのである。[9]猪苗代～東京間の長距離送電が成功して以来、大規模な水力発電が主流となっていた昭和前期において、[10]千葉県は東京からさらに送電線を延長しなければならないという不利な地理的条件のもとにあったのである。京成電気軌道株式会社の余剰電力による電力供給も民間家屋の電灯が主体であり、工場の動力源とはならなかった。[11]こうした中で、一九三六（昭和一一）年一一月二〇日付で「電力県営ノ為メ調査会設置ヲ望ム意見書」[12]が千葉県会で採択されたのである。賛成演説に立った福地新作は「此ノ電気ニ依ツテ工業ヲ興シタイト云フ気持ハ常ニ念頭ヲ去ラナカッタ」[13]とその理由を述べたように千葉県の工業化は多くの県議たちの願うところとなっていた。

しかし、電力事業の県営化によって千葉県の工業化の突破口にしようという目論見には大きな壁が立ちはだかっていたのである。県議松本源十郎自身も逓信省電気局の方針として「〔電力の〕県営ハ青森県ヲ最後トシテ絶対ニ許可出来ナイヤウナ内規ニナツタト云フヤウナ御話ヲ聞」[14]いており、県知事石原雅二郎も「県営ヲ以テ発電事業又ハ配電事業等ヲ致シマスコトハ青森ヲ以テ最後トスルコトハ大体ニ於テ決ツタ問題ト私ハ諒承」[15]していると述べている。統制経済への傾斜を前提とした国による電力管理も日程にのぼりつつある中で電力県営ができる条件は失なわれていたのである。石原知事もそうした国の方針について「只今国家ニ於テ電力統制ノ問題ガ起ツテ居リマシテ（中略）政府ノ電力問題ガ解決致シマセヌト（中略）県営問題ハ具体化シナイ」[16]と明確に言い切ったのである。

この県会で千葉県の工業化について連日論陣を張っていた松本源十郎は、千葉県の工業化のもう一つの契機を茂原地方の天然ガスに求めていた。

「此ノ天然瓦斯ニ付テハ（中略）偶々理研大河内博士ノ知ラレル所トナリマシテ、理化学研究所ノ多数ノ専門家ノ実地踏査トナリ、十数遍ニ亘ツテ研究ヲ重ネラレタ結果、実ニ実用価値ノ大ナルモノデアル、此ノ燃料国策（ママ）ノ叫バレル今日ニ於テハ実ニ国家ノ宝庫」と認識され、また、「此ノ瓦斯ヲ発掘スル所ノ大多喜天然瓦斯株式会社ガ生レタ、更ニ此ノ瓦斯ヲ利用シテ工業ヲ起ス所ノ千葉天然瓦斯株式会社、相生工場、理研真空株式会社ト云フヤウナ大工場ガ近来続々ト建設」される中で、「本県ヲシテ工業千葉ノ名ヲ全国ニ轟カシ得ルコトモ決シテ至難デハナイ」と松本源十郎には思われたのであった。(17) しかし、松本源十郎が「県当局ニ於テハ此ノ点（天然ガスの利用による工業化のこと）如何ニ御考ニナツテ居リマスカ(18)」と県当局の方針を質したのに対し、県当局からは明確な答弁がなかったのである。日中戦争が目前に迫っていた一九三六（昭和一一）年の一一月段階においても、千葉県はまだ明確な工業化の構想や工場誘致の方針を持てないでいたのであった。

2　県立工業学校の設置問題

一九三四（昭和九）年の千葉県会で初めて話題となっていた県立工業学校の設立問題が(19)、一九三六（昭和一一）年一一月からの県会で本格的に取り上げられた。千葉県の工業化を支える人材づくりとも言える中等教育としての県立工業学校設置が議論の焦点の一つとなったのである。県議木島義夫は「農学校ノ組織ヲ変ヘテ、工業学校トカ或ハ他ノ学校ニシテ、国家並ニ地方ノ需要ヲ充タスト云フ方針ヲ執ツテハドウカ(20)」と県当局を質したのである。木島義夫は「近時夷隅郡カラ長生ノ一部ニ掛ケテ天然瓦斯ガ湧出シテ、是ガ工業方面ニ盛ンニ利用サレテ居ルノデアリマス、斯ウ云フ地方ニ工業学校ヲ造ツテ是等ノ資源ヲ利用シ、是等ノ会社ニ勤メテ居ル多数ノ人材ヲ（中略）利用シテ、工業学校ヲ造ル考ハナイカト云フコトヲ伺ツテ見タイ(21)」と述べ、県の工業学校設置の方針を聞いたのであった。これに対して、知事石原雅二郎は「農学校ヲ工業学校其ノ他ニ変ヘマスコトハ、是ハ非常ニ性質ガ違ツテ居リマス（中略）工業学校、商業学校等ハ次三男ノ俸給生活ノ点ニ非常ニ便宜ナ学校[22]」である程度の認識しか示せなかったのである。知事の答弁を補足した学務部長川井章知は千葉県の工業と工業学校について「醸造業ガ本県デ非常ニ盛ンデアル（中略）、併シ其ノ他一般ノ科学工芸、金属ノ方面ニ付キマシテハ寡聞ノタメカ余リ存ジナイ」との認識を示した上で、千葉県に工業学校を設置しても「ソコデ養ハレタル人間ト云フモノガ東京方面ノ大都会方面ノ会社ノ手足トナルタメニ本県デ養成シナケレバナラヌ」状況となってしまい、「本県ノ工業ノタメニ御役ニモ立タヌ、立ツ余地モナイ」だろうと、工業学校設立には消極的な姿勢を示したのであった[23]。川井学務部長は「ソレ〔工業学校のこと〕ヲ卒業シタ者ガ他県ニノミ吸収サレテ本県ノ工業ニ一ツモ寄与スル所ガナイ、サウ云フコトニナツテシマツテハ、工業学校ヲ本県トシテ設置スルコトカラ考ヘテ見テ一寸難色ガアルノデハナイカ[24]」とも述べている。このような県当局の姿勢に対して、木島義夫は「〔現状にとって〕一番需要ノ少ナイ農学校ガ非常ニ多クテ、需要ノ最モ多イ工業学校ガ一ツモナイ」千葉県の学校配置を批判し、「一人ノ工業的ノ需要ガナイトシテモ、本県ニ工業学校ガ一ツ位アツテモ私ハ差支ナイト思フ、帝都ハ近イシ工業都市ガ近イ」との議論を展開し、千葉県当局が「千葉県ニハ全体碌ナ工業ハナイ、従ツテ工業学校ノ卒業生ヲ需要シテ居ラナイノダ、ダカラソンナニ急イデ工業学校ヲ造ラナイデモ宜イヂヤナイカ」という認識を改め、工業学校設立に関して「本当ニ我ガ千葉県ノ工業ヲ考へ、又帝国ノ工業立国策ト云フモノカラ考ヘテ、モウ少シ真面目ニ計画スル必要ガアル」と訴えたのである[25]。

この通常県会が開かれていた一九三六（昭和一一）年一一月当時、千葉県には県立の工業学校はなかったが、一九三六年三月に千葉市会で設立を認められ、四月に開校した千葉市立千葉工業学校がただ一つの工業学校として存在していたのである[26]。この千葉市立千葉工業学校の設立は一九三四（昭和九）年一二月、千葉市立商業学校の県立移管問題が惹起した時、県当局によって千葉市立商業学校に工業科を併置するなら、その後の県立移管を考えてもよいとの意向が示されたことが発端となって千葉市立の工業学校設立の歩みが始まったという。[27] こうした県当局の意向をうけて、千葉市会議員北沢春平が「市の繁栄策として化学染織その他経費を要せざる有利な工科を商業学校に併置し校名も商工学校と改称しては如何」という意見書を市長に提出したのであった。[28] 翌一九三五（昭和一〇）年一月にはその年の新学期の四月から千葉市立商業学校に化学科と機械科が併置されることが決定したとの報道もなされたが、市の財源難でどうなるかわからないとも報道された。[29] こうした中でようやく翌一九三六（昭和一一）年三月の千葉市会で設置が承認され、四月に千葉市立千葉工業学校が開校したのであった。この千葉市立千葉工業学校の開設理由書には「最近工業ノ勃興ニ伴ヒ工業上ノ知識技能ヲ習得セムトスル者漸ク多シト雖モ千葉県下ニハ一ノ工業学校モナキヲ以テ已ムヲ得ス或ハ漫然ト中学校ニ入学シ或ハ遠ク東京市内ニ遊学セザルヘカラサル状況ニアリ依テ県ノ中枢タル我ガ千葉市ニ工業学校ヲ設ケテ市内ハ勿論四隣町村子弟ノ志望ヲ達セシムルハ結局千葉市ヲ大ナラシムル所以ナリ」と述べられるとともに、具体的な専攻分野については「工業学校ノ分科ハ甚ダ夥シト雖モ、我ガ千葉市ニ於テハ応用化学ヲ選択セムトス、是レ市及其ノ付近ノ工業ガ澱粉製造、製粉、製飴、酒醬油醸造、食料品加工業等応用化学ニ俟ツモノ最モ多ク且ツ応用化学ハ学校経営上経費ヲ要スルコト寡キニ反シ卒業生ノ需要範囲最モ広キ実情ニアルヲ以テナリ」と述べられている。[30] 市立の工業学校開設は千葉市にとってやはり財政的負担が大きかったことがわかる。また、その卒業生の需要を澱粉や製粉、醸造業、食料品加工業に求めている点で、いわば千葉県の地場産業を担う人材の育成という視点から市立の工業学校が設置されたことがわかる。この一九三六（昭和一一）年段階では、工業学校の設置と言っても未だ明確に重化学工業化と時局に対応するという視点が希薄であったと言えよう。そして、市財政の状況から将来における県立移管の含みがもたれていたのである。[31]

日中戦争勃発後においても、この県立工業学校設置問題は大きな進展がなかった。一九三七（昭和一二）年一一月からの通常県会では、知事多久安信が「本県ニ於テハ工業教育ノ設備ガ欲シイト云フコトヲ考ヘテ居リマスガ、マダ是モ県ノ当局ノ方針ヲ決定シタ訳デハナイ」[32]と述べたにとどまった。学務部長高瀬五郎も「今後斯ウ云フ工業教育ノ方面ニ付キマシテハ相当ニ研究セラレナケレバナラヌ」[33]としか述べず、積極的な設立の姿勢を示さなかった。

日中戦争二年目に入った一九三八（昭和一三）年一一月の通常県会において、ようやく県立工業学校設置が県独自の大きな政策課題として議論の焦点になった。「遺憾ナガラ工業学校ニ付テハ更ニ一校モ存シナイト云フコトハ何トシテモ、残念至極デアリマス（中略）、時局ハ重大デアリマシテ（中略）何トカシテ此ノ工業学校ヲ設置セザレバ、我ガ千葉県ノ面目ニ掛ケテモ甚ダ遺憾トスル所」[34]であるという雰囲気が県議たちに充満していたのである。知事多久安信も「〔将来においては〕私共モ県立工業学校ヲ十分立派ナモノヲ設立シタイト云フコト」を考えてはいるが、「何分之ヲ設置致シマスル為ニハ数十万円ノ費用ヲ要スル問題デアリマシテ、今日ノ県ノ財政ト致シマシテハ一時ニソヲ計上スルコトハ非常ニ困難デアリマス」[35]と述べて、日中戦争による地方財政の緊縮状況下における県立工業学校設置の困難さを訴えた。この県会に提案された一九三九（昭和一四）年度千葉県予算案は、前年度よりも五〇万円削減された九四六万円の緊縮予算案であり、昭和一〇年代の予算額としては最も少ないものであった。また、予算編成方針も「昭和十四年度予算ハ非常時下ニ於ケル国家ノ方針ニ惰循シ可及的高度ニ時局性ヲ有スル予算」であり、「銃後諸般ノ施設ヲ充実セシムルト共ニ他方国ノ戦時財政政策ニ協力スル意味ニ於テ事業ノ中止、繰延或ハ経費ノ整理節約ヲ断行シ出来得ル限リ財政ノ緊縮」をはかったものであり、「地方ノ立場ヨリ必要トスル事業デアッテモ事国家ノ戦時統制ニ抵触スル限リ之ガ抑制ヲ余儀ナクセラル、」[36]もので、県独自の政策課題である県立工業学校の設立費を組込めるような予算編成ではなかったのである。換言すれば、「起債ハ許サレナイ、増税モ許サレナイ、予算ハ前年度ヨリモ一割乃至二割減ジロ、斯ウ云フ命令ノ下」[37]に千葉県予算案がつくられたのであった。それゆえに、多久知事が県立工業学校設置について「或ハ土地ヲ寄付スルトカ、或ハ設備ヲ寄付スルトカ云フヤウナ篤志家デモアリマシテ、ソレガ動機トナツテ設立スルコトガ出来レバ甚ダ結構デアリマス」[38]と本音をもらしたように、余裕のない県予算を突破するような事態に期待するよりほかはなかったのである。

この一九三八（昭和一三）年一一月からの通常県会では、千葉市立千葉工業学校の県立移管問題とともに、野田農学校を工業学校に改組するという話題も初めて持ち上ったのであった。千葉市立千葉工業学校については「応用化学一方デアリマスカラ之ニ機械科ヲ併置スルノ方法ヲ講ジマシテ、此ノ機械科ヲ併置スルダケノ資金ヲ県デ補助サレテ、サウシテ千葉市ノ工業学校ヲ拡大強化」し、「将来適当ナル時期ニ於テ之ヲ県立ニ移管」するという時局と重化学工業化を意識した意見も出された(39)。こうした意見に対して、多久知事は「此ノ市立ノ工業学校ハ内容等モ段々ト整備致シマシテ（中略）強イテ県営ニシナクテモ立派ニ市立トシテ経営シテ行クベキモノデ」あり、知事としては「今以ツテ県営ノ問題ハ考ヘテ居ナイ」と言い切ったのであった(40)。

千葉市立千葉工業学校の県立移管に関してはこの時には寄付金とかの話はなかったが、野田農学校を工業学校に改組するという話には地元に化学系の工業学校をつくりたいという野田醤油株式会社からの寄付金が持参金としてついていた。県立野田農学校の改組に際して野田町から県へ一四万円が寄付され、県も一万円を出して合計一五万円で新たに醸造業と関係の深い応用化学科を設置しようというものであった(41)。しかし、この野田農学校の改組問題が新聞に報じられ、県会の議論に現れると「野田ノ醤油会社ガ何故ニ十五、六万円ノ金ヲ投ジマシテ、野田ニ工業学校ヲ拵ヘヤウト云フ考ヘヲ起シタカ、其ノ動機ガ幾ラカ東葛郡民全体ニ一ツノ不安ヲ与ヘ(42)」、大きな波紋を広げたのであった。「東葛郡ニハ不幸ニシテ農学校ガ一校シカ(43)」ないため、農学校廃止に対する反対が拡大し、野田町の周辺九カ町村におよぶ大反対運動となったのである(44)。県当局も農学校から工業学校へ改組という当初の方針を農業科・工業科併置にかえて反対運動の鎮静化をはかろうとしたが、遂には一九三八（昭和一三）年一一月の通常県会への提案を見合せることとなったのである(45)。その後、野田町では、改組ができなければ町の独力で工業高校を設置しようという動きにまで発展した(46)。日中戦争による軍需景気が拡大する中で、県立工業学校設置の要求は大きな流れになっていたが、それは時局関係費の拡大による県財政の硬直化や地元の利害対立によって実現しないかに思われたのである。

こうした県立工業学校設置に関する状況を一変させる方針が国から発表された。前の通常県会からほぼ二カ月たった一九三九（昭和一四）年二月一六日の『千葉毎日新聞』は「文部省では今回全国の各府県に中等工業学校を三十校開設せしめることになり、過般来建設希望の府県と折衝を重ねてゐたが、大体の見込みが付いたので、これに対する補助金を追加予算として、両三日中に大蔵省へ提出（中略）、大体生徒数其他に比例して一校に対し、約十万円の補助金を支給する」[47]と報じたのである。国も生産力拡充のための中堅工業人の養成を国策の中に組み込んだのであった。しかし、この県立工業学校設置に関しては、全国で九六校の申し込みがあり、それを文部省で三〇校にしぼり込むため、千葉県が補助金をもらえるかどうかは楽観を許さなかった。[48]

国の補助金支給による県立工業学校設置の見通しがついたのをうけて、一九三九（昭和一四）年三月二九日に招集された臨時千葉県会はまさに県立工業学校設置を審議するのが目的の臨時県会であった。この臨時県会では、長年の懸案であった千葉市立千葉工業学校の県立移管と、野田農学校に応用化学を併置して農工学校にするという二つの提案がなされた。前の多久知事にかわり、前の通常県会後に知事に就任した立田清辰は、臨時県会の冒頭で「本県ニ於テハ帝都ニ接近シ又水陸交通ニ恵マレ幾多工業発達ノ好条件ヲ備フルニ拘ハラズ従来之ニ対応スル工業学校ノ設置ナク工業振興上遺憾ノ点尠カラズ、殊ニ今次ノ事変ニ際シ工業教育充実ノ要正ニ喫緊ナルヲ痛感スル次第デアリマスガ一面県財政ノ点モ考慮サレ急速之ガ実現ヲ見ル能ハザル処（中略）野田町ニ於テ之ガ設置ヲ希望シ其ノ経費ニ就テモ建築設備費ノ全額負担申込ガアリマシタノデ茲ニ県立野田農学校ニ工業科（応用化学科）ヲ併置スルコトトシ更ニ進ンデハ現在千葉市ニ於テ経営セル千葉工業学校ヲ国庫補助及一部地元負担ノ条件ヲ以テ県ニ移管シ之ニ従来ノ応用化学科ノ外、新ニ機械科及電気科ヲ設クル事トシ取敢ヘズ以上ノ施設ニ依ツテ工業教育ノ充実ヲ計リ、以テ現下ノ急務タル工業振興ノ国策ニ応ズルト共ニ県民多年ノ冀望ニ応ヘント致シマシタ」[49]とその意義を強調したのである。表

表5-1　野田農工学校・県立千葉工業学校設立費

野田農工学校設立費

支出額			財　源	
臨時部	建築設備費	140,000円	野田町全額寄付	
経常部	校費	4,746円	税外収入	2,761円
			県費	1,985円

千葉工業学校設立費

支出額			財　源	
臨時部	建築設備費	260,000円	国庫補助金	76,000円
			千葉市寄付金	85,000円
			県費負担金	99,000円
経常部	校費	55,626円	国庫補助金	10,400円
			税外収入	30,475円
			県費負担金	14,751円

出典：『昭和14年3月　臨時千葉県議会議事速記録』より作成。

5-1でまとめたように、この工業学校二校の設置費に関してみれば、野田農工学校に関しては建築設備費一四万円が全額野田町から寄付されていることが特筆されよう。野田町にその寄付金を提供した野田醤油株式会社（キッコーマン）がいかにこの応用化学科を欲していたかがわかろう[50]。また、県立千葉工業学校設置に関しては、建築設備費で七万六〇〇〇円、校費で一万四〇〇〇円、合計八万六四〇〇円の国庫補助金があったことが注目される。この国庫補助金の存在は国策として全国に中等工業教育の学校をつくるという方針が提起されなければ、市立千葉工業学校の県立移管のみならず、機械科・電気科という重工業化を見据えた学科設置が実現しなかったことを物語っていよう。また、千葉市寄付金八万五〇〇〇円の存在も大きかった。千葉市にとってはこの多額の寄付金を支出しても、県立移管によってこれからの学校経営費の支出から解放されることの方が大きかったのである。県費の負担については既定歳出の更正減額によってまかなわれた。

この県立工業学校の二校同時設置に対して、臨時県会の中では「工業学校ガ茲ニ二校モ生レタト云フコトハ、私共衷心愉快ニ堪ヘナイ（中略）誠ニ慶賀ニ堪ヘナイ[51]」、「工場人ノ養成機関トシテ県立工業学校ヲ二ツ設ケヨウト云フ此ノ案ニ対シマシテハ（中略）私共ハ双手ヲ挙ゲテ賛成スル者デアリマス（中略）躍進千葉県工業化ノ此気運ニ乗ジマシテ、数年ナラズシテ全国有数ノ工業県ヲ現出セムコトヲ念願[52]」、「茲ニ一校ナラス二校ノ県立工業学校ヲ設置サレルト云フコトハ、何トシテモ我々ハ満腔ノ誠意ヲ以テ歓迎スル[53]」などの賛成演説があいついだ。新聞では二校同時設置を実現させた立田清辰知事の手腕を賞讃し、名知事と讃えたのである。[54] しかし、野田に工業科を設置することに対して、あまりに野田の工業学校は千葉県としては偏在しているのではないかと批判する県議もいたのである。これに対して、立田知事は「御承知ノ通リ、千葉県ハ農業県トシテ日本有数県デアリマス、然ルニ最近其ノ上ニ次第ニ工業ガ発達シテ、驪テハ工業千葉ノ名モ遠クナイト考ヘルノデアリマス、斯カル際ニハ、各地方ニ工業学校ガ林立スル日ガ遠クナイト考ヘルノデアリマス、其ノ暁ニ至ツテ、野田偏在ナリヤ否ヤト云フコトニナルノデハナカラウカ、先ツ其ノ第一着手トシテ、茲ニ相当ノ地元負担アリ、一ノ県立工業学校ナキ千葉ニ於テノ最初ノ話デアル（中略）従ヒマシテ、将来各地ニ工業学校ガ出来ルヤウナ県ノ情勢ニナルコトノ一日モ早イコトヲ祈ツテ居ル次第デアリマス」[55] と述べ、二校の県立工業学校の設置が千葉県の工業化に大きく寄与するであろうとその設置意義を強調したのである。この臨時県会が閉会されるにあたり、「時局下ニ於ケル産業振興並ニ県下工場化ノ遂行ノ為ニハ千葉工業ノ県立移管野田農学校ノ工業科併置ヲ以テ充分ナリト謂フベカラズ」とし、「県下ノ工業地帯タルベク且交通至便ナル船橋市地方ニ更ニ県立工業学校ノ急設ヲ必要ナリト信ス」とする意見書も採択された。[56] 県立工業学校設置に対する県民の期待は高まったが、日中戦争の泥沼化による一層の県財政の逼迫はそれを許さなかった。[57]

これらの県立工業学校の卒業者が千葉県の工業人となり、すぐに千葉県の工業化を支える人材となったかについては疑問の点が多い。野田農工学校の応用化学科の卒業生を地元の野田醤油株式会社が採用しようとしたけれども軍需省がそれを許さず、農業科卒業生の方が野田醤油株式会社に採用されたという。[58] 政府は一九三八（昭和一三）年の国家総動員法に基づく勅令第五九九号・学校卒業者使用制限令を公布して、工業学校の工業科を制限学科に指定し、軍需産業への就職を強制して「平和産業」への就職を許さなかったからである。[59] 表5-2は県立移管前の千葉市立千葉工業学校の第二部（学校卒業者を第五学年に編入し、一カ年で工業教育を終了する課程。定員四〇名）の第一回卒業生の一九三七（昭和一二）年三月の就職状況と翌一九三八（昭和一三）年度の第二部第二回卒業生に対する求人状況

表5－2（1） 千葉市立千葉工業学校昭和12年3月第2部第1回卒業生就職状況

	就職先	内訳（備考）	
官庁（準官庁）	8	陸軍関係	2
		海軍関係	3
		植民地関係（朝鮮、満州の官衙）	1
民間	12	地元の会社（ヤマサ、房総アルミ）	2
計	20		

出典：『千葉県立千葉工業高等学校創立五十周年記念誌』より作成。
注：1） 20社は会社数である。
2） 就職実人数は不明。

表5－2（2） 千葉市立千葉工業学校昭和13年度第2部第2回卒業生求人状況

	就職先	内訳（備考）	
官庁（準官庁）	16	陸軍関係	5
		海軍関係	4
		植民地関係（朝鮮、満州の官衙）	5
民間	56	地元の会社（理研真空工業）	1
計	72		

出典：『同校五十五年記念誌』より作成。
注：1） 72社は求人会社数である。
2） 求人人数は278人で、卒業生の約8倍であった。

である。この二ヵ年は県立移管直前であるが、この二ヵ年度を通して地元千葉県の求人会社はヤマサ、房総アルミ、理研真空工業の三社でしかなかった。また、官庁関係も多く、朝鮮・満州の植民地の官衙からの求人も多かったのである。いわば、卒業生がすぐに千葉県の工業化を担う人材になるというわけにはいかず、戦時体制を広く担う人材として日本国内ばかりでなく、植民地へも散っていったことが推測されよう。こうして、千葉県の多年の念願であった県立工業学校は、日中戦争から太平洋戦争への泥沼の中で、千葉県に数多くの工場が誘致されるまでは、国策を支える中堅工業人を養成し、国策に埋没していったのである。

なお、県立工業学校設置が県会で審議されていたのとほぼ同時期、国立の高等工業学校の千葉県への誘致問題も千葉県の工業化の一環として持ち上がっていた。戦後の千葉大学工学部へつながるものであるが、この問題は県財政からの予算支出を含まないために千葉県独自の政策課題とは言いがたく、まさに国策としての性格が強いことからここでは扱わないこととした。他日を期したいと思う。

3 千葉県地方工業化委員会の設置

県立工業学校設置問題が県政の焦点となっていた一九三八（昭和一三）年から一九三九（昭和一四）年にかけて、千葉県の工業化を構想するものとしてもう一つの県政の焦点になっていたものが千葉県地方工業化委員会であった(60)。日中戦争二年目に入った一九三八（昭和一三）年六月一〇日、生産力拡充の国策に順応するため、千葉県は県告示第四六八号として千葉県地方工業化委員会規定を定めたのであった。それによれば、千葉県地方工業化委員会が調査審議すべき事項は「一、地方工業化ノ可能ナル工業ノ種目及其ノ地域並ニ之ガ為施設スベキ事項其ノ他ノ実行方策、二、地方ニ分散スル下請工業ノ助成振興方策、三、農、山、漁村未開発原材料ノ活用ニ依ル地方特種工業ノ開発方策、四、地方工業ノ動力化及低廉ナル動力利用ノ方策、五、工場誘致ニ関スル方策、六、地方工業化ニ伴フ影響対策、七、其他地方工業化ニ関スル事項(61)」の七項目であったが、これらの調査審議項目は政府の商工省において設置した地方工業化委員会で決定された「地方工業化委員会においてさしあたり研究すべき事項」としてあげられた五項目の研究項目に準拠していたものであった(62)。千葉県地方工業化委員会の第一回会合が開かれたのは、千葉県地方工業化委員会規定が定められてから六カ月が過ぎた一九三八（昭和一三）年一二月二〇日であった。この時、県当局から諮問された事項は「（一）、本県における工場誘致上採るべき適当なる方策につきその会の意見を諮ふ。（二）、本県における中小工業特に下請工業の助成振興に採るべき具体的方策につきその会の意見を諮ふ。（三）、本県における工業資源開発促進上採るべき方策につきその会の意見を諮ふ」という三項目であった。この（一）～（三）の三項目の各諮問案を審議するため、千葉県地方工業化委員会は、第一委員会、第二委員会、第三委員会の三つの委員会に分かれて活動を開始したのであった(63)（表5-3）。

政府が地方工業や下請工業の振興問題に注意を向けるようになったのは一九三四（昭和九）年ごろからであった。商工省工務局工業課は、同年の末にわが国の機械制工業の著しい都市偏在傾向に対し、工業の地方化問題を取り上げ、この調査研究費を一九三五（昭和一〇）年度予算に計上したのであった。次いで、一九三五年一〇月一五日、「地方工業化委員会設置要綱」を商工省の省議で決定し、地方工業化委員会を設けた。商工省の「地方工業化」の意味については、工務局工業課の「地方工業化の必要と利益」と題するパンフレットで「工場の都市偏在に関しては合理性を認め難い（中略）今之を機械工業、金属工業、染織工業、化学工業其の他の各種の工業に亘って検討して見ると、其の中には地方に工場を移し又は地方に工場を新設して経営する方が却って生産費の低下を来たし、企業を合理化し、或は健全化する所以であると断定し得るものが尠くない（中略）更に地方農山漁村に於ては調査研究が不充分な為に、工業の原料又は材料等にして未だ充分に活用せられていない資源も非常に多い（中略）工業の地方化は（中略）農山漁村等の余剰労力を巧みに利用せられ（中略）地方農山漁村の振興に資する（中略）国防上から見ても、平時から汎く地方農山漁村に工業上の知識を普及しておくことは、非常時に於ける総動員計画等の上に於ても甚だ有意義」であると位置づけている。[64] 商工省の地方工業化政策は、わが国の工業偏在を是正するとともに、工業の地方的育成をはかって農山漁村の振興をはかり、あわせて総動員計画の準備にもしようという壮大な政策意図があった。[65] 換言すれば、先の引用文にあるごとく、産業の合理化、農山漁村の振興などのそれまでの昭和恐慌以来の経済救済策から総力戦体制構築までを視野に入れた壮大な政策として立案されたのである。政府の地方工業化委員会の第一回総会は一九三五（昭和一〇）年に開催され、先のパンフレットに沿った五項目の研究項目が提案されたが、それまでは入っていなかった「二、地方に分散する下請工業の助成振興策」の研究項目が入ったことが注目される。また翌一九三六（昭和一一）年、商工省は「地方庁における地方工業化委員会設置要綱」を作成し、各府県に通達した。各府県の地方工業化委員会はこの要項に準拠せしめることとしたのである。[66]

こうした政府の地方工業化を推進しようとする具体的な方策の中で、政府の委員会ではそれまで重視されていなかった「下請工業の助成対策」がまずもっとも緊急で重要視される第一位の問題になったのであった。そのため、政府は一九三六（昭和一一）年において下請工業助成費を八万二〇〇〇円計上して一三県に補助金として交付し、翌一九三七（昭和一二）年には五六万九五〇〇円に増額し、三〇県に拡大して補助金を交付した。付言すれば、千葉県は両年度とも補助金交付対象県に入っていない。こうした中で、政府の地方工業化政策は日中戦争の勃発により大きく政策方向を変更していったのである。一九三八（昭和一三）年に入ると総力戦体制の構築と生産力拡充計画の進展によって中小企業の整理転廃が大きな課題になると、この下請工業の助成政策は中小企業の転廃事業政策の一つにされてしまったのであった[67]。いわば、政府の地方工業化政策は日中戦争の勃発とともに中小企業整理政策として矮小化されてしまったと言い換えてもいいのである。壮大な政策意図を持った商工省の地方工業化政策は、中小企業の転廃整理・指導助成策としては大きな意味を持つものとなったが、本来の政策意図としては一九三八（昭和一三）年で存立しなくなっていたのである。地方工業化政策をめぐるこうした情勢のもとで、千葉県地方工業化委員会の設置と活動が始まったのであった。

千葉県会で工業などに関する調査会や委員会の設置が話題となったのは、一九三七（昭和一二）年一一月からの通常千葉県会からであった。県議諏訪寛治が初めて「私ハ是非共本県ニ於キマシテモ、産業教育或ハ交通等ノ問題ニ付キマシテ、調査会ノ設置ノ必要ヲ考ヘルモノデアリマス。現在本県ニ於キマシテハ各方面ニ於キマシテ、調査会或ハ委員会等ノ機関ガ設置シテアルヤウデアリマスガ、此肝心要メデアル所ノ産業、教育、交通等ノ問題ニ付キマシテハ何等此ノ機関ガナイノデアリマスカラ、此ノ機会ニ於テ設置セラレタイト言フ希望ヲ有シテ居ルノデアリマスガ、県当局ハ之ニ対シテ如何ナル御意見ヲ有スルノデアリマスカ[68]」と県当局の意向を質したのであった。これに対して、知事多久安信は「県ニ依リマシテハ従来産業調査会、或ハ教育調査会ト云フヤウナ色々ノ調査会ヲ特設致シテ居リマシテ、相当ナ調査報告ヲ出シテ居ル府県モアルヤウデアリマス、私ハ是等ノ会ハアツテ害アルモノトハ考ヘテ居リマセヌガ、非常ナ効果ヲ期待スル程ノ自信モ持ツテ居ラナイ[69]」と答弁している。日中戦争が始まってから五ヵ月たった一九三七（昭和一二）年一一月から一二月にかけてのこの通常県会の時期でも、県の指導部の間では千葉県地方工業化委員会の構想がなかったことをうかがわせる答弁である。商工省が地方工業化政策の一環として取り組んでいたこの年度における下請工業への助成補助金は三〇県を対象としていたが、その中に千葉県は入っていなかった。千葉県が対象とされていないというより、千葉県より政府への働きかけがなかったと思われる。千葉県の指導部は地方工業化について未だ主体的には取り組んでいなかったのである。

しかし、それから六カ月後の一九三八(昭和一三)年六月一〇日、千葉県はにわかに千葉県地方工業化委員会規定を公布し、一二月二〇日に第一回地方工業化委員会が開かれた。ほぼ同時期の一九三八年一一月一六日から開かれた通常県会で、知事多久安信は工業委員会費の説明として「本県ノ工業ハ未ダ幼稚不振ノ状態ニアルヲ以テ之ヲ開発振興スル為ニハ普ク其ノ学識経験者及地方関係有力者等ヲ以テ地方工業化委員会ヲ組織シマシテ工業資本ノ計画移入、工場誘致、未開発資源ノ厚生利用其ノ他各種工業開発ニ関スル調査研究並ニ審議ヲナスハ最モ緊要ナルモノト認メ所要経費トシテ六〇〇余円ヲ計上シマシタ(70)」と述べたように、わずか六七五余円の予算計上であった。この千葉県地方工業委員会の費目は来年度の四月からのものであるため、この年の一二月二〇日から始まる千葉県地方工業化委員会は「昭和一三年度ニ於キマシテハ追加予算トシテ計上致シタモノ(71)」であった。換言すれば、千葉県地方工業化委員会は一九三八(昭和一三)年度の年度途中で県指導部により提起されたものだった。県経済部長清水虎雄は地方工業化委員会について「本県ノ工業ハ御承知ノヤウニ極メテ遅レテ居リマスガ、尚調査研究致シマスレバ開発セラルベキ工業資源モ多々アル、又工場ヲ誘致スル余地モ十分ニアル、又農山村ニ工場ヲ分散セシメルヤウナコトモ可能デアリ、其ノ他工業ノ動力化ニ依リ動力費ノ節源ヲ図ルト云フヤウナ、工業振興ニ関スル調査研究項目ガ多岐ニ亘ツテ居リマスガ、是ハ衆智ヲ集メマシタ委員会ニ於テ其ノ方針ヲ決定致スコトガ妥当デアルト信ジマシテ、茲ニ地方工業化委員会ヲ設置シマシテ工業振興策ヲ練ルコトニ致シタノデアリマス(72)」と知事の答弁を補足したのであった。千葉県地方工業化委員会の開催と活動を、日中戦争二年目に入り拡大してきた軍需景気に乗り遅れないようにするための千葉県への工場誘致の起爆剤にしようとしていたのである。この時期の千葉県にとって、地方工業化とは工場誘致そのものとなっていたのである。しかし、このことは、政府によって始められた地方工業化の政策的意図、すなわち「地方工業化の可能なる工業種目の研究」「地方に分散する下請工業の振興助成」「農山漁村未開発原材料の活用」といった工業の地方的育成政策とは全く乖離したものとなっていたのである。また、政府の地方工業化政策が中小企業の整理転廃事業に矮小化された時に千葉県地方工業化委員会が立ち上げられたという時期的な遅れは致命的とも言えるものであった。

千葉県地方工業化委員会費として計上された六七五円という金額は、工場誘致の起爆剤とするにはあまりに少い支出額であり、県議たちの工場誘致への期待に冷水をあびせ、期待を裏切るものであった。県議矢島喜一郎は「此ノ工場誘致問題ニ対シテ長官ハ此ノ予算説明ニ当ツテ本県ノ工業ハ未ダ幼稚不振ノ状態ニアルト云フコトヲ仰有ツテ居リマス、誠ニ御同感デアリマシテ、之ニ対シテハアラユル経費ヲ惜マズ、此ノ時局ニ対スル所ノ未開発ノ資源開発其ノ他ニ対シテハアラユル努力ヲ払ハナケレバナラヌト云フコトヲ痛感シテ居ルノデアリマス、此ノ所要経費六百円ヲ計上シタト云フコトヲ書イテアリマスガ、成程是ハ新規ノ経費デアリマスカラ、六百円ト云フコトデオ足リニナルヤウニ考ヘテ居ラレルカモ知レマセヌガ、現在ハ審議調査ヲスルト云フ時代デハナイ、モウ既ニ実行ニ移ラナケレバナラヌ時代ヂヤナイカト思フノデアリマス、此ノ重大ナル工場誘致ニ対シテ六百円位ノ予算ヲオ出シニナツテ、此ノ遅レタル所ノ工業開発、工場誘致ニ対シテ足リルノデアルカト云フ御尋ネヲシタイ」[73]と述べて不満を表した。県議松本栄一は「六百七十五円位ノケチナ費用ヲ計上シナイデ（中略）工場誘致問題ニ対シテ僅カニ地方工業化委員会費トシテ六百七十五円ヲ計上シタ儘デハ余リニ情ケナイト思フ、モウ少シ大キイ予算ヲ取ツタラドウデスカ」[74]と県議たちの期待を代弁したのである。拡大しつつある軍需景気の中で、千葉県の工業化＝工場誘致は決定的に立ち遅れ、県が主導権をとれなくなってしまったのではないかという疑問も噴出していたのである。県議松本栄一はさらに「御承知ノ通

表5－3　千葉県地方工業化委員会委員一覧

第一委員会 （諮問（一）担当）	第二委員会 （諮問（二）担当）	第三委員会 （諮問（三）担当）
篠原代議士	陸軍造兵廠東京工廠付神田砲兵中佐	田中県警察部長
岩瀬　〃	陸軍兵器本廠付都倉砲兵中佐	高瀬県学務部長
永井千葉市長	篠原製作所篠原社長	神山千葉運輸事務所長
川村銚子市長	大里銚子商工会議所会頭	浜口ヤマサ醤油会社社長
浮谷市川市長	児島九十八銀行常務	林辺理研真空会社社長
河田東電支社長	大口千葉鉄鋼製品工聯理事	横山参松飴会社工場長
西川商工聯会長	太田日本パイプ会社常務	諸角日電工会社興津工場長
茂木野田醤油会社社長	諏訪民政支部議員会長	伊藤県会副議長
古荘千葉銀行頭取	吉野工組県副支部長	青木政友支部議員会長
大竹理研紡織会社社長	前沢昭和内燃機製作所取締役	
浮谷東葛瓦斯会社社長		
吉田千葉瓦斯会社社長		
宮田製作所大多喜工場長		
岩井鴨川ニッケル会社取締役		
星野県会議長		
後藤京成電車社社長		
中村北越製紙市川工場長		
奥村共立モスリン中山工場長		

出典：『読売新聞（千葉版）』昭和13年12月21日より作成。

リ聖戦開始以来一年有半、此ノ間ニ於テ工場ハアチラコチラニ沢山出来テ居ルノデアリマス、我ガ千葉県ハドウカ、千葉ニ工場ノ出来方ガ少イ（中略）何故ニ（中略）真面目ニナツテ工場誘致運動ヲシテ呉レナカツタ」[75]のかという不満も述べている。

とにかく、千葉県地方工業化委員会は千葉県の期待を背負って一九三九（昭和一四）年一月に入ると本格的な活動を開始した。まず、一月二五日か二六日に東京で千葉県工業化委員会顧問会議が開かれると報道された[76]。その顧問会議の出席者には、森日本電工社長、大河内理化学研究所長、池貝鉄工所長などの千葉県出身の経済界の大立物が顔をそろえる予定であった。千葉県の工業化と工場誘致の大デモンストレーションというべきものであろう。一月二六日に第一委員会の答申が出され[77]、翌一月二七日に第二・第三委員会の答申も出されて[78]、第一、第二、第三の各委員会の答申が出揃ったのであった。ついで二月九日、東京・丸の内の工業倶楽部内において、千葉県出身者の実業家一三名によって再度の顧問会議が開催され、答申に一層の肉付けがなされた。[79]また、千葉県に呼応して千葉市においても工業都市としての千葉市の躍進をめざして「工業化学委員会」[80]も成ったという。

千葉県地方工業化委員会の答申には「県民ノ総力ヲ以テ工場誘致ニ関スル施設並ニ運動ニ努」めるため、「（イ）工場設置上必要ナル瓦斯、水道、道路等ノ施設ヲ一層速ニ整備」「（ロ）電力、交通、通信等工場経営上必要トスル施設ノ整備（中略）特ニ電力料金軽減ノ方策」「（ハ）工場設置上必要ナル土地ニ付（中略）買収等ニ関シテモ充分便宜ヲ供与スル」「（ニ）本県内ニ新ニ工場設置ヲ為スモノニ付テハ県税其他諸税ヲ一定年限間減免スル」ことが中心に述べられていた内容であった。[81]しかし、これらの答申内容は「即チ工場ヲ誘致スル方法ハ動力問題ヲ解決シナケレバナラヌ、動力ノ中ノ電力ハ千葉県ハ非常ニ高イ、此ノ電力問題ニ付イテ県ハドウ云フ風ニヤルカ（中略）又、工場ヲ誘致スルハ特殊ナ条件ヲ付ケル必要ハナイカ、新シク工場ヲ設置スルモノニ対シテハ県税ヲ免除スルトカ」[82]するというような工場誘致に関する県会における県議たちの質問や発言に繰り返し出てきていることとほとんど同じであり、とくに目新しいものではなかったのである。

4　日中戦争期における千葉県工業化の限界

言うまでもなく工業化の基盤整備に必要な条件は、動力源としての電力の安定供給、工業用水の確保、工業用地の造成、そして原料・製品の運輸方法の確立であろう。

動力問題については、千葉県地方工業化委員会の発足から一年を経た一九三九（昭和一四）年一一月からの通常千葉県会において県経済部長高辻武邦は「電灯電力ノ問題デアリマスガ（中略）本県ニ於キマシテハ実ハマダ電灯ノナイ村ガアルト云フコトヲ私ガ本県ニ来任致シマシテ初メテ知ツタ（中略）本県ノ電力ハ、実ハ近年ト較ベスト《ママ》、稍々高イヤウデアリマスガ、是ハ今後本県ニ漸次工業ガ誘致セラレマシテ、工業地帯トシテ発展シテ参リマシテ、相当大量ノ電力ガ継続的ニ利用セラレルヤウニナレバ、電力モ自ラ自然ニ低減スルト考ヘラレルノデアリマシテ、電力料ガ低減スルコトハ工業ヲ誘致スル有力ナル原因トナル[83]」と述べて、千葉県工業化の弱点の一つに電力問題があると認めたのである。一九五六（昭和三一）年一二月、東京電力千葉火力発電所が発電を開始するまで、千葉県の電力事情は弱体だったのである。また、工業用水の確保についても、県土木課長上田柳一は「工場用水ニ現在ノ水道ガ使用出来ルカドウカト云フ御質問デゴザイマスガ、是ハ勿論工場ノ『ボイラー』トカ云フヤウナ極ク僅カナ使用ニ対シテハ、現在ノ水道デ十分デアリマス、併シ『コンデンサー』トカ其ノ他軽工業ノ如キ非常ニ水ヲ余計ニ使フヤウナモノニ対シテハ其ノ設備ハ甚ダ疑問デアルト思ヒマス、現在ノ所デハ多少余裕ガアリマスケレドモ、給水地域内ニ全部予定通リ使用セラレルト云フコトニナルト、サウ云フ大キナ工場ニ対スル用水ハ困難デハナカラウカト斯様ニ考ヘテ居リマス、既ニ御承知ノ通リ東京カラ千葉付近ニ至ル埋立テヲシテ、其ノ上ニ工場ヲ拵エル、其ノ時ニ工業用水ト云フモノハ非常ニ沢山要ルノデアリマス[84]」と答弁し、工業地帯の発展・拡大によっては将来において工業用水が不足になるだろうと述べた。一九三三（昭和八）年五月の臨時千葉県会で可決され、当時の岡田文秀知事によって事業化された一市一二カ町村を給水区域とする千葉県営広域水道では、工業用水を十分に確保できなくなることは目に見えていたからである。岡田文秀が「そのころ、千葉市では地下水が豊富で人口五万ほどの千葉市民は水道飲料水の必要性を絶対とせず、井戸水か湧き水でよい……と考えていました。そんな考えでは千葉市将来の発展は期せられません（中略）とはいえ、計画としては当分その豊富な地下水を利用すべきで、さく井により他の一二カ町村は江戸川の水を松戸地先から引き入れ、これを千葉市のさく井式水道と連結することで将来にそなえること[85]」の計画しかたてられなかったからである。

この一九三九（昭和一四）年一一月からの通常県会に提案された一九四〇（昭和一五）年度予算案において初めて県による工場誘致策に予算的裏づけがなされた。知事立田清辰は予算説明の中で「本県ノ工業ハ醤油醸造ノ如キ一部特殊ノモノ以外ハ一般ニ幼稚不振ノ状態ニアリマスノデ之ガ開発振興ノ為曩ニ地方工業化委員会ヲ組織シマシテ（中略）工場誘致策ヲ樹テマシテ実行ニ移シテ参リマシタガ、明年度ニ於テハ一層積極的ニ活動ヲ致シマスル為工場誘致策トシテ所要経費弐千円ヲ計上シ、又東京湾ハ水運ニ恵マレ工場地帯トシテ好適ノ地勢ニ在リマスノデ、東葛飾郡浦安町地先ヨリ市原郡五井町地先ニ至ル内湾東北部一帯ノ海面ノ埋立並ニ工業用水、動力配給等ニ関シ調査ヲ為シ以テ工場誘致ヲ図ルハ本県産業発展上緊要ノコトト認メ、海面埋立計画ノ実施調査ヲ為スコトト致シマシテ之ガ調査費参千円ヲ計上致シマシタ(86)」と述べ、前年度から引き続き計上されていた地方工業化委員会費とともに合計五六七五円の工場誘致政策費が初めて設定されたことを説明したのであった。しかし、反対から言えば、工業化の基盤整備の調査費が全体で五六七五円しか計上されていないとも言えるであろう。この立田知事の説明に対し、県議松本栄一は「工場誘致ノ費用ト致シマシテ、経費ヲ二千円計上サレタト云フノデアリマスガ、此ノ二千円ヲ以テドウ云フ対策ヲ講ジラレルノデアリマスカ、此ノ二千円デ果シテ足リルノデアリマスカ、コンナ二千円位ノ金デドンナ運動ガ出来ルノデアリマセウカ、之ヲ一ツ御説明願ヒタイト思フ(87)」と質問し、不十分ではないかと質したのである。それに答えた立田知事は「ソレデ工場誘致ニ関連シテ、二千円デ何ヲスルカト云フオ話デ御座イマスガ、大体アノ位ノ費用ヲ以テハ何モ出来ナイノデアリマスガ、専任ノ人ヲ一人置キマシテ、之ニ関連スル地方工業化委員会ノ一部門トシテノ工業協議会ノヤウナモノノ費用ニ充テタイト考ヘテ居ル(88)」と述べたように、県当局もそのぐらいの予算規模でできる工場誘致策の限界は知っていたのであった。

こうした中で、東京湾内湾地帯の埋立てによる工業用地造成において、千葉県が主体性を確保できる条件は急速に失なわれつつあった。一九三九（昭和一四）年一一月、内務省から利根川と東京湾とを結ぶ「利根放水路計画」が発表されたからである(89)。それによれば、利根放水路は利根川と東京湾とを総延長二九キロメートルで結び、出来あがれば一〇〇〇トン級の船が航行できるという大計画であった。この国家事業としての「利根放水路計画」は、同時に養

図5－1　東京湾臨海工業地帯計画要図

出典：『東京日々新聞・房総版』昭和15年6月22日より作成。

老川河口から江戸川までの東京湾岸を埋め立て、工業地帯を造成しようという宏大な計画であった。立田知事も県会でこの「利根放水路計画」について「新放水路ガ出来マシテ非常ナル大キナ埋立地ガ船橋ノ海岸ヲ中心トシテ出来ル（中略）判ツタ所ニ依レバ約七五〇万坪、検見川ノ南カラ市川ノ海岸迄長サ三里巾一里余ノ大埋立地ガ出来ル、而モソレハ強固ノ防波堤ノ中ニ一万噸級ノ船ノ入ル岸壁ガ出来、『ブロック』ガ十幾ツ出来ルト云フ計画ノヤウデアリマスノデ、将来仮令内務省ガ直轄ニナリ県ト共同デヤラナクテモ土地カラ上ル収益ト云フモノハ年々相当ニ上ル、私ハ十年、十五年ノ後ノ千葉ハ京浜間ト並ビ称サル日本有数ナル工場地帯トナルト考ヘテ居ルノデアリマス」[90]と述べて千葉県の発展に寄与するであろうとの展望を述べた。しかし、立田知事がその中で「内務省ガ直轄ニナリ県ト共同デヤラナクテモ」という言葉を発したように、国策としての大規模な国の開発政策の中で千葉県が置き去りにされてしまう懸念も大きかったのである。

一九四〇（昭和一五）年に入るとこの「利根放水路計画」の工事も始まった。それが完成すれば、周辺人口は一〇〇万人、一年の生産額三〇億円、名古屋港につぐ大商業港の出現と報道されたのであった。一九四〇（昭和一五）年三月、内務省土木会議港湾部会で東京湾臨海工業地帯造成計画が決定された。六月二二日、内務省土木会議には、立田千葉県知事、上田千葉県土木課長、永井千葉市長、村田千葉市土木課長等が出席し、最終的な埋立計画が決定された[93]。その造成計画を表5－4によって見れば、大規模なものは内務省の直営、小規模な埋立ては千葉市営と東京湾埋立会社による工事となっている。千葉県としてはこの開発政策に関われなかったのである。この埋立てが始まった一九四〇（昭和一五）年一一月の通常県会で県議松本栄一が「私ハ此ノ千葉付近ノ海岸ヲ県ノ財源トシテ埋立ヲ計画シタラドウカ、県ノ財源トシテ研究シタラドウカ」と質問したが、立田知事は「既定経費ノ緊縮節約ヲ図リ不急不要ノ事業ヲ断行」する県の予算編成方針のもとでは、千葉県が埋立て計画に関われる財政上の余裕はないと答弁したのである。この埋立て計画は内務省が二五〇〇万円の計上していたが、これは千葉県の一九四一（昭和一六）年度予算の二倍に近いものである。そして、この年度の千葉県予算案は前年度より五〇〇万円増加した一五〇〇万円であったがその増加分のほとんどは戦時体制を支えるための県支出であったからである。

第一期埋立て計画は千葉市直営で九〇万坪とされたが、太平洋戦争の影響で埋立て面積は六〇万坪に縮小された。ここに日立製作所・日立航空機製作所の工場が建設され、一九四四（昭和一九）年から本格的な飛行機生産が行われた。戦後、この埋立て地に川崎製鉄が進出し、千葉県が工業地帯の造成に主体的に関われるようになるまで、敗戦をはさんで一五年が経過しなければならなかったのである。

表5－4　内務省の造成計画案

第１期計画	千葉市都川から生浜町地先まで90万坪（千葉市直営）
第２期計画	生浜町地先から養老川口に至る270万坪（東京湾埋立会社工事）
第３期計画	船橋から検見川まで3,600万坪（内務省直営）
第４期計画	検見川から都川口まで150万坪（千葉市直営）
第５期計画	江戸川放水路から船橋まで、2,000万坪（内務省直営）

第二節　千葉県による千葉市周辺の都市計画事業の挫折

千葉市周辺に都市計画法の適用を受けたのは一九三〇（昭和五）年九月であり、ついで一九三二（昭和七）年六月に千葉市とともに都村・都賀村の千葉市に隣接する平坦部をもあわせて都市計画区域が設定された。そうした中で、一九三七（昭和一二）年四月、検見川町・蘇我町・都村・都賀村の二町二村を合併し、人口八万五〇〇〇人の千葉市が成立したのを契機に千葉県は新たな都市計画事業に着手しようとしたのである。

国や県当局者・県会議員や関係市町村の代表者によって構成される都市計画千葉地方委員会が『千葉都市計画埋立事業概要』(96)を立案決定したのは一九三七（昭和一二）年七月であった。それによれば、千葉市について「〔千葉市は〕国立畜産試験場、千葉医科大学を始めとして、各般の官公衙・学校が多いが、特に『軍郷千葉』と称せられるように各種の軍事施設があり、本市は帝都の護りとして国防的見地より重要な地位にある。即ち鉄道連隊・気球連隊及陸軍関係の歩兵・飛行・戦車の諸学校が市内に存在してゐる」(97)と述べ、千葉市が軍事上重要な都市であると位置づけている。しかし、都市計画の観点から千葉市の現状を分析すれば、「道路は東京市より千葉市に至る七号国道を始めとして、本市より県下各地に至る府県道が多数有るが市街地は未だ近代的交通に適する街路施設が殆んど完備してゐない（中略）近年交通機関の発達、産業の開発、上下水道の整備等により市勢大に揚り、各方面に著しき発展膨張の傾向を示してゐるが、既成市街地は人口稠密であり、街路は概ね旧態を残して居て、交通機関の急激な発達に順応出来ず」(98)と認識されるような状況であった。この七号国道（現国道一四号）は「千葉市登戸町三丁目地先より左折して市街地に入り省線本千葉駅北端に於て房総線と平面交叉して千葉神社前に至り更に右折して市街地の中心部を経て県庁に達するのであるが、その市街地部分は幅員概ね七乃至八米家屋連檐して交通上保安上極めて憂慮に堪へない状態」(99)であったが、市街地部分の道路幅員の拡張は困難な状況にあったのである。その状況を抜本的に改善しようとしたのが、都市計画事業としての千葉市海岸部埋立てによる七号国道の改良計画である。都市計画事業としての埋立て計画は千葉市登戸町から神明町にかけての海面を埋め立て、そこに都市計画に基づく街路・公園・防潮堤・学校用地を配置しようとするものであった。この事業計画の中心となったものが街路設定すなわち七号国道へのバイパス道路の建設である。千葉市の海岸部を埋め立てた所に七号国道への新しい取付け道路を設定し、それによって「国防上産業上極めて重要なる房総半島の交通を考慮し、併せて市街地交通を緩和する目的を以て前期国道改修部分に接続して海岸埋立地に幹線道路を築設せん(100)」としたものであった。換言すれば、現在の国道一四号線とそれにつながる一六号線のように、稲毛から西千葉・寒川にかけての海岸段丘の下の遠浅の海を埋め立ててそこにバイパスとしての新しい幹線道路をつくり、館山方面へ向かう道路に接続させるとともに千葉市街地の交通状況を整理しようという計画だったのである。実現すれば、戦後の道路計画にも通じる千葉市の都市計画の本格的な第一歩ともなるべきものであった。

翌年における二町二村の合併による千葉市の拡大と都市計画千葉地方委員会による千葉都市計画埋立て事業計画の進展状況をふまえて、千葉県は一九三六（昭和一一）年一一月からの通常県会に来年度予算案として都市計画事業費を提案していた。知事石原雅二郎はそれについて「千葉市ヲ貫通スル現七号国道ハ交通ノ発達ニ伴ヒマシテ、之ガ拡築ノ必要ニ迫ラレテ居リマスガ、此ノ街路ヲ拡張スルト云フコトハ、土地物件ノ買収等ニ多額ノ経費ヲ要スルタメ容易ニ実施シ難イノデアリマス、然ルニ千葉港ヲ浚渫シ、之ニ依リテ生ズル土砂ヲ以テ寒川ノ海面ヲ埋立テタナラバ、経済的ニ新ニ小公園、防潮堤等ヲ含ム整然タル道路ヲ築造シ得ルノミナラズ、同時ニ千葉港維持保全ノ効果ヲモ挙ゲ得マスルノデ、右七号国道ニ代ルベキ海岸道路ヲ築造スルタメノ埋立事業ヲ県ノ都市計画事業トシテ実施スル計画ヲ樹テタノデアリマス、即チ工費五十万円ヲ以テスル三ケ年継続事業デアリマシテ之ガタメニ明年度ニ於キマシテハ、新ニ二十万円ヲ計上(101)」したと説明した。すなわち、一九三七（昭和一二）年度から一九三九（昭和一四）年度の三カ年間の継続事業として、初年度二〇万円、次年度二〇万円、三年度一〇万円の支出計画が県によって立てられていたのである。総務部長川久保常次郎は詳しい説明として「最後ニ寒川海岸埋立ノ問題デアリマスガ、是モ矢張リ一ツノ道路事業デアリマシテ、東京カラ千葉ニ達シ、千葉カラ木更津、北條等ニ至ル路線ハ本県ノ道路ノ中デモ幹線中ノ大幹線デアリマス、ソレガ東京カラ千葉マデハ大体非常ニ善クナツタノデアリマスガ、千葉ノ街ニ入リマシテカラ県庁ニ来ル迄、更ニ県庁ヲ通過シテ木更津方面ニ参リマス為ノ市内ノ道路ハ未ダ非常ニ不完全ナノデアリマス、其ノ為ニ折角出来タ立派ナ国道ガ非常ニ効果ヲ殺ガレテ居ルト云フ状態デアリマスノデ此ノ部分ダケヲ何トカ改メタイト云フノデアリマスガ、ソレガ従来ノ国道即チ本町通リヲ通リマスアノ道ヲ拡ゲルト云フノデハ非常ニ多額ノ経費ヲ要シマスノデ、茲ニ海岸ヲ埋立テ、道路ヲ造ルト云フコトヲ考ヘタ訳デアリマシテ、是モ本県トシテハ非常ニ緊急ナ事業デアリ、然モ一石二鳥又ハ三鳥ト称シ得ル程付随的ノ効果ガ非常ニ多イ事業デアリマス[102]」と述べた。稲毛・西千葉・寒川の海岸段丘の下の海面の埋立てによる新たな道路計画は、まさに戦後の国道一四・一六号線と同じ計画であったことがわかる。

しかし、この千葉都市計画埋立て事業の予算化は多くの困難な状況に取り囲まれていたことも事実である。その予算化に難色を示す県議も多かった。それはこの埋立て事業による新道路計画が県費で行う国道取付け道路という性格を持っていたからである。県議野村恵一郎は「国道トシテ我々ガ希望シテ居ツタ所ノ路線ガ少クトモ其ノ一端ガ県費ヲ以テ改修シナケレバナラン」ことに対して、「国道編入ノ実現ノ暁ヲ以テ改修ヲ待ツテモ決シテ遅クハナカツタト思フ」と述べ不満を表明した[103]。その不満の底流には、「非常時」の名のもとに地方費の緊縮が求められ、地方の道路改修が進んでいないという郡部選出の県議たちの不満があったのである。野村県議は「非常時デアリ農村ガ疲弊困憊」している中で「土木工事ノミデハナイト考ヘルノデアリマスガ余リニ都市集中主義デアツタト云フコトハ私ハ疑問ヲ抱カザルヲ得ナカツタ[104]」と述べて千葉市中心の都市計画事業を批判したのであった。石原知事は「少シモ千葉市ノ為ノミノ事業ト云フノハ一ツモナイノデアリマス、恐ラク都市集中、言換レハ千葉市集中ト云フコトハナイ[105]」と答弁したが、歳出予算の柔軟性が失なわれてくるにしたがいこうした不満は高まるであろう。一年後の通常県会でこの都市計画埋立て事業による道路造成が日中戦争の激化による一層の予算の硬直化の中で変更された時、再び大きな問題として浮かび上がってくるのであった。また、もう一つの問題点は事業費の財源であった。県当局はこの都市計画埋立て事業による道路造成の事業費を「起債ヲシテヤッテモ十分ニ価値ノアルモノト考ヘテ居ル[106]」と述べたように、「非常時」とはいえ日中戦争勃発前の財政状況の中で起債が政府によって認められ、県債で十分にまかなえるとの楽観的な見通しを持っていたことであった。都市計画千葉地方委員会が『千葉都市計画埋立事業概要』を策定したのは一九三七（昭和一二）年七月、まさに日中戦争が勃発した月であった。その後の日中戦争の拡大・長期化による戦時支出の増加が県の歳出に一挙に襲いかかった時、国は県による新たな事業計画を中止させるとともに、国家支出の増大を国債で支えるために県債の発行を認めなくなるからである。

日中戦争に突入して初めての県会は一九三七（昭和一二）年一一月に始まった。それは冒頭で北支派遣軍等に対して「千葉県会ハ勇猛果敢ナル皇軍ガ南北戦線ヲ完全ニ圧シ、今ヤ大原、上海ヲ攻略シテ暴戻ナル支那軍ノ死命ヲ制シ[107]」たことをよろこぶ電報を送ることから始まったが、日中戦争は県財政を直撃していたのであった。この県会に提案された一九三八（昭和一三）年度予算は「時局に緊要なもの」を除き緊縮・削減が徹底化され、歳出額も前年度当初予算額より七〇万円減額された九九六万円となった。こうした中で、一九三八年度の道路改良事業費は七〇万円が支出されるべき継続費となっていたところ、わずかに一〇〇〇円に減額されてしまったのである。前年度から予算化されていたこの都市計画埋立事業もこの年度も二〇万円の継続費とされるはずのものが一〇〇〇円計上されただけであった。地方技師宮崎正夫は「三十八款ノ都市計画街路事業費ハ昨年御協賛ヲ願ヒマシタ千葉海岸ノ埋立事業デアリマシテ、之ニ依リマシテ国道ヲ海岸ノ方ヘ廻シ、旁々アノ国道ノ沿線ニ約八万坪ノ埋立ヲスル予定ダッタノデアリマスガ、時局ニ依リマシテ、斯様ナ事業ハ後年度ニ繰延ベテ施行スル方ガ宜シイト云フヤウニ、起債ノ認可ヲ得ラレル見込ガ非常ニ困難トナリマシタ為ニ、本年度ニ於テモ執行スルコトガ出来ナカツタノデアリマス、現在ノ状況カラ予想致シマスト、明年度ニ於キマシテモ矢張リ左様ナ事情ニナルコトダラウト観測サレマスノデ、十三年度ノ予算ハ、千円ヲ計上シタ次第デアリマス、其ノ他ノ事業ニ付テモ左様デアリマス、起債等ノ認可ガ出来ルヤウナ事情ニナリマスレバ、其ノ際ニ改メテ予算ヲ計上シテ執行スルコトガ出来ルカト思フ(108)」と述べ、都市計画埋立て事業による道路造成が事実上消滅してしまい、これからも再開の見込みが立たないだろうと述べた。この道路計画は戦後まで持ちこされることとなるのである。

千葉市の海岸部埋立てによる新道路造成をめざす都市計画埋立て事業（これを千葉県は第一期都市計画事業と言った）の消滅にかわり、この県会には第二期都市計画街路事業が提案された。一九三八（昭和一三）年度から二カ年の継続事業として合計二五万円、初年度一〇万円の事業費である。この第二期の都市計画事業について地方技師宮崎正夫は「第二期都市計画街路事業費（中略）ハ府県道千葉大久保線ガ千葉駅ノ東側デ省線ト交叉シテ居リマス、之ヲ俗称椿森踏切ト申シテ居リマスガ、之ヲ都市計画街路事業トシテ立体交叉ニ改築スルノ計画デゴザイマス、総工費ハ二十五万円、二箇年継続事業ト致シマシテ、十三年度ニ於テ十万円ヲ計上シタ(109)」と説明した。いわゆる椿森踏切を総武線と府県道の立体交差にして鉄道と県道の交通を整理しようとしたものであった。しかし、この立体交差計画にも困難な状況が取り巻いていることにかわりはなかった。この立体交差事業費の支弁は二カ年年にわたり合計一〇万円の千葉市からの寄付金があることが前提であった。県の財源ではもはや総工費二五万円の全額を支出することが不可能であったからである。この千葉市からの寄付金に対して県議野村恵一郎は「之〔椿森立体交差のこと〕ガ為ニ千葉市ハ実二十万円ト云フ金ヲ御寄付ニナルノデアリマス、千葉市一万八千戸ト致シマスナラバ、一戸平均実ニ五円五十五銭五厘五《ママ》五ト云フガ如キ莫大ナル支出」を、「時局多端ニシテ、今出動将士身命ヲ賭シテ千里ノ外ニ奮戦セル今日(110)」に県として千葉市から支出させることの是非を問うたのであった。また、椿森立体交差事業は「決シテ埋立事業ヲ止メタ代リニ代償的ニ此ノ事業ヲ行フト云フ訳デハナイ(111)」と知事多久安信が答弁しても、海岸部の道路計画消滅による千葉市への代償として、千葉市の寄付金二カ年度合計一〇万円を条件として予算化されたとの疑いを郡部選出の県議たちにもたれていたのであった。

それゆえに、県当局は、この椿森立体交差事業の予算化を「時局性」と「軍事的要請」とを理由づけの柱として前面に押し出して説明したのである。地方技師宮崎正夫は「此ノ道路ハ千葉市ノ中心部並ニ千葉駅ト、千葉市ノ北部一帯殊ニ御承知ノ軍郷地帯ニ連絡スル所ノ唯一ノ道路デアリマシテ、非常ニ重要ナ道路デアリマス、然ルニ踏切ノ位置ガ省線千葉駅ノ構内ニカカツテ居リマス為ニ、交通ノ遮断サレル回数ガ非常ニ頻繁デアル（中略）従来カラ此ノ平面交叉ヲ改良シテ立体交叉ニスルト云フヤウナ計画ハ要望サレテ居ツタノデアリマスガ、殊ニ今次ノ事変ニ際シマシテ、国防、軍事ノ点ヨリ見マシテモ、又千葉市ノ開発ノ点ヨリ見マシテモ極メテ緊急ナ事業デアリマス」[112]との理由を説明し、日中戦争勃発による「国防」と「軍事的要請」を強調して県会の同意を求めようとしたのであった。また、椿森立体交差事業費を県債で支弁しようとした時、「銃後ニ緊切ナルモノ」と認められなければ内務省の起債許可がおりないが、軍事的要請を前面に出すことで、椿森立体交差事業費の起債については「内務省ニ於キマシテモ其ノ点ハ諒解サレテ」いたと言うのであった[113]。多久知事も「此ノ椿森ノ問題ハ（中略）時局ニ鑑ミマシテ軍事上特ニ認メテ居ル」ことを強調し、「政府ノ起債抑制ノ方針ニ従ハナケレバ事業ガ出来ナイ」状況を突破しようとしたのである[114]。

県当局が椿森立体交差事業を「軍事上」の必要として説明したことで県会の議論は予想外に紛糾したのであった。県議原徳治は、七号国道が総武線や京成線と交差する船橋の踏切の立体交差の工事の方が椿森の工事より軍事的には重要で時局に適っているとして、「此ノ船橋ニ関連スル所ノモノヲ調ベテ見マスト、千葉ノ鉄道、気球隊ノ二個連隊、飛行連隊、船橋ノ無線通信隊、国府台ノ高射砲、騎砲兵、野戦重砲四個連隊、佐倉ニ歩兵一個連隊、習志野ニ鉄道、戦車、騎砲兵三個連隊、騎兵学校等ガアルノデアリマシテ、軍事上カラ申シマスト、椿森以上ニ此ノ国道七号線ノ完成ハ私ハ急務デアルト考ヘマス[115]」と発言したのであった。そして、「我ガ千葉県ニ於キマシテ一番交通量ノ多イノハ御承知大通リ千葉東京間ノ国道デアリマス、アノ国道上ニ於テモ京成電車並省線トノ立体交叉ガナイ（中略）椿森ダケヲ何故早ク拵ラヘナケレバナラヌ理由ガアルカ」[116]という意見や、「市川ト椿森ト軍事上ドチラガ大事ナリヤ」[117]という意見が県議たちからあいついで出された。また、千葉市の一〇万円の寄付金についても「此ノ寄付ヲ千葉市ガシナカツタナラバ（中略）〔一〇万円の金は〕私ハ是ガ愛国公債トナツテ軍需品ノ購入ニ役立チ、軍費トナツテ立派ナ活動ヲスル金トナルノデハナイカ」[118]とまでケチをつける意見まであった。県の予算額自体が緊縮・削減される中にあって、限られた予算枠を奪いあい、対立するという事態が生まれたのである。一方、事業計画策定の理由を「国防上」や「軍事上」にしなければ、もはや県による新規事業は全くできなくなってしまい、千葉県独自の政策課題を実行することすら難しくなったのである。多久知事は「県政ヲ運用スルノニハ、寧ロ斯様ナ国家的掣肘ヲ受ケナイ部分ニ付テ我々ハ如何スレバ千葉県ノ為ニナルカト云フコトヲ考ヘテ居ル（中略）千葉県ハ千葉県独自ノ政策ガナクテハナラヌ」[119]と述べて、千葉県独自の政策課題に取り組むと言明してはいたが、日中戦争突入半年にして巨額な予算を要する土木事業の遂行は困難な曲面に立たされたのである。

翌一九三八（昭和一三）年一一月の通常県会で、椿森の立体交差工事の進展状況についての報告があった。多久知事は「事業ガ今日マデ延々ニナツテ居リマスコトハ全ク起債関係デアリマス」と起債許可が遅れたことで工事に取りかかれないと認めつつ、「多少起債ハ減額致シマシタガ、起債ノ許可ヲ得タ（中略）時期ハ遅レマシタガ、至急仕事ニ着手スル」[120]と事業規模を縮小しつつも行うと述べた。知事の答弁を補足した経済部長清水虎雄は「起債許可ニナルト同時ニ土地ノ買収ニ取掛リマシタ、大体今日マテニ土地買収ハ略々終ツタノデアリマス、是モ不日完了致シマス、来月ノ五日〔一二月五日のこと〕ニ工事入札ノ予定デアリマス」[121]と説明したのである。

しかし、この椿森の立体交差工事も日中戦争の拡大と泥沼化の中で、起債による工事費支弁ができなくなって消滅していったのである。次の一九三九（昭和一四）年一一月の通常県会において予算編成方針を説明した立田清辰知事は「道路ハ産業ニ関係アリ各方面トモ又何時ノ時代デモ県会ノ予算ニハ新シイ道路ノ問題ガ出ルノデアリマシテ、私モ二十年来此ノ県予算ニ関係シテ居リマスガ、新設道路ニ関係ノナイ予算ニブツカルノハ多分今ガ初メテト考ヘテ居ルノデアリマス（中略）多額ノ経費ヲ要スル道路ノ拡張ハ起債ニ俟タネバナラヌ（中略）サウ致シマスト軍事ニ関係シテ居ルモノ以外ハ起債ガ殆ド不認可ナノデアリマス、ドウニモ其ノ財源ノ道ガアリマセヌ」[122]と述べた。日中戦争三年目にして、千葉県には都市計画事業ばかりでなく道路対策に取り組む財源的余地も全くなくなってしまったのであった。

おわりに

本章は一九三六（昭和一一）年から一九四〇（昭和一五）年までの日中戦争期の千葉県政について工業化政策と都市計画事業の二つの観点からその政策展開を追ったものである。

もともと乏しい県財政が日中戦争の中でますます財政的余裕がなくなっていく中でそれまで一つも県立工業学校がなかった千葉県は国策の流れにうまく順応することでようやく二つの県立工業学校を誕生させた。しかし、それはまだ千葉県が主体的に工業誘致や工業化政策を推進できる状況ではない中で設置されたため、国策を支える人材育成とはなったが、千葉県の工業化に貢献するにはまだ時期尚早であったのである。また、千葉県地方工業化委員会の活動も国の地方工業化政策の変質後に立ち上げられたため、県の地方工業化委員会の開催が工場誘致に一定のアピール力を持ったけれども、県による主体的な工業化政策を推進する力までにはならなかったと言うべきであろう。しかし、日中戦争期の千葉県の工業化政策は県としては成果を生み出せなかったが、戦後における「工業千葉」のイメージを県政の中に定着させた効果は大きかったと言える。

県における千葉市周辺の都市計画事業は二つの事業計画とも日中戦争の拡大・長期化の中で消滅していった。しかし、この二つの都市計画事業こそ戦後における千葉市の都市計画の原型をつくるものとなった。
そうした意味で、日中戦争期における千葉県の工業化政策と都市計画事業は、戦後の千葉県の姿を模索した重要な政策だったのである。

注

(1) 藤田武夫著『日本地方財政発展史』(河出書房、一九四九年)五八六〜六七四頁。
(2) その前の一九三〇年代前半の千葉県政については本書の第四章を参照。
(3) 『昭和十一年通常千葉県会議事速記録』第二号、三三頁。大枝十兵衛の質問。
(4) 同前。ただし、第四号、二五九頁の知事石原雅二郎の答弁。
(5) 同前。ただし、第一五号、八一九〜八二二頁の県議西川測吉の質問。
(6) 同前。ただし、第四号、二四七頁の県議松本源十郎の質問。
(7) 同前。ただし、第四号、二四八頁の県議松本源十郎の質問。
(8) 同前。
(9) 同前。
(10) 中村隆英・尾高煌之助編『日本経済史6　二重構造』(岩波書店、一九八九年)三八〜四一頁。
(11) 京成電気軌道株式会社の各年度の営業報告書(千葉県史料研究財団マイクロフィルム)には、沿線各地への電気供給が報告されている。
(12) 注(3)に同じ。ただし、第一三号、六七三頁。
(13) 同前。県議福地新作の賛成演説。
(14) 同前。ただし、第四号、二五一頁の県議松本源十郎の発言。
(15) 同前。ただし、第四号、二五八頁の知事石原雅二郎の答弁。
(16) 同前。

(17) 同前。ただし、第一六号、八六〇頁の県議松本源十郎の質問。
(18) 同前。
(19) 『千葉毎日新聞』昭和九年一二月四日の記事。
(20) 注(3)に同じ。ただし、第二号、七三頁の県議木島義夫の質問。
(21) 同前。
(22) 同前。ただし、第二号、九九頁の知事石原雅二郎の答弁。
(23) 同前。ただし、第五号、三二四頁の学務部長川井章知の答弁。
(24) 同前。ただし、第一二号、六三八頁の学務部長川井章知の答弁。
(25) 同前。ただし、第一二号、六三〇頁の木島義夫の質問。
(26) 「創立と変遷」(『千葉県立千葉工業高等学校創立五十周年記念誌』千葉県立千葉工業高等学校、一九八九年)五八頁。
(27) 注(19)に同じ。
(28) 同前。
(29) 同前。ただし、昭和一〇年一月一七日の記事。
(30) 『千葉県教育百年史　第四巻』(千葉県教育委員会、一九七二年)五六六頁。
(31) 注(26)に同じ。
(32) 『昭和十二年通常千葉県会議事速記録』第六号、一九〇頁の知事多久安信の答弁。
(33) 同前。但、第六号一九五頁。学務部長高瀬五郎の答弁。
(34) 『昭和十三年通常千葉県会議事速記録』第二号、四七頁の県議諏訪寛治の質問。
(35) 同前。ただし、第二号、五四頁の知事多久安信の答弁。
(36) 同前。ただし、第一号、九～一〇頁の知事多久安信の予算編成方針の説明。
(37) 同前。ただし、第一〇号、四六五頁の県議原徳治の質問。
(38) 注(35)に同じ。
(39) 同前。第三号、一三五頁の県議原徳治の意見。

(40) 同前。第三号、一三八頁の知事多久安信の答弁。
(41) 『千葉毎日新聞』昭和一三年一二月四日の記事。
(42) 注(37)に同じ。
(43) 同前。
(44) 『千葉毎日新聞』昭和一三年一二月一八日の記事。
(45) 野田農学校の卒業生たちも反対の署名運動を行ったという(『千葉県立清水高等学校　創立六十周年記念誌』(千葉県立清水高等学校、一九七九年)。
(46) 『千葉毎日新聞』昭和一四年二月一日の記事。
(47) 同前。ただし、昭和一四年二月一六日の記事。
(48) 同前。ただし、昭和一四年三月一〇日の記事。
(49) 『昭和十四年三月臨時千葉県会議事速記録』第一号、七頁の知事立田清辰の説明。
(50) 注(45)に同じ。ただし、五九頁。
(51) 注(49)に同じ。ただし、第一号、五一頁の県議吉野力太郎の発言。
(52) 同前。ただし、第一号、一五六〜七頁の県議青木泰助の発言。
(53) 同前。ただし、第一号、五八頁の県議諏訪寛治の発言。
(54) 『千葉毎日新聞』昭和一四年三月一六日の記事。
(55) 注(49)に同じ。ただし、第一号、一二四〜五頁の知事立田清辰の答弁。
(56) 同前。ただし、第一号、六一〜二頁。
(57) 次に千葉県につくられた工業学校は太平洋戦争中の一九四二(昭和一七)年一二月に市川市議会に提案され、一九四三(昭和一八)年度より開校した市川市立実科工業学校(現千葉県立市川工業高等学校)である(『千葉県教育百年史　第四巻』五八七頁)。
(58) 注(50)に同じ。
(59) 通産省編『商工政策史　第一巻』(商工政策史刊行会、一九八五年)一七〇頁。

(60)『千葉県議会史　第四巻』(千葉県議会、一九八二年)三九〇頁。千葉県地方工業化委員会の活動状況についてはこの『千葉県議会史　第四巻』に負うところが大きい。
(61)同前。
(62)通産省編『商工政策史　第一二巻』(商工政策史刊行会、一九六三年)二一七頁。
(63)『千葉毎日新聞』昭和一三年一二月一日、昭和一三年一二月二一日の記事。
(64)注(62)に同じ。
(65)同前。
(66)同前。ただし、二～八頁。
(67)同前。ただし、二二〇～二二三頁。
(68)注(32)に同じ。第三号、五九頁の県議諏訪寛治の質問。
(69)同前。ただし、第三号、六七頁の知事多久安信の答弁。
(70)注(34)に同じ。第一号、一二頁の知事多久安信の予算方針説明。
(71)同前。ただし、第二一号、六一五頁の経済部長清水虎雄の説明。
(72)同前。
(73)同前。ただし、第二号、七七頁の県議矢島喜一郎の質問。
(74)同前。ただし、第一三号、六六六頁の県議松本栄一の質問。
(75)同前。ただし、六六四頁。
(76)『千葉毎日新聞』昭和一四年一月一三日の記事。
(77)同前。ただし、昭和一四年一月二七日の記事。
(78)同前。ただし、昭和一四年一月二八日の記事。
(79)同前。ただし、昭和一四年二月二日の記事。
(80)同前。ただし、昭和一四年三月二一日の記事。
(81)注(60)に同じ。

(82) 注(75)に同じ。
(83) 『昭和十四年通常千葉県会議事速記録』第一二号、一五九五頁の経済部長高辻武邦の答弁。
(84) 同前。ただし、第一四号、七二一頁の土木課長上田柳一の答弁。
(85) 千葉県水道局編『千葉県営水道史』(千葉県水道局、一九八二年)岡田文秀の巻頭言「刊行を祝して」より。
(86) 注(83)に同じ。ただし、第一号、一八頁の知事立田清辰の予算説明。
(87) 同前。ただし、第二号、六一頁の県議松本栄一の質問。
(88) 同前。ただし、第二号、七八頁の知事立田清辰の答弁。
(89) 『東京日々新聞　房総版』昭和一四年一一月一五日の記事。
(90) 注(83)に同じ。ただし、第四号、二一三頁の知事立田清辰の答弁。
(91) 千葉県史料研究財団の近現代史部会の小川信雄氏の御教示によれば、現在の県立船橋高等学校の東側に地面を四メートル掘り下げた「運河跡」と呼ばれるグランドがあり、それが工事着工された「利根放水路」の工事跡であるという。
(92) 注(89)に同じ。ただし、昭和一五年五月二日の記事。
(93) 同前。ただし、昭和一五年六月二二日の記事。
(94) 『昭和十五年通常千葉県会議事速記録』第一三号、六二六頁の県議松本栄一の質問。
(95) 同前。ただし、第一号、一二頁の知事立田清辰の予算編成方針説明。
(96) 都市計画千葉地方委員会編『千葉都市計画埋立事業概要』(一九三七年、市政調査会蔵)。
(97) 同前、一頁。
(98) 同前。
(99) 同前、六頁。
(100) 同前、七頁。
(101) 注(3)に同じ。ただし、第一号、一二頁の知事石原雅二郎の予算編成方針説明。
(102) 同前。ただし、第四号、二〇六〜七頁の総務部長川久保常次郎の答弁。
(103) 同前。ただし、第一一号、五一五頁の県議野村恵一郎の質問。

(104) 同前。
(105) 同前。ただし、第一一号、五三五頁の知事石原雅二郎の答弁。
(106) 注(102)に同じ。
(107) 注(32)に同じ。ただし、第一号、一一三頁。
(108) 同前。ただし、第一二号、五二〇頁の地方技師宮崎正夫の答弁。
(109) 同前。ただし、第一二号、五二二頁の地方技師宮崎正夫の答弁。
(110) 同前。ただし、第一二号、五二四頁の県議野村恵一郎の質問。
(111) 同前。ただし、第一二号、五三八頁の知事多久安信の答弁。
(112) 注(109)に同じ。
(113) 同前。ただし、第一二号、五三一頁の経済部長清水虎雄の答弁。
(114) 同前。ただし、第一二号、五三七頁の知事多久安信の答弁。
(115) 同前。ただし、第一三号、五五八頁の県議原徳治の質問。
(116) 同前。ただし、第一二号、五三五頁の県議松本栄一の質問。
(117) 同前。ただし、第一三号、五六一頁の県議野村恵一郎の質問。
(118) 同前。ただし、第一三号、五四九頁の県議野村恵一郎の質問。
(119) 同前。ただし、第一四号、五八〇頁の知事多久安信の答弁。
(120) 注(34)に同じ。ただし、第五号、一五九～二六〇頁の知事多久安信の答弁。
(121) 同前。ただし、第五号、二六一頁の経済部長清水虎雄の答弁。
(122) 注(83)に同じ。ただし、第二号、一〇二頁の知事立田清辰の答弁。

第六章　展望にかえて——昭和二〇年代の千葉県財政——

はじめに

戦前の衆議院・県会議員が戦時中も生き残った千葉県内の政党勢力は、戦後公職追放され、戦後の政界は国政同様真空状態と化した。これにより昭和二〇年代前半、自由党の川口為之助を中心とした勢力は、千葉県内で絶対的な力を振るうことができたが、その一方、前章において指摘されてきた千葉県の近代化政策によってできあがった県内の諸産業は、一九四五年の空襲による焼失や戦後占領軍による接収などで、その大半が失われてしまい、近代化の推進は頓挫してしまった。

その一方、占領軍による民主化政策により、地方制度においても、六三制義務教育が始まり、保健所などが設置され、地方自治体は戦前にも増して国政委任事務量が増加した。さらに急激なインフレーションの進行が歳出の増大をもたらしたため、地方財政は大きく圧迫された。これに対して、国は数度の税制改定を行い、県民税をはじめとする新税を設置し、財源の強化をはかった。このように昭和二〇年代前半の地方財政は大きく変動したのである。

二〇年代半ばには、ドッジ・ラインが出され、財政面ではシャウプ税制が登場し、地方財政は激的に変化した。これによって、市町村財政は安定したが、一方多くの都道府県は財源を失い、財政悪化を招き、赤字団体が続出した。千葉県も赤字団体に転落した。本章では千葉県の財政構造の考察を通じて赤字財政からの脱却をはかるために、臨海開発による産業構造の転換が不可欠であったことを展望しようとするものである。

第一節　昭和二〇年代前半の千葉県財政

表6－1によると昭和二〇年度から二四年度にかけて、千葉県の歳出は九二一二万円から四〇億七七二六万円と四倍に拡大した。このうち大きな割合を占めていたのは、教育費、土木費、産業経済費であり、ほぼ全国と同様の傾向を示していた。

戦前の昭和一〇年度と二四年度と比較してみると、増大している項目と伸び率は、県庁費が三・二から八・〇に、教育費が二〇・三から三九・二に、社会労働施設費が〇・五から三・二パーセントに増加しており、一方公債費が七・八から〇・八に、警察消防費が一一・六から〇・二に、産業経済費が二四・一から一八・六パーセントに減少した。

（単位：%、百万円）

28年度	29年度	30年度
7.7% 8.5	7.3% 8.6	7.7% 8.8
0.1 2.4	5.4 6.1	7.6 8.2
20.6 20.8	20.9 17.3	12.9 14.1
39.7 31.8	40.4 32.3	42.6 33.5
5.6 9.7	5.0 8.7	4.2 8.9
2.4 2.8	2.8 2.4	1.6 2.3
16.3 16.5	11.8 15.7	10.3 13.1
2.6 2.2	3.2 3.4	4.6 4.7
5.0 5.3	3.2 5.6	8.5 6.3
11,125 609,022	12,347 677,428	12,371 684,532

千葉県の教育費は昭和二二年度以降全国よりも高い傾向を示し、二四年度には三九・二パーセントに達している。この要因は一九四七（昭和二二）年四月から六三制義務教育が始まり、これによって教職員の数が四五年の七五七三人から五〇年の一万五九一〇人[1]に増

表６－１　千葉県および全国の歳出決算額の年次的割合

費目＼年度	昭和10年度	20年度	21年度	22年度	23年度	24年度	25年度	26年度	27年度
県庁費	3.2% 3.8	7.3% 5.8	8.0% 6.4	13.9% 10.9	9.0% 9.4	8.0% 9.6	8.5% 10.0	8.2% 9.7	8.5% 9.5
警察・消防費	11.6 11.1	8.1 9.4	8.6 9.6	9.8 10.9	2.2 5.2	0.2 2.9	0.2 2.7	0.1 2.6	0.1 2.7
土木費	24.0 23.0	5.0 11.7	11.6 16.0	15.7 15.6	17.2 20.3	20.8 21.8	21.9 21.9	21.3 19.5	20.0 18.6
教育費	20.3 14.9	26.7 32.6	30.7 26.1	34.9 30.4	37.0 29.3	39.2 31.3	37.8 29.8	40.7 32.4	41.9 33.7
社会及労働施設費	0.5 1.5	0.1 2.3	12.6 15.3	3.7 7.1	2.3 6.8	3.2 7.1	3.1 8.2	4.9 9.3	5.8 9.4
保健衛生費	1.8 1.9	0.5 2.6	1.9 2.0	1.5 2.2	2.3 2.4	2.2 3.1	2.8 3.2	2.9 3.3	3.1 3.2
産業経済費	24.1 17.0	31.6 15.1	17.3 17.4	13.5 13.3	20.4 16.1	18.6 16.0	16.6 16.5	15.9 16.8	15.0 16.3
公債費	7.8 22.5	3.1 11.8	0.8 1.5	0.4 1.7	1.2 2.8	0.8 2.0	1.4 2.1	1.1 1.5	1.6 1.8
その他の経費	6.7 4.3	17.6 8.7	8.5 5.8	6.6 7.9	8.4 7.6	7.0 6.1	9.1 5.6	5.0 4.8	4.0 4.8
千葉県合計額 全国合計額	10 840	92 2,859	318 18,744	1,083 58,644	2,803 149,433	4,077 227,322	5,094 284,266	6,615 372,287	8,652 472,908

出典：千葉県は『千葉県議会史　第４・５巻』より、全国は『昭和財政史　第19巻』統計より作成。
注：上段が千葉県、下段が全国。

大して人件費が増えたためである。教職員の国庫補助は半額であり、残りは県費負担であったので、この急激な教職員の増加は県財政を大きく圧迫した。このほか新制高等学校の校舎、施設の整備のための経費が加わったことが教育費の増加した理由である。

また県庁費も地方自治法の制定によって、県庁の組織が総務、民生、教育、経済、土木、衛生、農地からなる七部へと増大し、一九五〇年には職員が四一二五名になり、人件費が増大した。このほか社会労働費、衛生費など戦前には地方財政においてほとんど返りみられなかった項目も増額された。このように二〇年代前半における千葉県の財政支出の増加は、戦後の教育改革や地方自治制度の成立に伴う人件費の増加にその原因があった[2]。

一方、二四年度までの土木費や産業経済費などを見ると、土木費については道路改修費と災害復旧費が主要項目になっていた。また産業経済費は農業費、耕地整理費、林業費、水産業費など第一次産業への支出が主要項目になっており、積極的な商工業の育成ははかられていない。

歳入について見ると、千葉県の歳入合計は全国の伸び率とほぼ同様である。まず表6-2から県税などの自主財源と国庫支出金、交付税、県債など国からの財源との割合を比較をしてみると、自主財源は二一年度に二六・一、二二年度に二七・六、二三年度には三四・二、二四年度には三七・二パーセントへと変化している。同時期の都道府県の平均は、二一年度以降二三・九、二五・三、三五・四、四四パーセントになり、千葉県は二三年度までは自主財源が多く、二四年度にはこれが逆転した。

次に租税の面からみると、県税は戦前と比べて全国、千葉県とも割合が増加している。これは政府が一九四六年以降たびたび税制の改正を行い、歳入の強化をはかったからである。四六年の改正では国税の地租、家屋税、営業税が増税され、これの都道府県付加税も制限が一〇〇分の一〇〇から一〇〇分の二〇〇に改められた(3)。また都道府県民税が新しく設置されたり、法定外税目である段別税・船舶税・自動車税・電柱税・不動産取得税・漁業権税・芸妓税などの新設が認められたことにより、都道府県の税収は独立税の割合が増え、付加税の割合が低下した。

四七年の改正では国税付加税であった地租・家屋税・営業税が道府県の独立税になったことと、遊興飲食税、鉱区税も都道府県税になった。また住民税の課税限度額は一二〇円に引き上げられ、一二月にはさらに一八〇円から二四〇円へと二度にわたって引き上げられるなど、インフレに対応して課税が強化された。これによって独立税の都道府県税全体に占める割合が四八パーセントに達した。

二三年度になるとインフレーションの進行と六三制義務教育、保健所の設置等の戦後改革の諸事業が出揃ったことで、歳出は急激に増加した。これに対して、税収の強化をはかるため、住民税は都道府県二四〇円、市町村一六〇円という課税制限を、四五〇円ずつに、地租や家屋税もそれぞれ一〇〇分の二〇〇と、一〇〇分の二五〇へと、大幅に引き上げられた。また、営業税が廃止されて、第一次産業従事者などにも賦課範囲を広げた事業税が新設された。このほか酒消費税、鉱産税、電気ガス税なども新設された。

この改正は、それまでに行われた改正の中でもっとも規模が大きく、財源の拡大も大きかった。これにより地方税の八五パーセントは都道府県税になった。しかし、事業税、入場税、酒消費税、電気ガス税など、増収の半分以上が大衆課税的な性格の税目であり、国民の税負担は非常に大きくなった。

歳入に対する県税の割合は、二一年度から二二年度にかけて千葉県が全国を上回り、二三年度にこれが逆転し、県税の伸び率も二四年度に全国を下回るようになった。二一年度から二四年度にかけて県税の中心になっていたのは千葉県も全国もともに県民税と営業税（二三年からは事業税）であった。千葉県の県民税が県税に占める割合は、二一年度以降、五七・五、四二・三、三三・八、二一・五パーセント、営業税は一四・四、三六・〇、二九・四、三三・六パーセントである(4)。一方全国は二二年度以降それぞれ、三八・五、二一・九、一六・三パーセントと二六・四、二四・七、二六・九パーセントであった。

これをみると、二四年度までの千葉県の県税は全国以上に県民税と営業税に依存していたことがわかる。千葉県が県民税や営業税を中心に県税の徴収を強化していた理由は、当然のことながら安定した財源を確保するためであった。しかしそれ以上に千葉県の県税の割合が高かった理由は、県財政が赤字であり、歳入確保をはかる必要があったためである。

すなわち千葉県の財政は表6-4からわかるように昭和二九、三〇年度に歳入が歳出に対して不足する赤字になったが、実はすでに昭和二二年度以降事業の繰越しや支払いの繰延べをして歳入不足を解消しており、実質収支では二二年度以降毎年財政赤字の状態が続いていたのである。二二年度の六六〇〇万円の実質赤字は二三、二四年度には停滞しているものの、二六年度以降増加を続けて三〇年度には一三億円以上にも達している。

千葉県および全国の歳入決算額の年次的割合

（単位：％、百万円）

20年度	21年度	22年度	23年度	24年度	25年度	26年度	27年度	28年度	29年度	30年度
3.2% 14.3	11.4% 9.1	19.5% 16.8	23.8% 24.3	28.7% 30.1	20.3% 26.3	21.4% 34.2	18.4% 29.8	16.4% 24.7	17.5% 25.0	18.0% 24.6
14.3 20.1	9.7 8.9	26.4 21.7	22.6 17.7	21.1 14.9	37.5 24.0	36.0 20.8	33.3 20.4	21.8 13.7	26.4 16.3	30.5 19.3
6.3 35.3	60.1 57.7	30.0 36.6	37.9 38.8	35.4 33.7	21.8 26.5	18.6 22.3	20.2 23.6	35.9 36.2	34.3 35.0	31.6 33.0
0.1 0.8	0.7 0.3	0.4 0.3	0.3 0.6	0.2 0.7	1.1 0.9	2.0 0.9	2.6 0.9	2.3 1.0	1.9 0.8	1.5 0.8
1.5 7.8	1.6 3.9	1.5 2.0	2.2 2.4	2.8 3.4	3.3 3.4	3.4 3.2	3.1 3.2	3.2 3.2	3.3 3.4	3.4 3.6
0.8 1.5	0.5 0.8	0.7 0.9	0.8 0.8	1.0 0.8	0.5 0.9	0.7 0.9	0.8 1.2	0.6 1.0	0.7 1.0	0.8 0.7
9.7 1.6	10.0 5.0	2.0 1.8	1.5 2.5	0.4 4.4	2.5 5.1	1.1 3.4	1.8 5.1	0.1 2.5	0 2.3	0 1.8
5.2 8.2	4.1 9.5	16.0 16.4	5.3 8.1	6.3 7.4	5.7 6.0	9.1 8.1	11.8 8.7	12.5 10.3	8.7 8.4	6.6 8.3
58.7 10.5	1.7 4.8	3.4 3.6	5.4 4.8	4.2 4.5	7.5 6.9	7.9 6.1	8.0 7.2	7.3 7.4	7.2 7.9	7.6 7.9
126 2,967	341 20,362	1,125 62,010	2,820 158,834	4,206 241,435	5,167 296,928	6,768 390,460	8,660 481,088	11,127 613,103	11,677 670,788	11,727 687,835

第４・５巻』より、全国は『昭和財政史　第19巻』統計より作成。
国。

こうした財政状況なので県としても財源の確保に力をそそぎ、新税や増税をはかった。四七年一〇月議会では、「歳入差引といたしまして、財政の不足額が三二五〇万円になるのであります[5]」と総務部長が発言して、県民税の標準賦課額を引き上げる増税案とともに、動力、ミシン、牛馬の三税を新設する案が提案された。民主党や社会党など野党は、ミシンは家庭生活や縫製工場のきわめて重要な生産機械であるのに、徴税しやすいという理由で課税するのは納得できない、と新税の撤回を求めた。しかし県当局は、他県でもこの程度の負担の課税はしている、と答えるとともに、「木材取引税、娯楽施設税、電力消費税、果樹税等を対象としましていろいろ研究しました[6]」とほかにも税目を検討していたことを明らかにした。また既存の県民税を制限外の二三〇円まで引き上げること、地租、家屋税の制限外課税も検討したことを明らかにし、

表6－2

費目＼年度	昭和10年度
県税	39.5% 25.9
地方配付税 平衡交付金 地方交付税	0 0
国庫支出金	9.7 14.3
分担金・負担金	0.6 0
使用料・手数料	4.5 7.0
寄付金	1.9 1.7
繰越金	22.2 14.3
地方債	12.6 22.8
その他の収入	9.3 14.0
千葉県合計額 全国合計額	14 991

出典：千葉県は『千葉県議会史
注：上段が千葉県、下段が全

課税強化を本格的に行おうとしていたのである。

しかし県税の増加による財政の安定をめざすという千葉県の方針は二四年度には崩壊してしまった。『千葉県税務統計書　第一集』によれば二三年度までの調定済額に対して収入済額は九五パーセントに達し、県税はほぼ納められていたが二四年度にはこれが八四パーセントになった。二四年度には県民の担税力が限界を越えてしまったのである。

こうした状況に対して、四九年二月議会において、川口為之助知事は二四年度予算案を説明するにあたり、政府が「経済安定九原則」を打ち出しており、地方配付税、国庫支出金が減額されることが予想される。県民税、家屋税、事業税の増税を計画しているが、もはや県民の担税能力は限界にきており、大幅な増税はできないので、八カ月分の予算しか組めなかったと説明せざるをえなかったのである[7]。千葉県では二二年度以降、財政赤字の状態を解消するために、県民税を中心とする増税でこれを乗り切ろうとした。しかし人件費の増大と急激なインフレーションによる歳出増加に対して増税を進めた結果、税の滞納が急増した。こうして一九四九年には千葉県財政は行き詰まっていたのである。

第二節　シャウプ税制下の千葉県財政

一九四九（昭和二四）年に激しいインフレーションに歯止めをかけるためドッジ・ラインが敷かれ、二五年度から超均衡予算が組まれることになった。これに対応してシャウプ使節団の勧告による税制改革が行われた。シャウプ勧告は、戦後の税制が税額の確保のために、複雑な税体系になっているので、税種目の調整に重点をおくとともに地方財政の税収確保をめざしていた。

この結果、税制は国税は所得税と間接税を中心に、都道府県税は事業税・遊興飲食税・入場税を中心に、市町村税は固定資産税・住民税を中心とした相互に独立した体系を持つようになった。都道府県税では県民税・地租・家屋税・不動産取得税をはじめとする雑多な税が整理され、事業税・遊興飲食税・入場税を柱とする税目に切り換えられた。

シャウプ税制はまた地方自治体の財源の保証と財政調整のために平衡交付金制度を導入した。これはそれまでの地方配付税が自治体の財政需要と課税力に基づいて配付するような性格であったのに対して、財政需要にたいして予想収入額である基準財政収入額が不足する場合、不足額を補填するものという性格をもっていた。

だがこのシャウプ税制により、千葉県の歳入は、県税が歳入総額に占める割合が二四年度の二八・七パーセント一二億六三〇万円から二五年度には二〇・三パーセント一〇億四六四〇万円へと大きく減少してしまった。また、全国でも三〇・一から二六・三パーセントへとやはり減少している。

この原因はシャウプ税制により都道府県税の中心が、商工業から税金を徴収する事業税になったために、千葉県のような第一次産業が産業の中心であった県では税収が減少してしまったためである。都道府県のうち歳入が増加すると予想されたのは東京、大阪、愛知、石川、兵庫などの一三都道府県であり(8)、残りの県は千葉県と同様歳出が減少すると予想されていたが、これが現実のものとなったのである。

表6-3からわかるように、千葉県は全国と比較しても関東地方の中でも事業税収入が著しく少なかった。しかも千葉県では法人分の割合が低く、二六年度には二三・二パーセント(以下『千葉県税務統計書　第一集』二〇〜二一

表６－３　県税総額に対する各税の比重（昭和26年度）

	事業税		入場税	遊興飲食税	その他の税	滞納繰越
	法人分	個人分				
千　葉	23.2	35.2	10.4	7.7	6.3	16.5
茨　城	26.0	38.9	6.3	6.9	6.4	15.5
栃　木	26.2	32.9	10.6	10.4	5.6	12.2
埼　玉	34.3	34.9	6.1	5.0	6.0	15.7
神奈川	43.8	18.1	13.3	9.5	4.5	10.8
関東甲信越静平均	35.7	28.1	9.9	9.1	5.1	12.1
全国平均	39.2	21.1	14.8	8.6	3.9	12.4

出典：『千葉県税務統計書　第一集』。
注：1）その他の税は、特別所得税、自動車税、鉱区税、漁業権税、狩猟者税、法定外普通税、旧法による税収である。
2）関東甲信越静平均は、千葉、茨城、栃木、群馬、埼玉、新潟、山梨、長野、静岡の平均である。

頁より）にすぎなかった。これは茨城県の二六パーセント、関東甲信越静の平均三五・七パーセントを大幅に下回っている。一方二五年度以降二九年度までの千葉県の県税の伸びは、県税総額が一・七三倍、事業税の法人分は六・七一倍に増加している。この間関東甲信越静の平均は法人分では八・六四倍に達しており、これが県税全体を二・一七倍へと引き上げており、千葉県は事業税、県税総額とも、割合だけでなく伸張からも全国から引き離されてしまったのである。千葉県では法人企業の数が少ないことが税収の増加を妨げ、この結果二〇年代後半の県税の割合は二〇パーセント以下と全国平均を下回った。千葉県は産業構造から県税の中核となる事業税の確保が望めず、財政的に危機的状態になっていたのである。千葉県は法人数が少なく、事業税収入の少なさがこの時期の特徴であった。

一方平衡交付金制度は、千葉県のように事業税収入が少なく、県税収入では歳入が不足する県に対して、財政需要額が財政収入額を越えた場合に交付されることになっていた。

この基準財政需要額は土木、教育、厚生労働、産業経済、戦時行政、その他、公債の各項目について、地方財政委員会が算定したものである。昭和二五年度の全国の交付額の構成をみると、土木費六・一、厚生労働九・四、戦災復興〇・三、公債一・四、教育六一・一、産業経済七・九、その他一三・八パーセントであった[9]。また新潟、三重県の

表6－4　千葉県の財政収支の状況（普通会計）

（単位：百万円）

区分／年度	歳入総額 (A)	歳出総額 (B)	歳入歳出差引額 A－B (C)	事業繰越財源充当額 (D)	支払繰延額 (E)	実質収支 C－D－E
昭22年	1,156	1,111	45	111	—	△　66
23	2,901	2,854	47	47	67	△　67
24	4,334	4,185	149	46	147	△　44
25	5,228	5,146	82	151	263	△　332
26	6,845	6,685	160	78	494	△　412
27	8,745	8,722	23	35	810	△　822
28	11,269	11,245	24	116	1,076	△1,167
29	11,965	12,616	△651	261	305	△1,217
30	12,211	12,852	△641	291	395	△1,327

出典：千葉県『財政再建六か年の歩み』（1962年）。
注：事業繰越財源充当額は事業などが翌年度以降に繰延べされたもの。
支払繰延額は事業などが年度内に行われ、支払いが翌年度以降に繰延べされたもの。

教育費の需要額は一般財源の九割前後と高く、社会労働費の割合も高率であったが、一方土木費、産業経済費の割合は四割台と低かった。

千葉県では、土木費五・六、厚生費が九・八、戦災復興費が〇・一、教育費が六二・一、産業経済費が八・九パーセントで、全国とほぼ同様な傾向を示していた[10]。需要額が一般財源に占める割合は、教育費が九九・四、厚生労働費は八三・八パーセントであるのに対して、土木費の割合は七〇・〇、産業経済費に至っては、四三・七パーセントにすぎなかった。しかも教育費の需要額は二六年度以降一般財源を大幅に下回るようになり、毎年二億円以上の赤字が出た。とくに二七年度には六億六三七七万円も下回った。

以上のように千葉県では二五年度以降、事業税の不足からくる県税の不足と、これを補充するはずの平衡交付金は、財政需要額が歳出実体とかけ離れた額を算出していたため、赤字が急増したのである。

一方都道府県全体では歳出がこの間に二二七三億円から六八四五億円に増加した。項目では教育費が微増し、土木、産業経済費が減少、公債費が大幅に増加し、千葉県も同様の変化をしていた。全国の地方自治体もまた財政赤字が進行し、二四年度には四九一億円であった赤字は二九年度には六四九億円に達し、都道府県中三四道県が赤字になっていた。二八年度をみると、歳出が歳入を上回り翌年度から繰上充用を行った団体が二一、事業の繰越しや支払いの繰延べで歳出をおさえて名目的に黒字になった実質赤字団体が一八、実質的な黒字団体は栃木、埼玉、神奈川など七団体にすぎなかった。[11] 千葉県も表6－4から明らかなように、前年度までの実質収支の赤字団体から歳入超過の赤字団体に転落した。

千葉県の歳出は、二四年度以降四〇億円から三〇年度には一一三億円になった。この間に土木費が一二・九パーセントに、産業経済費が一〇・三パーセントに減少し、逆に教育費が四二・六、公債費が四・六パーセントに増加している。『千葉県財政資料　第一集』によれば人件費や物件費などの消費的経費は歳出全体に対して二六年度に六七・一パーセントであったが、三〇年度には七〇・七パーセントに達した。人件費は四五・五が五二・九パーセントに達した。これに対して投資的経費は二六年度に三一・八だったが三〇年度には一九・六パーセントにまで落ち込んだ。

次に主要歳出の財源を見ると千葉県の財政構造が一層明確になる。二五年度から二七年度にかけて一般歳入（この中には平衡交付金が含まれる）の半分は教育費に支出されていた。この結果土木費、産業経済費、労働費などは一般歳入以外の財源が使われた。二五年度には土木費の四九パーセントと産業経済費の三九パーセントは国庫支出金から支出された。[12]

しかし財政支出の増大に対して、国庫支出金の補給が追いつかず、二六年度以降土木費の割合は三〇パーセントに減少した。千葉県は県債発行でこの不足を補った。二六年度には県債が土木費の四〇パーセントに、翌年には四三・六パーセントに達し、起債総額も二五年度の二億九三〇〇円から二七年度には一〇億二四〇〇万円に膨張した。

しかし県債の発行は、県の赤字が進行し、二八年度に赤字団体に転落すると、財政負担を増額させるため、自治庁によって厳しく制限されてしまった。この結果土木費における県債の割合は下がり、二九年度には二五・三パーセントになった。また土木費起債額も二八年度以降六億円台に下がった。以上のように千葉県財政は国庫支出金や県債という税外財源で土木費や産業経済費を支出して歳入不足を補うという極端に不安定な性格であったが、これも二〇年代の末には行き詰まってしまったのである。

この状況のもとでは県当局は二九年度、三〇年度に人員整理の実施、手当ての引き下げによる人件費の節約、補助金の整理などを行い、歳出削減をはかるよりほかに方法はなかった。この結果県は物件費などは削減したが、人件費は職員給与の増額などによって逆に増加してしまった。このように二〇年代末に千葉県は財政的に行き詰まってしまったのである。

しかもこの時期に千葉県では利根川の治水工事のような国直轄事業や国庫補助事業を行っていた。これらの事業における県負担金もまた財政を圧迫し、二六年度以降毎年二億円以上の負担金が支出された。これは財政の悪化で国への未納額が増加し、二七年度までの負担金の未払いが五億八四一七万円にも達していた(13)。

二五年度以降の県財政について、県議会で毎年数回にわたって問題になった。議員からは、県の歳出は人件費が多く、土木費、産業経済費が少ないという指摘が行われた。これに対して五二年三月議会で友納副知事が、県の事業税が全国平均よりも少ないことを指摘して、千葉県の産業構造からみて、現在の財源の不足は税制上どうしようもないと発言している。

柴田知事も同年一二月議会で「シャウプ勧告による地方税制の根本的改革により、大多数の府県については、その自主財源たる地方税の減少を来たし、反面国の施策による公共事業、その他の事業、数次にわたる職員給与の改善により、益々その財政需要額は増嵩の一途を辿り、財政の窮乏は各県共通の悩みとなっているのであります(14)」と財政の窮状を述べ、一〇〇億円近い予算において、県税を二〇億すら徴収できない租税制度こそ問題がある、人件費や公債費などの義務的経費が年々増加するのに、県独自の財源が三〇パーセントでは積極的な財政を展開できないと答弁した。

これらの発言に見られるように、県当局者は悪化する県財政に対して有効な対応策を欠いていた。このために県は赤字に対して独自の財政再建計画を立案するが、この計画は途中で放棄され、一九五六（昭和三一）年に国の地方財政再建促進特別措置法に定めた赤字再建団体の指定を受けたのである。

おわりに

こうした財政状況を改善するには、事業税の収益を上げる以外に県財政の増額をはかる方法はなかった。ゆえに千葉県でも他県と同様企業誘致を推進する考えが議会でも打ち出された。京葉工業地帯を建設することで、事業税収入の増大をはかるべきだという見解である。

一方県当局はすでに誘致が行われていた川崎製鉄（以下川鉄）に対して、「従来は農水産業だけで、工業としては見るべきものがなかった本県に突如として現出した『川鉄』の大製鉄工業は千葉県の産業構造を根本から改めねばならぬ現象と云える」(15)と千葉県の針路を左右するかのような期待をこめている。

千葉県は川鉄によって財政面で一億三〇〇〇万円の事業税と五〇万円の自動車税が入ると推定し、また社員による入場税、遊興飲食税も増収が見込まれると考えた。さらに関連会社の進出も含んで、八億円の税金が千葉県と千葉市に入ると算定していた。このほか、雇用については従業員を県内から半分ぐらい採用するなども考えて、川鉄の進出が財政、産業、土木、労働社会の多方面に大きな波及効果をもたらすと考えていた。このため千葉県は、川鉄の要求した工業用水、電力、大型船の入れる港湾を確保するために、印旛沼干拓計画の変更、千葉港修築、火力発電所用地の埋め立てなどに、乏しい予算を投入した。しかし千葉県の目論見は狂った。事業税は誘致の際の条件により五年間の免税がはかられ、税収の確保につながらなかった。また関連会社の進出も少なく、しかも川鉄や関連会社は県外から社員を転勤させてきたので県内からの雇用も思うように進まなかった。このために柴田知事は千葉市や船橋市、さらに市原市の海岸埋め立てによる臨海工業地帯建設で事業税確保をはかろうとした。そしてこの臨海開発によって財政再建を果たし、工業県へと脱皮して、千葉県が潤うようになるのは、昭和三〇年代の後半になってからであった。

注

(1) 千葉県教育委員会編『千葉県教育百年史　第二巻』(千葉県教育委員会、一九七四年)、千葉県『戦後県政のあゆみ』(一九六一年)による。
(2) 社会労働費、衛生費なども増額の背景にはGHQの民主化指令があった。また警察費は自治体警察制度の開始で二三年度から減少している。
(3) 以下の税制改正をはじめ、地方財政制度についての叙述は藤田武雄『現代日本地方財政史　上巻』(日本評論社、一九七六年)第二章によった。
(4) 千葉県総務部税務課『千葉県税務統計書　第一集』(千葉県、一九五五年)四二～四三頁と大蔵省財政史室『昭和財政史　第一九巻』(一九七八年)三九三頁による。
(5) 千葉県議会編『千葉県議会史　第五巻』(一九八八年)七七五頁。
(6) 同前、七七六頁。
(7) 同前、九一五頁。
(8) 自治大学校編『戦後自治史　14』(一九七八年)。
(9) 前掲『現代日本地方財政史　上巻』三〇八～三一二頁。
(10) 千葉県総務部財政課『千葉県財政資料　第一集』一一八頁。
(11) 同前、一七～一八頁。
(12) 同前、二八頁。
(13) 同前、九四頁。
(14) 前掲『千葉県議会史　第五巻』一二六七頁。
(15) 千葉県『京葉工業地帯要覧』(一九五二年)四九頁。

あとがき

大学院を修了して、山村一成氏と共著という形で一冊の研究書を刊行するまでに三〇年という月日が過ぎてしまった。自分の学問的怠慢を感じるとともに、それでもよくあきらめずに研究を続けたという感慨もある。

千葉大学人文学部に入学した私は四年生の厳しい先輩に出会った。現在の東京大学の藤田覚氏である。一年生の私たちを集めて歴史の専門書を読み解いてくれた。初めて歴史学に目が開かれた。宇野俊一先生のゼミに入った。その ころ、一九七〇年代の学生運動が盛んであった。当然のように私もそれに飛び込み、成田空港反対闘争に関わった。そうした時、東京大学から坂野潤治先生が政治学の助手として着任された。『明治憲法体制の確立』を執筆中であった坂野先生の明治政治史に関する鋭い分析視角に目を見張った。坂野先生の研究室に入り浸った私たちに執筆に忙しい先生はいやな顔もせずに近代政治史の方法論や近代文書の解読を教えてくださった。

千葉大学を卒業して行き場所がなかった私を東京学芸大学大学院が入学を許可してくれた。まさに浅学の私は、そこに明治史学史の大家である小沢栄一先生、そのころは新進気鋭の古代・中世史研究者の阿部猛先生、今では江戸町人文化史の第一人者で江戸東京博物館館長の竹内誠先生が教鞭を執っていることなど知らなかった。諸先生の講義は新鮮で、初めて歴史の豊かさを感じた。いつのまにか近代史専攻の私は阿部先生の「平安遺文ゼミ」に参加していた。大学院在籍中の三年間、平安遺文を読ませていただいた。史料批判を通して厳密に史料を読み解く方法は阿部先生に教えていただいた。

下町の路地裏に生まれ育った私にとって二五歳を過ぎても学生生活をやっている余裕はなくなった。大学院三年目にして東京都の高校教員採用試験を受け、下町の都立高校に勤めることとなった。大学院の修士論文を中心にして「積極主義をめぐる政友会と藩閥——政友会成立前後の対立構造——」（『歴史学研究』四一八号）や「失敗した積極主義——第一次西園寺内閣と日露戦後財政」（『日本歴史』四〇九号）の論文を発表した後、教員生活の忙しさにかまけて研究生活から遠ざかるのを食い止めてくれたのが『成田市史』編集の仕事であった。まだ若かった東洋大学の大豆生田稔氏や神戸学院大学の故長妻廣至氏とともに成田市史の近現代史専門委員を務めながら初めての市町村史編集の仕事に携わった。今は亡き長妻氏が千葉県立中央図書館の地下で千葉県下の近代行政文書を整理している横で私も千葉県の郡役所文書を読みながら近代の地方行政システムを頭に思い描いた。この後、『市原市史』や『印旛村史』の編纂に加われたことは忙しい教員生活の中で潤いとなった。これができたのは、都立高校にあった教員の研修日制度のおかげである。

こうした中で大学時代からお世話になった坂野潤治先生が山川出版社から毎年一冊ずつ出版される『年報　近代日本史研究』の六冊目となる『政党内閣の成立と崩壊』の研究論文執筆の仲間になるように誘われた。そこには坂野先生を中心に『明治政治史の基礎過程』を出版されたばかりの有泉貞夫先生や京都大学の伊藤之雄氏や名古屋大学の増田知子氏も参加されていた。一年半にわたり、月一回の研究会が開かれた。夕方、山川出版社の会議室で「野田岩」の鰻重を食べた後、研究発表と議論がくり返される刺激的な時空間ではあったが、東京都立大学附属高校で担任を終えて進路指導部長の仕事に追われ、満足な研究時間を持てない身で前述のメンバーの批判にさらされるのは身の細る思いであった。本書の第三章はそのときの悪戦苦闘の論文である。

その後、高校勤務という立場から教科書執筆や受験参考書・問題集の作成に追われたが、同じ教科書執筆者として宇野俊一先生や竹内誠先生がおり、いろいろな意味で教えられた。竹内誠先生とは現在の新学習指導要領に関する文部省の委員として一緒にお仕事をさせていただいたのはよい思い出である。山村一成氏とはスキーなどの遊びもよくいったが、寸暇を見つけていった苗場スキー場でナイタースキーもせず、美しく照明された夜のスキー場をみつめつつ、千葉県地方政治史の構想を深夜まで語り合ったこともあった。山村氏が高校教育の現場から『千葉県の歴史』編纂のために設立された千葉県史料研究財団へ転任した後、私も『千葉県の県史』の編纂に参加することとなった。私は大正期から太平洋戦争期までの『千葉県会議事速記録』を読み進む中で、積極主義的な地方利益誘導から千葉県の将来像を見据えた千葉県知事たちの地域開発構想が見通せるようになった。それが第四章と第五章の論文へと結実していった。麗澤大学の櫻井良樹氏に誘われて首都圏史叢書の第一冊目『地域政治と近代日本』（日本経済評論社、一九九八年）に入れさせていただいたのが第四章、『千葉県史研究』第八号に掲載した論文が第五章である。

山村一成氏とやっと上梓した小書も実にさまざまな方々の学恩を受けてでき上っている。ここに改めてお礼を申し上げたいと思う。都立高校には大きな教育改革の波が押し寄せている。その中で、教師の業績主義・評価主義が声高に叫ばれているが、教育行政が全く業績・評価の対象としていない専門の研究書を出版できた喜びをかみしめている。最後に、夏休みや土曜日・日曜日の家庭サービスを放擲して県史や市町村史・教科書・学習参考書・受験問題集から文部科学省の報告書などの原稿書きに走ってしまうことを許してくれた妻慶子に改めてお礼を言いたいと思う。

（中里裕司）

本書の共同執筆者の中里氏と千葉県の政治史をまとめようと約束して十数年もの歳月が経ってしまった。このような話が出た頃、すでに第一章の「日清戦後の積極政策の展開」と第三章の「大正デモクラシー期の地方政治」をそれぞれ書き上げていたが、これが具体的な見通しを持てるようになったのは、二人がそれぞれ、首都圏史叢書に二章の「日露戦後山県系官僚の積極政策」と四章の「昭和恐慌期の地域開発」を書いて、明治中期から昭和初期までの千葉県政治をほぼカバーできる見通しが立った一九九八年頃であった。その後、中里氏がさらに第五章の「日中戦争期における千葉県の近代化政策」を書き上げ、日中戦争期までもカバーされた。本書の刊行によって、明治中期から大戦直前までの千葉県における近代化政策の具体的道筋がどのように立てられていったのかを、初めて明らかにすることが出来たと考えている。

明治前半の柴原和・船越衛の二人の知事の時代については、別の機会に論考をまとめてみたいと考えている。また第二次世界大戦後については当初宇野俊一編『近代日本の政治と社会』に収録されている「戦後地方政治の確立過程」を予定したが、これは本書の千葉県の地域開発や近代化というとテーマからはずれている。このため、今回は制約されたスペースの中で昭和二〇年代の赤字団体に転落していく千葉県の財政構造が臨海開発の政治的な呼び水となったことを指摘した「昭和二〇年代の千葉県財政」（『千葉県の歴史』第三七号、所収）を収録した。

第一章のもとになった小笠原長和編『東国の社会と文化』所収の「日清戦後の積極政策の展開」を執筆してから二〇年の歳月が経っている。私の千葉県研究の出発点となった本稿は、千葉大学で宇野俊一先生に近代政治史を学び中央政治史の奥深さを痛感し、集中講義にいらした坂野潤治先生の桂園時代の講義に圧倒され、歴史から離れかかっていた私が、千葉県というフィールドでささやかな研究を始めるきっかけとなった論文である。これは有泉貞夫氏の『明治政治史の基礎過程』に刺激を受け、阿部浩知事による中学校増設について、自由党系議員が地方利益誘導をはかったことと、後半では日露戦後には憲政本党もまた地方利益のために党派を超えて活動することを指摘したものであるが、このような地方の政党の動向を明らかにすることを主眼として執筆していたので、今回本書に収録するにあたり、阿部知事が中学校増設を行う背景や、石原知事が中学校改廃をした背景について加筆を行った。

また、この一章を執筆したころ、山武郡の旧源村（現東金市と山武町）役場文書の調査を通じて親しくさせていただいた三浦茂一氏から、千葉県議会史編さんへの参加のお誘いを受け、『千葉県議会史』の昭和二〇年代の千葉県政治と、昭和三〇年代の県財政についての部分を担当した。この執筆を通じて戦後史に関心を持つようになった。その関連で千葉県が赤字再建団体に転落する前提となった昭和二〇年代の財政についてまとめたものが、前出の「昭和二〇年代の千葉県財政」（本書第六章に収録）である。

三〇歳代を母校木更津高校ですごしていた私の転機となったのは、千葉県史編さん事業に加わったことである。当初執筆者として県史に加わったが、千葉県史編さん委員長の宇野先生や三浦氏に事務局への転出をさそわれ、六年間を千葉県史料研究財団の職員としてすごした。県内外の調査や県史の編集にあたり、今まで目にすることのなかった多くの史料を見ることで新しい問題関心をもつことができた。こうした調査の過程でうかがった横浜開港資料館で吉良芳恵氏からご紹介いただいたのが有吉忠一の史料であった。この史料に出会えたことで、明治後半から大正にかけての千葉県政治の展望が生まれ、吉良氏のお勧めで『首都圏史叢書』の執筆に加えていただくことになった。これが先ほど述べた第二章の「日露戦後山県系官僚の積極政策」である。

このように、千葉県史の編纂過程で多くの史料に出会い、産業経済部会の大豆生田稔氏をはじめとする専門委員や調査執筆員の方々と史料調査や編集作業を行うことで、千葉県の近代化についてのイメージをしだいに膨らませることができた。

以上のように、独自の歴史理論もない私は、このように多くの方々との出会いや御厚意によりさまざまな史料を見る機会や執筆の機会を与えられ、これらの原稿を書き上げることができた。こうした機会を与え、愚鈍な私を励ましてくださった皆さんに、改めて心から御礼を申し上げたい。そして、高等学校の教員としての仕事以外に、地域史や自治体史の仕事などを次々に家庭に持ち込み、休日や長期休業中など本来過ごすであろう家族との団らんの時間も、調査や執筆に費やした私を、温かく見守ってくれた家族、とりわけ妻久子に対して、この場を借りて感謝の言葉を贈りたい。

（山村一成）

初出一覧

本書に掲載した論文の初出一覧は以下のようである。

序　章　（中里裕司・山村一成）書き下ろし

第一章　（山村一成）「千葉県における『積極主義』政策の展開――明治三〇年代の中学校増設・改廃問題を中心に」（小笠原長和編『東国の社会と文化』梓出版社、一九八五年刊）

第二章　（山村一成）「日露戦後山県系官僚の積極主義政策――有吉忠一知事の千葉県における施策を例に」（櫻井良樹編『首都圏史叢書1・地域政治と近代日本』日本経済評論社、一九九八年刊）

・補論　（中里裕司）「第一次世界大戦前の千葉県政」（『千葉県の歴史・通史編・近現代1』千葉県、二〇〇二年刊、第四章「日清・日露戦争と千葉県」）

第三章　（中里裕司）「大正後半期の地方政治――千葉県議会を例として」（『年報　近代日本研究6・政党内閣の成立と崩壊』山川出版社、一九八四年刊）

第四章　（中里裕司）「千葉県の『ニュー・ディール』政策――つかのまの地域開発策の意味するもの」（櫻井良樹編『首都圏史叢書1　地域政治と近代日本』日本経済評論社、一九九八年刊）

第五章　（中里裕司）「日中戦争期における千葉県の近代化政策――工業化政策の限界と都市計画事業の挫折」（『千葉県史研究』第八号、千葉県、二〇〇二年刊）

第六章　（山村一成）「昭和二〇年代の千葉県財政」（『千葉県の歴史』第三七号、千葉県、一九八九年刊）

本書への収録にあたっては、論文を書き換えたり、題名を変えたものもある。

本書の刊行について、日本経済評論社の谷口京延氏に御相談したところ、困難な出版事情にもかかわらずこのような形で上梓することができました。ここに深く感謝の言葉を申し述べたいと思います。また、出版にあたって東洋大学の大豆生田稔氏にはいろいろな側面で御援助をいただきました。改めてお礼を申し述べたいと思います。

二〇〇五年五月

中里　裕司
山村　一成

【著者紹介】

中里　裕司（なかざと・ひろし）

1949年生まれ。東京学芸大学大学院教育学研究科修士課程修了
現在東京都立日比谷高等学校教諭
主な業績『市原市史　下巻』（共著、市原市、1982年）、『成田市史　近代編史料集三・四　現代編史料集　通史編・近現代』（共編著、成田市、1981年、1983年、1984年、1986年）、『印旛村史　近現代資料編１・２　通史編２』（共編著、印旛村、1986年、1988年、1990年）、『鴻巣市史　資料編６・７』（共編著、鴻巣市、1995年、1998年）『千葉県の歴史　資料編産業経済１・政治行政２　通史編近現代１』（共編著、千葉県、1997年、200年、2002年）

山村　一成（やまむら・かずしげ）

1953年生まれ。千葉大学人文学部人文学科卒業
現在千葉県立木更津高等学校教諭
主な業績『印旛村史　近現代資料編１・２　通史編２』（共編著、印旛村、1986年、1988年、1990年）、『千葉県議会史　第５・６・７巻』（共編著、千葉県議会、1988年、1992年、1996年）、『図説　千葉県の歴史』（共著、河出書房新社、1989年）、『千葉県の百年』（共著、山川出版社、1990年）

近代日本の地域開発――地方政治史の視点から――

2005年９月20日　第１刷発行　定価（本体4000円＋税）

著　者　中　里　裕　司
　　　　山　村　一　成
発行者　栗　原　哲　也

発行所　株式会社日本経済評論社
〒101-0051　東京都千代田区神田神保町3-2
電話 03-3230-1661　FAX 03-3265-2993
nikkeihy@js7.so-net.ne.jp
URL : http://www.nikkeihyo.co.jp
印刷＊文昇堂・製本＊美行製本
装幀＊渡辺美知子

乱丁落丁はお取替えいたします。　Printed in Japan

ISBN4-8188-1771-6

首都圏史叢書① 櫻井良樹編
地域政治と近代日本
―関東各府県における歴史的展開―
A5判 四五〇〇円

ある特定の地域をみる場合、どこまでがその地域独自の歴史的展開であり、どこからが全国に共通する出来事なのか。日露戦争後大きく変化する日本の政治状況を検討する。

首都圏史叢書② 老川慶喜・大豆生田稔編著
商品流通と東京市場
―幕末～戦間期―
A5判 五七〇〇円

東京周辺の市場圏や各地域の実態に即しつつ、織物、肥料、塩、陶磁器等多様な商品市場が重層的に存在する東京市場の構造を具体的かつ実証的に解明する。

首都圏史叢書③ 上山和雄編著
帝都と軍隊
―地域と民衆の視点から―
A5判 四六〇〇円

地域社会・民衆にとって、戦前日本の軍隊はいかなる存在であったのか。軍隊が密集した帝都とその周辺を対象に、平時・戦時における軍隊と地域・民衆との関わりを解明する。

首都圏史叢書④ 大西比呂志・梅田定宏編著
「大東京」空間の政治史
―一九二〇～三〇年代―
A5判 四〇〇〇円

第一次大戦期から急速に進んだ「東京」の拡大と、そのなかで進展した都市空間再編の過程を、都市への官僚統制、都市の政治構造、地域社会の変化から解明する。

櫻井良樹著
帝都東京の近代政治史
―市政運営と地域政治―
A5判 六二〇〇円

一八八九年の東京市成立から一九四三年の東京都誕生までの市政運営の変化を、各種選挙に現れた議員と地域との関係、市政執行機関と議員との関係を中心に、国政史の展開も交えて、分析する。

源川真希著
近現代日本の地域政治構造
―大正デモクラシーの崩壊と普選体制の確立―
A5判 四五〇〇円

日露戦後から男子普通選挙を経て第二次大戦直後にいたるまでの地域政治構造を、政党政治と地域、社会運動と政治、都市と政治、一九四〇年代の政治と社会などから分析。

（価格は税抜）